中国公益研究院
China Philanthropy Research Institute

现代慈善与社会服务

2012年度中国公益事业发展报告

PHILANTHROPY AND SOCIAL SERVICES

The 2012 Annual Report of China's Charity Sector

主　编／王振耀

社会科学文献出版社
SOCIAL SCIENCES ACADEMIC PRESS (CHINA)

研 究 团 队

主　　编　王振耀

副 主 编　高华俊

执行主编　章高荣

撰　　稿　张其伟　赵延会　孔　璨　高云霞　张　柳
　　　　　　贾雪华

序 言

2012 年中国经济增长率接近 8%，人均 GDP 更是达到了 6100 美元，越来越接近 1 万美元的发达国家门槛。伴随着经济的发展，中国社会如何转型，当前众多的社会问题与社会需求如何创造性地解决，既成为政治生活的重要组成部分，也成为整个社会面临的重要课题。继十七大报告首次提出推进社会体制改革这一诉求，2012 年党的十八大报告再次强调了创新社会管理，明确要求进行社会体制改革，首次提出将建立现代社会组织体制作为社会体制改革的突破口，其中关于"加快形成政社分开、权责明确、依法自治的现代社会组织体制"的论述，更是成为未来整个社会建设的基本指导思想。

在这样的背景下，中国的公益慈善和社会服务事业也迎来了千载难逢的发展良机：公益慈善类社会组织是政府部门明确培育的社会组织类型之一，未来将享受极大的政策扶持。2013 年初的国务院机构改革方案中已经有了公益慈善类社会组织直接在民政部门登记注册的规定，整个公益慈善行业都将随之受益。而随着经济的发展和贫富差距的扩大，出于加强维护社会稳定以及改善民生的考虑，政府对社会服务事业的重视程度也将不断提升，而大量社会组织的诞生，又为社会服务的规模化、专业化发展提供了载体。

在推动社会体制改革这一大的社会背景下，2012 年的中国公益慈善事业出现了许多令人欣喜的变化：以深圳为代表的地方政府在慈善立法上勇于创新，自上而下地推动中国慈善的地方立法进程。红十字会改革的全面启动以及公益组织推进信息公开等种种尝试，体现了公益行业重塑公信力的决心。新浪微公益平台的诞生，有机整合了网络公益资源，大大降低了公众参与公益的门槛。而公益人才高等教育体系的逐步完善以及中国公益网校的上线，则在打造专业化公益人才队伍的同时，在全社会宣扬现代化的慈善理念。

2012 年的社会服务事业，同样不乏亮点：中央财政首次拨出 2 亿元专款用于购买社会组织服务，让民间公益组织感受到了前所未有的支持信号，在收获资金的同时也收获了信心，也让不少过去相关资源匮乏的地区，有了初具规模的社会服务。《老年人权益保障法》的出台、首家民办非营利儿童综合医院的诞生，使中国由老至幼各个特殊群体都得到更多救助与扶持。而《志愿服务记录办法》的发布，则将促使更多有志于服务社会的青年献出自己的时间与技能，成为提供社会服务的生力军。

目睹我国公益慈善与社会服务事业所取得的进步，继 2011 年首次公开出版以"走向现代慈善"为主题的中国公益事业年度发展报告之后，我们再度推出 2012 年度报告，旨在从研究机构的角度，梳理与总结中国公益慈善与社会服务事业在 2012 年所取得的成就和日后将要面临的挑战。报告翔实地记录了 2012 年中国公益领域内发生的标志性事件和突破性进展，解读了中国公益慈善与社会服务事业的发展现状和主要特征，并对中国公益事业的未来走向作出了有根据性的判断。希望借由我们的报告，让公益行业从业者在掌握行业动态、学习先进实践模式的同时，能够更为全面地思考本人、本机构乃至全行业下一步的努力方向与目标；同时能让广大公众在了解公益行业最新进展的同时，厘清对公益行业的各种误区，树立符合时代发展趋势的现代慈善意识。

鉴于编写时间及资料来源的限制，书中的信息难免出现偏误，欢迎各方及时指出本报告的不周之处。

北京师范大学中国公益研究院

2013 年 5 月于京师大厦

目 录

总 论

社会服务与现代转型：中国公益事业的选择与未来 …………………… 001

 一 现代慈善的价值与功能：推动经济转型和社会体制改革 ………… 002

 二 2012 年的成就与机遇：现代慈善体系基本确立 ……………… 005

 三 2013 慈善发展趋势与战略选择方向瞻望 …………………… 013

上 篇

第一章 公益政策：社会体制改革助推社会服务发展 …………… 023

 一 中央层面：现代社会组织体制和购买社会组织服务确立 ……… 024

 二 地方层面：民政规划重视慈善，公益组织注册全面放宽 ……… 035

 三 小结 …………………………………………………… 050

第二章 公益捐赠：百亿捐赠与网络募捐引领新格局 …………… 052

 一 百亿捐赠引领财富向善的新时代 ……………………… 052

二　年度捐赠发现：网络募捐实现突破，高校获捐额继续增长 ··········· 063

三　小结 ··· 074

第三章　公益组织：自主改革与环境优化促成长 ················· 076

一　基金会年度发展：数量逼近三千，央企巨资投入 ··············· 076

二　中国红十字会改革：敲定改革方向，主动接受社会监督 ········· 087

三　行业环境优化：交流展会初具规模，数家支持性机构诞生 ······· 093

四　小结 ··· 104

第四章　人才培养：多层次专业化体系建成 ····················· 105

一　社会工作人才建设大发展，增进社会服务供给 ··············· 105

二　公益高等教育体系渐完善，各级学位教育现突破 ············· 115

三　公益培训稳步推进与格局优化 ································· 120

四　中国公益网校建立普惠型公益学习社区 ······················· 128

五　小结 ··· 131

下　篇

第五章　老年公益事业：养老服务体系整体升级 ················· 133

一　政策助推老年公益事业发展 ··································· 133

二　老年公益项目创新与人才培育专业化 ························· 136

三　老年公益事业投资主体多元化 ································· 140

四　媒体与舆论环境提升老年公益热度 ··························· 146

五　老年公益事业面临战略选择 ··································· 147

第六章　儿童公益事业：儿童福利服务走向专业化 ············· 153

一　儿童视角推动儿童公益发展 ··································· 153

二　儿童公益组织专业化探索新领域 ……………………………… 156

三　政策创新增进儿童福利 …………………………………………… 160

四　政府支持儿童类社会组织服务渐成规模 ……………………… 164

五　总结与展望：儿童公益的使命 ………………………………… 170

第七章　宗教慈善：传统社会服务力量迎来现代转型 …………… 173

一　中央政策推动宗教慈善迎来新的发展机遇 …………………… 173

二　宗教慈善周：宗教慈善主流化开端 …………………………… 176

三　宗教慈善整体发展：组织化发展与捐赠潜力巨大 …………… 179

四　典型宗教慈善组织：现代慈善的引领者 ……………………… 183

五　小结 ………………………………………………………………… 190

第八章　媒体公益：全面参与激发公众慈善热情 ………………… 192

一　年度亮点：电视公益节目引领公众慈善理念 ………………… 192

二　公益报道：社会组织受关注，社会企业增长快速 …………… 196

三　微公益发展渐入佳境 ……………………………………………… 204

四　媒体参与公益事业：推动行业发展 …………………………… 209

五　小结 ………………………………………………………………… 215

第九章　透明公益：公益行业公信力重塑之路 …………………… 218

一　负面新闻不断，公益行业持续受质疑 ………………………… 218

二　中央部委出台政策严格规范公益事业运行 …………………… 220

三　地方政府积极推进公益信息公开 ……………………………… 223

四　公益组织提升自律意识，外部机构提供工具支持 …………… 224

五　观点：适度透明与制度保障共建行业公信力 ………………… 227

第十章　公益募捐：成本控制与效率之争 ………………………… 230

一　施乐会"有偿社工"模式引发筹款激励机制讨论 ………… 230

二　合理募捐成本是募捐事业规模提升前提 ……………………… 232

三　公益募捐行为约束：国内缺乏对于募捐成本详细规定…………… 240

四　观点：无成本的慈善不可持续…………………………………… 244

附　录

一　2012 年公益大事记 ……………………………………………… 245

二　2012 年度中国主要公益奖项及获奖名单 ……………………… 259

三　2012 年度中国公益研讨会及论坛 ……………………………… 277

四　2012 年度中国公益文献状况 …………………………………… 279

五　2012 年度中国公益培训状况 …………………………………… 285

总　论

社会服务与现代转型：
中国公益事业的选择与未来

　　自 2008 年以来，中国公益慈善事业在经历了五年的发展与转型后，取得了新的发展成就。2012 年，中国现代慈善体系初步形成。中国现代慈善的发展既是经济发展和中国社会转型的必然需求，也是现代慈善自身功能和作用在当前经济社会生活中的体现。

　　2008 年是中国慈善事业发展的一个分水岭，也是中国经济发展的一个分水岭。这一年，受汶川地震刺激，中国年度捐赠首次突破了 1000 亿元，公众的志愿精神和爱心也得到了史无前例的激发。因此 2008 年被誉为中国的公益元年。在经济上，2008 年中国人均 GDP 首次超过 3000 美元，跨入中等收入国家行列。从 2008 年以来的这五年，无论是中国政治、经济还是慈善，都取得了跨越式发展。五年来，中国经济持续高速发展，截至 2012 年人均 GDP 超过 6000 美元，社会对慈善组织尤其是对社会服务的需求处于新的阶段，如何建立起与经济发展水平相适应的社会体制成为当前时代的主要挑战。中国公益慈善作为应对和解决当前社会经济问题的主要手段，其重要性不言而喻。

　　2012 年党的十八大报告首次提出将建立现代社会组织体制作为社会体制

改革的突破口。确立了在未来很长一段时间内，社会组织尤其是慈善组织在中国政治经济和社会生活中的作用。因此，如何发挥社会组织在推动中国社会体制改革中的作用也必然成为当前国家经济社会中的重要议题。

同时，业务主管单位的取消破解了双重登记管理制度，慈善组织在最基础的层面迎来了新的发展。政府购买社会组织服务开始突破，成为重新定位政府慈善角色的契机。宗教慈善的参与和慈善的功能与主体进一步明确使得慈善行业发展具有了新的动力，第三方平台的成功使得慈善成为真正意义上的行业。微博等自媒体的发展引领着新的慈善理念和文化的形成。企业、企业家和公众对于慈善的广泛参与营造了全新的慈善氛围。可以说，慈善从来没有像2012年那样离我们每一个公众如此之近。

当然，2012年中国现代慈善发展还面临着诸多挑战。如何策略性的迎接这些挑战，充分发挥现代慈善在中国经济社会乃至政治发展中的作用，也成为当前发展中国慈善需要重点考虑的问题。

但从大的历史进程的角度来看，2012年，中国发展现代慈善的主客观要素都已经基本具备，中国现代慈善的基本雏形已经形成，因此我们可以认为中国正在进入现代慈善的发展期。

一 现代慈善的价值与功能：推动经济转型和社会体制改革

中国的经济改革始于对市场经济功能和作用的认知转变。"市场经济是资本主义的，也是万恶之源"的认识转变后，仅仅几十年，中国经济就发生了巨大变化。2012年，中国社会领域进行了一系列广泛深刻的讨论和政策调整，使社会初步明白了这样一个基本道理：慈善组织的基本社会功能是提供多样性的社会服务。慈善组织提供的服务是政府所不具备的，同时也不是政府应该提供的。政府在服务的提供中更多的是协调者和资金支持者的角色。这种功能定位的转变，能够起到的作用可能不亚于中国在市场经济领域发生的深刻认识转变。十八大对于社会组织的定位，某种程度上是对中国慈善组织功能的认可与肯定。

传统观念通常认为慈善事业只是财富的再分配，并不创造价值。但实际上，纵观全球慈善发展，我们可以看到慈善的经济社会功能已经被越来越多的政府所认知，并予以充分的利用。慈善已经成为欧美国家一个重要的经济部门和社会服务提供部门。同时，最新全球慈善发展趋势已经表明，慈善在推动社会创新、经济可持续发展中扮演了更为重要的作用。

（一）现代慈善促进经济健康持续发展

据 NCCS 统计，截至 2012 年美国登记具有免税资格的非营利组织达到 150 万个，其中公共慈善组织将近 100 万个，私人基金会接近 10 万家。其中 2010 年，在劳动力市场，非营利组织支付的报酬和工资占到了全美薪酬支出的 9.2%，非营利组织就业人口约占全美非农就业人口的 10%。2012 年非营利行业贡献了全美 GDP 的 5.5%，达到 8200 亿美元①。非营利组织的资产达到 4.49 万亿美元②。美国非营利部门或慈善部门所创造的价值已经超过了大多数传统的经济部门。

在英国，非营利组织是世界上最多元化、最积极、最热忱的部门，包括慈善组织、社会企业、志愿及社会团体在内的非营利组织数量超过了 86.5 万家，他们的贡献每年约占英国国民生产总值的 5%，在 2012 年其 GDP 总值达到 1200 亿美元。英国总人口 6059 万，相当于每 70 多人有一个非营利组织。

除了英美两国以外，根据霍普金斯大学对全球范围内 36 个国家的统计显示，1995~2000 年，非营利部门的总支出占这些国家 GDP 的比重为 5.4%，解决的就业人口占到了非农就业人口的 4.4%，为服务人口就业比重的 10%。36 国非营利组织经济贡献总额成为世界第七大经济体。③

如果中国的非营利部门能够达到全球的平均水平，也就意味着整个行业规模达到 2.3 万亿人民币（3700 亿美元）。在就业方面，以 2012 年城镇就业人

① http：//nccs. urban. org/statistics/quickfacts. cfm. 最后访问时间：2013 年 4 月 13 日。

② http：//www. urban. org/UploadedPDF/412674 - The - Nonprofit - Sector - in - Brief. pdf. 最后访问时间：2013 年 4 月 13 日。

③ 〔美〕莱斯特·M. 萨拉蒙，S. 沃加斯·索可洛斯基等：《全球公民社会：非营利部门国际指数》，北京大学出版社，2007，第 20 页。

口 3.7 亿为基数，则非营利组织能够消化的就业人口达到近 2000 万。目前我
国非营利组织还相当不发达，其数量、资金和吸纳就业的人口都极为有限。据
民政部公布的数据，截至 2011 年底，全国共有社会组织 46.2 万个，比上年增
长 3.7%；吸纳社会各类人员就业 599.3 万人，比上年下降 3.1%；形成固定
资产 1885 亿元，比上年增长 1.1%[①]；整个非营利部门占 GDP 的比重还很低，
其中捐赠占 GDP 的比重只为 0.15% 左右，而欧美国家的平均水平大致在
0.5%～2% 之间。

由此可见，慈善组织作为非营利组织的主体，可以说其发展对于当前中国
经济和社会发展具有重要的现实意义。其价值远超对财富的再分配，对就业的
贡献非常重大。

（二）慈善事业与社会服务和社会体制改革

发达国家的经验证明随着经济的快速发展迫切需要社会服务能相应发
展，因此也需要作为社会服务提供主体的慈善组织能够快速发展。"二战"
后，大多数发达国家基本是在人均 GNP 达到 3000～5000 美元的时候，社
会服务开始起步；当人均 GNP 超过 5000 美元以后，社会服务项目迅速扩
展；而且经济越发达的政府越重视社会服务[②]。2008 年时中国人均 GNP 达
到了 3000 美金，2011 年人均 GNP 达到了 5000 美金，2012 年超过了 5000
美金。因此按照发达国家既往的经验，中国社会当前迫切需要发展社会
服务。

首先，中国近 30 年的社会变革是伴随着工业化、城市化、信息化和全球
化同步进行的，在这个过程中产生了大量的社会问题，以及贫富差距的进一步
拉大，人口老龄化问题等，都需要社会服务发挥巨大的维稳作用。社会服务某
种程度上承担着社会安全网的职能，承担保护受社会排斥和弱势人群的任务，
并为儿童、老年、残疾人、贫困家庭以及特殊弱势群体提供一系列的支持。同
时，扩展的社会服务还涵盖了促进劳动力的再生产等经济职能。当前中国的大

---

① 资料来源：2011 年社会服务发展统计公报，http://cws.mca.gov.cn/article/tjbg/201210/2012
1000362598.shtml，2013 年 4 月 14 日。

② 李兵、张恺悌、何珊珊：《社会服务》，知识产权出版社，2011，第 6 页。

量问题已经不再是阶级斗争和政治斗争，而是发展经济的问题，因此当前经济发展所产生的问题迫切需要提升社会服务来予以应对。

其次，从发达国家的经验来看，提升慈善与社会服务，有利于促进中国社会的转型。众所周知，自工业革命以来美国和英国经历的几次大的慈善浪潮，都有效的促成了财富的转型特别是社会的平稳转型。

最后，近年来世界范围内慈善对于社会发展、社会创新的引领作用正形成一股新的浪潮，推动着世界的进步。以比尔·盖茨等人为代表的新一代慈善家，致力于从根本上解决社会的问题，包括公共卫生、贫困、社会进步等。因此，慈善已经不仅仅具备社会稳定器的职能，应充分发挥其社会进步推进器的职能。

二 2012 年的成就与机遇：现代慈善体系基本确立

2012 年中国发展现代慈善体系的政策环境要素、组织发展要素和社会参与要素等都已经具备。

（一）宏观政策的开放：慈善组织参与社会体制改革的作用与空间

过去 10 年，中国共产党对社会建设的重视日益提升：2006 年，党中央就作出了《关于构建社会主义和谐社会若干重大问题的决定》，对加强社会建设工作进行了一系列的政策部署；2011 年，党中央又下发了《关于加强和创新社会管理的意见》，以"社会协同，公众参与"为口号，强调对社会组织的培育发展和普通民众在社会管理中的重要角色。2012 年 11 月，十八大报告首次提出了要建立"政社分开、权责明确、依法自治"的现代社会组织体制。另外，报告还要求"改进政府提供公共服务方式，加强基层社会管理和服务体系建设，增强城乡社区服务功能，充分发挥群众参与社会管理的基础作用"。明确了发展现代社会组织作为社会体制改革的重要内容。

解读十八大报告可以看到社会建设方面的两大创新点。第一个创新点，是报告在对社会管理体制的要求中新添加了加强法制保障的内容。这体现了党中央在前一阶段强调加速服务型政府建设以及社会组织和普通民众参与社会管理之余，开始谋求用法律、法规来促进对社会更有效管理。可以预见的是，在今后一段时间内，将有大量关乎社会管理的法规及政策文件被制定颁布。其中公益慈善界翘首以盼的慈善法和社会救助法，都可能在这个周期内完成立法。

第二个创新点，是党代会报告中首次出现对社会组织发展方向的规划和阐述。过去数年，在广东等一些省市已经进行了社会组织登记注册放宽的试点。社会组织不再被要求寻找主管部门。但在全国的大部分地区，民政部门和业务主管部门对社会组织实施"双重管理"的体制仍然是主流。十八大上提出的"政社分开、依法自治"，有望促成更多社会组织的登记注册。这一点在2013年初召开的两会上即得到了有效印证，《国务院机构改革和职能转变方案》首次提出取消公益慈善类社会组织的业务主管单位，至此困扰慈善组织发展的双重管理体制被破解。

（二）扶持型政策体系建立：突破"主管单位"，初步确立财政支持体制

双重登记制度破局。在2013年3月10日发布的《国务院机构改革和职能转变方案》中，第七条明确提出"重点培育、优先发展行业协会商会类、科技类、公益慈善类、城乡社区服务类社会组织。成立这些社会组织，直接向民政部门依法申请登记，不再需要业务主管单位审查同意"。至此，公益慈善组织直接登记，终于即将在国家层面展开。而在稍后发布的分工方案中，国务院办公厅又将此条定为了必须在2013年12月底前完成的工作，并要求民政部会同法制办负责办理，并要求在同期完成《社会团体登记管理条例》等相关行政法规的修订。

政府购买服务。2012年，中央财政首次对社会组织进行专项支持，总共拨出2亿元预算，专门用于支持社会组织参与社会服务。该项目的实施取得了出色的成绩。据监察部网站透露的信息，截至目前，2012年中央财政支持社会组织参与社会服务项目共立项377个，带动社会资金3.2亿元，185万左右的低收入家庭成员、灾区群众、大病重病患者、老年人、儿童、残疾人等群众直接受益，1.77万名社会组织负责人和登记管理机关干部接受了培训。基于2012年项目的成功完成，2012年底，民政部再次发布了中央财政将划拨2亿

元专款用于支持社会组织发展的通知，并印发了关于《2013 年中央财政支持社会组织参与社会服务项目实施方案》。除了中央政府购买服务政策以外，地方政府购买社会服务也层出不穷。2012 年 6 月 1 日，广东省人民政府出台《政府向社会组织购买服务暂行办法》（下称《办法》）。该《办法》成为我国首部明确规范的向社会组织购买服务的省级地方规范性文件。《办法》明确了购买服务的原则是权责明确、竞争择优、注重绩效，规定了财政、编制、登记、发展改革、监察、审计、购买主体共七类政府部门的职责分工。同时，《办法》首次明确了政府向社会组织购买服务的范围、程序方式和资金安排，并规定各级政府应将向社会组织购买服务的经费纳入同级财政预算，制订本级政府每年度向社会组织购买服务目录。

地方政策创新推动支持型政策体系成行。2012 年地方政府引领了慈善政策创新，深圳成为最具改革魄力的城市。《深圳市慈善事业促进条例（送审稿）》（简称《条例》）一经发布，就彰显了其在 2012 年慈善行业中的价值和意义。虽然《条例》并未正式出台，且部分专家对《条例》能否最终出台并不乐观；但是《条例》送审稿对慈善组织界定、募捐管理、免税优惠等诸多领域的突破和创新，已经构成了支撑中国现代慈善体系全面发展的各项要素。如果最终《条例》能够出台，深圳将引领并直接促进中国慈善事业十年以上发展；而即使未能出台，《条例》也将成为地方及国家慈善立法的典范。

（三）社会服务导向：慈善专业化进程提速

现代慈善组织的核心特征是专业化和组织化，其中社会服务是其专业化的一个重要体现。2012 年，随着慈善行业对于专业化发展的认知越来越强烈，一大批慈善组织开始往提供专业化社会服务方向发展。其中宗教慈善组织成为社会服务专业化的一个亮点，如爱德基金会、河北进德公益基金会、同心慈善会等一大批有宗教背景的慈善组织为社会提供了大量的专业服务。以南京爱德慈善基金会为例，28 年里，秉持"服务社会、造福人群"理念，爱德基金会在教育、社会福利、医疗卫生、社区发展与环境保护、灾害管理等领域广泛开展社会服务，项目区域累计覆盖全国 31 个省、市、自治区，逾千万人受益。同时，爱德基金会所开展慈善项目，不仅为服务对象提供服务，而且注重长远之计，即帮助服务对象通过能力提升来获得问题解决。爱德面包坊便是很好的例证。设立于 2007 年的爱德面包坊聘请香港著名烘焙大师担任技术顾问，吸纳智障学员为员工，采用市场化运作模式，让智障学员与正常人处于同样环境中。这种服务模式不仅使智障人士获得了生存的技能，更重要的是积极营造社会对智障人士的尊重与认同氛围，促进智障人士的社会融入。同时，有民间背景的慈善基金会也进一步向专业化方向转型，壹基金便是其中最为明显的例证。自 2011 年成立开始，其将儿童和灾害救助作为主要业务领域，并不断加强专业化建设。在 2013 年雅安地震期间，其专业性得到了很好的验证。

在儿童、老年等专业领域，2012 年社会服务得到了更为重要的提升。2012 年 7 月 1 日，北京嫣然天使儿童医院成立，为公众提供一站式儿童综合医疗服务，并承诺每年为贫困家庭儿童提供 600 例全额免费手术及治疗。2012 年 9 月 15 日，国内首家非公募基金会爱佑慈善基金会在深圳成立爱佑和康儿童康复中心，希望建立连锁儿童康复机构，推动国内残障儿童康复行业的发展。2012 年 9 月，春晖博爱基金会成立。作为一家独立的私募基金会，春晖将依托其姐妹组织半边天基金会在中国 15 年的成功项目，学习其帮助孤残儿童的工作经验，通过专业发展和成熟的项目，来改善孤残儿童的生活。同时，一系列组织化的公益活动专门用来探讨儿童公益服务的提供。在老年领域，李嘉诚基金会资助的宁养院，截至 2012 年，已经服务的患者总数约 10 万人，服务患者总次数将近 200 万次，极大地帮助了包括老年人在内的癌症晚期患者。上述组织都在社会服务专业化方面进行了有益的探索。

（四）鼓励和规范宗教慈善：公益事业参与主体的立体化

虽然最早的慈善形式来源于宗教，但是中国慈善行业包括政府层面对宗教在慈善中所承担的作用认识不够。从这个角度来讲，2012 年在中国宗教慈善发展史上绝对是一个具有里程碑意义的年份。2012 年基本明确了宗教慈善在中国慈善事业中的作用、主要实现形式、业务领域等。

2012 年 2 月，国家宗教事务局、中央统战部、国家发展改革委、民政部、财政部、税务总局联合发布了《关于鼓励和规范宗教界从事公益慈善活动的意见》，首次从中央层面明确提出支持鼓励、引导规范宗教界参与慈善事业，统一各界对于宗教慈善的认识，为宗教慈善事业的快速发展创造良好的政策环境。

9 月 17～23 日，五大宗教在全国范围内掀起了一场以"慈爱人间，五教同行"为主题的"宗教慈善周"活动，点燃了久积于宗教界的慈善热情，宗教组织纷纷投入筹款资助、关怀服务与宣传倡导活动中。"宗教慈善周"为宗教界内部提供交流机会，也吸引了政府部门、公益组织、学界、企业社会各界等的广泛参与。

宗教力量是我国传统的慈善力量，也正在成为我国社会服务的重要组成部分。在我国宗教慈善领域，涌现出一批优秀的宗教慈善组织，它们通过不断地创新，使服务更贴近社会需求，更符合现代慈善的发展趋势，成为中国宗教慈善事业的引领者，推动行业发展。

（五）行业平台的搭建：慈善产业链逐渐成形

行业平台和自律机制的形成标志着慈善作为一个行业而存在。在这一点上，2012 年整个慈善行业迈出了一大步。

首先，行业共同体及其沟通机制的建立。2012 年 7 月，首届中国公益慈善项目交流展示会在深圳召开，作为首个国家级公益慈善项目交流展示平台，其在资源对接方面的效力可能并没有预期的那么显著，但仅从交流会同步举行的 10 场峰会（研讨会）、41 场沙龙的作用与效果来看，深圳慈展会无疑提供了一个形成行业共识、探讨行业发展极为重要的平台。当然，如果只有一个深圳慈展会，可能无法确认行业是否形成，但 8 月中国（宁夏）黄河善谷慈善博览会的召开，从侧面佐证了公益作为一个行业存在的社会及经济价值。

其次，行业细分，尤其是行业产业链条关键环节的专业化和体系化，意味着行业的逐步形成。非公募基金会作为整体存在即是一个最为重要的信号。第四年的非公募论坛已经转变为具体战略层面问题的探讨。作为未来中国公益行业组成中的重要一环，非公募基金会的成熟预示着行业将走向成熟。

最后，2012 年教育、培训以及研究等支持体系日趋完整，相关成果已经超越了历年之和。公益培训、教育和研究体系已经基本完备。这一培训教育体系不仅仅结合了政府、高校乃至商业机构的优势资源，也结合了国际慈善发展的优势资源。因此，如果说 2011 年中国公益慈善仅仅是事业而已，那么从 2012 年开始中国公益已然发展成为一个真正意义上的行业了。

另外，2013 年初中国慈善联合会成立，使得慈善作为行业存在具有了象征性符号。

（六）媒体慈善热凸显：财富向善成主流价值观

2012 年岁末虽然有"儿慈会"小数点事件使得公益行业又一次受到冲击，行业公信力整体上没有得到显著提升；但是从外部环境来讲，2012 年社会慈善氛围应该是好于既往任何一年。这主要体现在如下几个方面：首先，微博和互联网捐赠渠道的兴起和成熟，使得公众参与得到了进一步激发；其次，在整体经济形式不利的环境下"大额捐赠"在 2012 年再一次刷新既往的纪录；最后，公益类电视节目在电视媒体上层出不穷，成为 2012 传媒领域最大的亮点。

1. 微博公益及网络募款平台的发展：公众参与渠道的系统拓宽

微博为公众参与慈善提供了一个最为重要的渠道。从"西单奶奶""鲁若晴""北京爱情故事"到"拯救候鸟"行动，从"7.21 北京暴雨的民间救援"到"请农民工吃饭"，微博时代的"名人效应""公益话题""公众志愿"三位一体的共同作用，使得微博成为 2012 最具公益影响力和传播力的平台，也使得公益理念前所未有地深入人心。

2012 年 2 月，互联网第一个微公益平台——新浪微公益平台（gongyi. weibo. com）正式上线。该平台专门面对微博用户，求助者、爱心人士以及公益机构都可以通过微公益平台实现自己的目标完成公益工作的各个环节。至 2012 年底，已有超过 190 万人通过微公益平台参与过捐款，转发及关注公益项目。新浪微公益平台提供"一站式"救助服务，平台对公益资源和微博互动优势的有机整合大幅降低了公益门槛。不仅如此，新浪微公益平台还与中国青少年发展基金会、中华少年儿童慈善救助基金会、中国妇女发展基金会等公益组织展开深度合作，共同推动中国公益事业的发展，力促公益变得更加透明和快捷。

在募捐渠道上，中国互联网领域里的两大"巨头"腾讯和阿里巴巴在 2012 年为公益事业贡献了突出成就。2013 年 1 月 1 日，新年伊始，腾讯公益迎来了一个历史性的时刻：网络捐款平台募集善款突破 1 亿元。在腾讯官方的通报中，这"标志着中国首个直接筹款过亿的网络捐款平台的诞生，同时也标志着网民公益时代的到来"。2012 年 6 月 27 日，阿里巴巴集团在广州网交会上发布数字显示，2011 年淘宝平台发生了超过 1 亿次公益宝贝交易。除了淘宝平台以外，2012 年，支付宝网络公益继续发展。根据 2013 年初阿里研究中心发布的《e 公益平台 2012 年数据年报》，2012 年全年 e 公益募得的善款总额达到了 3522.1 万元，其中各家独立公益网站募得 2601.7 万元，支付宝 love 频道募得 899.6 万元，支付宝用户积分捐赠 11.8 万元，这还是在手机捐赠等多个渠道未加入统计的情况下得出的数字。根据之前阿里巴巴社会责任报告的数据与这份年报的数据相加，至 2012 年底支付宝上所募集到的捐款已超过了 1 亿元。

2. 公益节目多样性的发展：媒体人慈善参与的亮点

2012 年，电视公益节目在全国范围内全面铺开，几乎每个省级卫视频道都有公益节目，这些节目的形式多样、内容丰富，从传统的好人好事褒扬，到通过比赛实现社区梦想，以及通过歌唱节目为公益项目募集善款等，可以说，2012 年的电视公益节目不仅是公益领域的一大亮点，更是电视传媒的一个巨大变化。

从 2011 年底至 2012 年初，《梦想合唱团》在 CCTV-1 综合频道开始播出，并成为综合频道全力打造的年度大型电视活动，播出后迅速赢得了广泛关注。8 位当红明星回到故乡，各自寻找 20 位当地居民（各行各业、不限年龄）组建一支合唱团；8 支合唱团齐聚北京，经过 8 周的合唱比拼去实现家乡的公益梦想，最终的总冠军队更会获得亮相春晚的机会。《梦想合唱团》除了巨大的电视传播效力以外也取得了筹款佳绩，首季募款超过 1.2 亿元。2012 年底第二季《梦想合唱团》播出，取得了 1.4 亿元的募款成绩。除了梦想合唱团以外，湖南卫视与芒果 V 基金发起的《天生一对》节目从 2012 年 3 月 30 日到 6 月 1 日，共播出 10 期节目，会聚社会各界爱心善款超千万，为全国 18 个省市贫困地区学校累计捐赠 56 辆"快乐校车"。中央电视台社会与法频道（CCTV-12）与中国福利基金会联合主办的《社区英雄》节目在 2013 年初首播，节目凸显了社区这个基层组织的社会价值，为社区志愿服务提供了发展的平台，促进了社区志愿服务在更广泛的范围内实现信息交流、共同进步，鼓励社区成员用团队的力量和创新的理念为社区争取更多的资源，使社区得到更好的发展。

这些电视节目以崭新的形式推动了公众参与慈善活动和慈善文化的养成，成为 2012 年度电视屏幕的亮点。

除了电视节目对公益的关注以外，2012 年媒体人对于公益的参与和贡献也迎来了新的高潮。2012 年 6 月，当面对湖南教育厅"不反对、不支持、不参与"乡村教师培训项目时，发起人崔永元以"不努力、不作为、不要脸!"进行了有力回应，推动了公众对于乡村教师的认知。同时，崔永元发起的口述史研究项目，更是从中国社会长远发展的视角为未来中国发展提供了一笔宝贵的财富。除了崔永元以外，邓飞的免费午餐、儿童大病医保、候鸟回家等公益活动，以及王凯的爱心衣橱都成为 2012 年度的公众关注热点。

3. 大额捐赠的常态化与财富向善价值观的逐步形成

2012 年大额捐赠的常态化，尤其是超百亿捐赠承诺的出现则意味着中国公益已经具备了跨越式发展的可能。2012 年 6 月，王文彪先生在"里约 + 20"会议上宣布亿利公益基金会将在未来十年投入 100 亿元；11 月，黄怒波先生表示未来 10 年将向北京大学捐赠其一半资产。这些标志着中国大额捐赠时代已经来临，财富或者说资本的社会价值将进一步凸显。首先，从国际经验来看，财富的大量进入将扩大慈善的价值和影响力，使得慈善更具有力量，更有效地解决当前面临的诸多问题，成为真正意义上推动社会转型的稳定剂和助推器。大额资金的注入，如果以非公募为载体，将使慈善资源具有可持续性，相当于社会拥有了一大笔长期稳定致力于解决社会问题的财产。其次，大额资金的进入使得公益机构具备了开展大型项目的可能性，具备了解决重要社会问题的可能性，具备了项目广覆盖的可能性。这一点对于当下社会尤为重要，因为只有发挥出慈善的力量，让普通公众感受到善的力量，才能够有效重拾其对慈善的信任。

另外，大额资金将引导和重塑中国富豪对于财富的价值观。在大额捐赠的带动下，财富向善和资本的社会性将进一步被发掘。这对缓和贫富矛盾，为社会发展提供动力等，都将起到不可替代的作用。

三　2013 慈善发展趋势与战略选择方向瞻望

2013 年，中国公益将延续 2012 年的发展趋势，在现代慈善"成行"之路上，产生更为深远的影响。整体上看，我们认为 2013 年中国现代慈善体系将得到基本确立。具体而言，在政策方面，社团、民非和基金会等三大条例有望在 2013 年末修订后出台，慈善法立法进度可能会加快。在地方层面，深圳慈善立法可能出现创新性突破。在组织发展层面，基金会的发展会加速，同时慈善组织的专业化会成为 2013 年的主要趋势。另外，社会企业、社会影响力投资等新兴事物会迎来新的发展机遇。在捐赠方面，大额捐赠会进一步涌现。2013 年海航集团计划捐赠价值约 80 亿元的集团 20% 股权，即是一个例证。

此外，2013 年中国慈善行业依然会面临挑战，这些挑战既包括理念层面，也包括政策和体制层面，如何应对这些问题，是 2013 年度的重要课题。

（一）发展趋势：中国慈善体制变革与格局的持续优化①

中国现代慈善的确立可能会是 2013 年中国慈善发展最为明显的特征。之所以如此判断，主要是：（1）2012 年新媒体对于公益需求、公益意识和公益参与的全面激发，使得中国公益具备了跳跃式发展的环境条件。新媒体通过全新的信息传播方式，改变了既往公众参与公共事件的模式与方法，从而有效的加速了社会问题的发现与解决，对于现有社会管理体制无疑也产生了巨大的推进作用。在新媒体推动社会变革的过程中，公益必然会是最为主要的内容。通过微博为代表的新媒体，个体的慈善需求激发了公众的慈善捐赠和志愿参与热情，同时公众的参与又推动了个体行为的组织化和专业化，以及所面对问题的系统解决。大量的微参与，成为公众公益意识养成的最好渠道，也会聚成为巨大的体制变革力量。（2）从慈善资源的角度来看，平民慈善固然重要，但是大额捐赠在慈善发展的初期却具有更重要的引领和撬动作用。继曹德旺先生

---

① 该部分主要观点首次发表于《环球慈善》，原文标题为"2013：中国公益变革之年"，在本书中有所修改。

2011 年捐赠价值 35.49 亿元的股权之后，2012 年王文彪先生又作出了 100 亿元的承诺捐赠。从慈善资源积累的角度来看，这标志着一个新时代来临。2013 年，慈善将产生更为巨大的社会效益和社会感知。年初海航集团按照计划向慈航基金会捐赠 20% 的股权，标志着大额捐赠已逐步常态化。

具体而言，2013 在如上所述的慈善发展环境之下，公益行业将呈现如下一些发展特征与趋势。

1. 三大条例有望修订出台，地方慈善立法创新加速

从法律出台或者社会问题的既往解决思路来看，地方先行试点，然后中央跟进是一贯的思路，因此我们判断 2013 年慈善政策的趋势主要如下。

（1）从《慈善法》主要共识的达成情况以及立法进度来看，2013 年国家《慈善法》的出台基本没有可能。从基金会、民办非企业单位和社会团体这三大条例的修订进度来看，《基金会管理条例》修订后最终出台的可能性较大。虽然在涉及基金会注册标准、行政成本比例、投资税收减免等方面还存在较大争论，共识达成还需要一个过程；但考虑到国务院机构改革方案及其后出台的关于落实执行的文件显示的进度安排来看，取消业务主管单位这一政策需要在2013 年底出台，这很有可能会成为三大条例加速出台的一个契机。

（2）在税收方面，企业捐赠税前扣除跨年度流转，应该会在财政、税务部门的通知或办法中得到体现。在突破层面，税收优惠虽然难度最大，但也可能成为新的亮点，这其中关于股权捐赠的免税问题可能会成为突破口。

（3）在地方政策层面，我们认为其创新会先于国家。扶持性的政策环境有望在深圳等地区形成。首先，慈善组织登记注册门槛降低。其次，募捐管理上对民办非企业单位等放开公募限制的条件基本成熟，从广州等地实施的情况来看，放开公募后并没有导致募款活动的井喷。在购买服务方面，地方政府将进一步扩大金额和范围，存在政府购买服务纳入财政预算的可能性。另外，2013 年值得期待的是已经进入立法程序的《深圳市慈善事业促进条例》极有可能出台。即使《深圳市慈善事业促进条例》出台时只保留了草案中一条创新性建议，如税收减免方面的优惠，那也将成为中国慈善立法进程中的标志性事件，直接推动中国慈善立法的跨越式发展。

2. 公益行业专业能力进一步提高，慈善组织面临优胜劣汰

2013 年中国慈善行业将以中国慈善联合会的成立为标志性事件，同时在人才培养、组织孵化以及行业平台建设方面逐步趋向于成熟。自南都银杏计划实施以来，对行业人才的培养渐趋于常态；在组织孵化方面，各地政府 2013 年也将投入比以往更多的资金予以扶持，各地的创新孵化园将产生实质性的效果。在行业第三方平台和机构方面，包括基金会中心网等机构已经走向成熟，起到了更为重要的作用。

从外部资源的引入来看，微博时代公众对于慈善的关注，使得更多的专业人士愿意投入到慈善领域。红十字会社会监督委员会便是其中最好的例证，来自各行业的专业人才为推动机构变革提供外部智力支持。同时，2013 年商业领域以及传媒领域专业人才从事慈善工作将成为常态，传媒领域的慈善议题也将与其产品进行更深入的结合。这一切都将成为中国公益慈善行业进一步专业化的重要力量。

2013 年，公益行业在整体迎来机遇的同时，也将面临更大的挑战，能否以专业能力适应这种挑战将成为慈善组织发展与消亡最为关键的因素。慈善组织面临的这些挑战主要包括如下三个。

（1）个体慈善行为大量涌现与组织化慈善行为的脱离。

新媒体时代一个典型的特点就是个体发起慈善活动具有便利性和可行性，尤其是社会名流予以关注以后，微公益能够显现出强大的资源动员能力。2012 年微博平台的各大事件基本都是由普通公众或者媒体人所激发的。专业慈善组织在这种环境下如何扮演好其职责成为一个重要挑战。在新媒体所引发的公共事件中，慈善组织并没有扮演起主导角色，因此在某种程度上说，当前个体慈善动员与组织化慈善行为存在相背离的情况。

在这种环境下，部分能够有效应用新媒体平台的慈善组织将成为 2013 年的新宠，其自身的资源动员能力将显著增强。这也会加大资源在不同慈善组织间分配的差异。

（2）慈善组织专业能力将成核心竞争力，有政府背景慈善组织亟待转型。

2013 年，慈善组织面临的另一个挑战是，是否具有专业能力将直接决定其未来生存与发展。以往依托于政府的行政动员，或者独特的公募资格往往能够具有较大的资源吸纳能力。从 2012 年开始，公众开始通过新媒体对政府职能开展了全面问责，依托行政劝募或者行政动员来进行慈善资源的吸纳在 2013 年其效果会进一步减弱。

因此，慈善组织专业能力成为决定其是否能够生存的主要因素。这种专业能力既来自公众传播和动员能力，也来自项目执行的专业能力，以及社会服务的提供能力。尤其对绝大多数慈善组织而言，具有社会服务能力将成为决定其存在的主要条件。这种能力影响着政府是否采购其服务以及捐赠资金的募集是否顺利。以美国为例，90% 以上的慈善组织是社会服务组织。从香港的经验来看，政府对慈善组织年均 100 亿港币的资助也主要投向社会服务机构。

因此，未来几年内慈善组织如果不能有效建立起专业能力，或将在这一轮洗礼中被淘汰。

（3）公开透明依然成为社会问责的焦点。

在社会广泛问责这一大环境下，2013 年慈善组织还将面临较大的压力，不排除有部分慈善组织因为财务或者其他问题被曝光。这种压力一方面来自政府会进一步要求慈善组织对信息的披露；另一方面，行业问责会使得不公开、不透明的慈善组织被进一步曝光。2013 年雅安地震过程中，针对红十字会的再一次问责即是一个很显性的例证。在这种情况下，慈善组织尤其是有政府背景的慈善组织需要有新的模式和创新来应对公众对于公信力的质疑。

3. 社会影响力投资，社会企业的创新逐步展开

2013 年，我国与外国在慈善领域的交流将更为广泛，除了中美两国直接的交流将更为深入外，中欧等慈善交流活动在 2013 年将有所增强。在这一背景下，社会创新、社会企业、慈善资本主义等新兴话题在社会中会引起更大的关注。同时，慈善组织尤其是基金会的投资将变得更为紧迫，慈善与商业的结合将突破传统的限制，商业资本参与慈善活动将被社会普遍接受。

（1）社会企业将进一步发展，理念改善中国慈善环境。

2012 年社会企业这一模式被企业、政府和慈善组织广泛应用，在某种程度上被认为是实现慈善组织可持续发展的重要途径。2013 年将有更多的基金会或企业关注社会企业这一议题，同时近年来包括英国文化处等对社会企业领导者的培养和扶持，可能会在 2013 年产生效益。

另外，社会企业、社会影响力投资等概念在 2013 年会进一步革新社会理念，从而为慈善与商业、慈善与资本等结合提供良好的舆论引导。当然，在法律政策层面，2013 年社会企业取得实质性突破则较为困难。

（2）商业、投资与慈善将迎来更为紧密的结合。

现代慈善，尤其是大额资金进入慈善领域以后，使得慈善组织先天就与商业、资本运作相结合。以曹德旺股权捐赠河仁慈善基金会为例，基金会一开始就与股票市场相关，基金会为了实现其资本的增值、保值必然会将资本运作作为基金会发展的重要工作。同时，大量的由企业或者企业家发起成立的非公募基金会，为了发挥出捐赠资金的最大效用，企业家无疑会运用各种手段来开展资本运作，包括进行商业活动等。除此之外，大量公募基金会也面临着资产增值、保值的压力。如果不能有效的开展资本运作，在与非公募基金会竞争时会处于不利位置。在这种大环境下，公募基金会不得不参与到商业与资本运作中来。

4. 养老服务与儿童、残疾人福利事业与慈善事业的交汇

现代慈善事业最为重要的产出，是向社会提供大量及时的公益性质服务。这些服务项目，有很多针对的是包括老年人、儿童、残疾人在内的特殊困难群体。这些群体或处于贫困状态当中，或是因为文化教育缺失而即将陷入贫困。在救助他们之余，进一步根除贫困和发展文化教育事业，也是社会服务的重要内容。当一个国家的公益慈善组织主要是提供养老、儿童和残疾人等社会服务的时候，其慈善才是真正能够为大众所认知和接受的。儿童、养老和残疾人等社会服务的完善需要大量的专业从业人员，不仅能够提供上千万个的就业岗位，还能直接改善所服务人群的生活质量，为社会服务事业提供可持续发展能力，对中国现代慈善的发展产生举足轻重的影响。

近年来，养老服务与儿童、残疾人福利事业与中国慈善事业发展已经产生了大量的交汇，业已成为现代慈善事业的重要组成部分。2012 年中央和地方层面，向老年、儿童和残疾人提供服务的项目成为了政府采购社会组织服务的主要选择，数亿元的财政资金流入了上述领域，支持着相关社会组织的项目开展。同时，在现代化社会组织体系的形成过程中，专业化成为了公益慈善组织发展的重要方向，以提供自闭症关爱、临终关怀、康复服务等专业社会服务为使命愿景的组织成为当前慈善事业发展最为突出的亮点。未来，当提供专业化的社会服务成为慈善组织的主要功能，老年、儿童和残疾人等成为社会服务的主要对象群体时，中国的现代慈善体系将更为完备。

（二）瞻望：慈善体制改革的战略选择

从2012年度中国慈善事业的发展特征和2013年趋势判断来看，中国慈善正进入一个十分关键的历史时期。社会各类要素的综合作用，迫切需要政府和慈善公益界进行新的发展战略选择。可以说，这一选择将决定中国慈善的未来方向甚至影响世界公益慈善的格局，也决定着中国现代慈善能否真正确立并得到发展。

除了在《走向现代慈善——2011年中国公益事业年度发展报告》中我们提到的现代慈善需要避免清流慈善，同时推进非公募基金会发展和公募基金会转型，推动智库和国际经验应用，倡导公众理念转型，推动注册放开和资产投资、促进慈善体制改革外，我们认为以下几个方面的调整对于中国能否在3年内，也就是2013~2015年确立现代慈善至关重要。

1. 顶层设计：完善中央层面的慈善管理体制

2011年与2012年的众多慈善事件尤其是针对慈善组织的质疑表明，中国的慈善事业确实存在着一种自我抑制机制。其具体表现是，尽管社会的讨论轰轰烈烈，但缺乏制度性的平台来协调不同意见，从而使大众与体制之间缺乏有机联系的互动机制，容易形成传统体制原地踏步的局面。

根据国际经验，结合中国的实际，国家慈善体制需要进行两个方面的改进。

其一，需要在全国人大建立慈善工作委员会，邀请社会各界人士公开讨论慈善大计，采取新的工作方法来加强与社会的沟通协商。在现代体制中，政府与社会的联系，不能仅仅通过政府领导人的个人作风来加强，而应建立体制性的联系。这一方面是加强民意表达机构（在我国就是人民代表大会）的作用，另一方面就是执政党通过换届选举而与社会进行广泛的沟通。根据我国的政治结构，在全国人大系统中设立慈善工作委员会是比较适宜的，一个较为活跃的会议机构可以通过定期和不定期的会议来公开讨论慈善领域的一些公共事件，从而促成社会就此能够达成基本共识。

其二，国务院系统也急需建立国家慈善委员会，从行政体制上健全慈善事业发展的管理体制，结束"谁说了也不算，也不知道谁说了算"的现象。这个委员会的成员中，应包括有关部委的负责人，使委员会形成一种行政工作协调机制。目前行政管理的最大挑战是，缺乏有权威的统一性的管理机构，即使在民政部，也存在着两个业务性的司和局，即民间组织管理局、社会福利和慈善事业促进司共同负责慈善事务的局面。因此，十分有必要在国务院的系统中设立类似国家减灾委员会那样的综合性协调机构，召开年度会议，分析行政所遇到的挑战并拟定相应的政策措施，行政体制方能够得到通畅地执行。

其三，在行政体制的工作框架中，需要将慈善事业的发展纳入国民经济社会规划。既然慈善事业是一项重大的社会建设项目，并且关系到上千亿元的年度捐赠款项，同时也有着几千万的就业岗位，因此应该结合"十二五"规划的落实和具体化，再制订专项的慈善事业发展国家规划。各个地方，也应该制订相应的规划，以调动各个地方发展慈善事业的主动性。

2. 加快慈善立法进程，配套慈善促进政策

从 2005 年慈善法开始起草，2006 年进入立法程序，到 2012 年已经过去 7 年，却没有根本性进展。因此，当前需要尽快推进立法进程，建立行政机关和国家立法的公信力。

为慈善事业立法需要特别注意两个方面：一是不能久拖不决，使社会立法参与的热情逐渐变为失望情绪，从而使不良法律依然长期运行，使行政机关丧失权威。许多人往往将立法工作圣洁化，认为一定要立一部没有缺陷的法律。其实，缺乏法律本身就是一个极大缺陷，而长期使用众所周知的不良法规则是更大的缺陷。二是一定要改进立法办法，在公开透明的状态中立法，要有更多的社会参与。立法过程一定要透明，特别是涉及社会大众捐赠事务的法律，更需要大众来参与。即使有一定的偏差，有了大众的参与，也就成为了大众的学习过程。而在大众的讨论过程中，也能够养成少数服从多数，多数尊重少数的机制和习惯，从而避免极端主义倾向出现。

就法律的内容而言，当前需要突出解决的基本问题包括如下几点。

（1）注册新政需要尽快落实。应该借鉴工商组织的注册经验，尽量简便易行，正式废除双重管理体制，规范注册标准和程序，使大众如同经商一样容易地来捐赠和行善。

（2）注册组织的门槛应该降低。用 200 万、400 万等来限制注册基金会，属于世界级的最高门槛。如果要方便慈善捐赠，就要借鉴国外经验，鼓励小额捐赠成立基金会，如欧美年收入 1 万美元、1 万英镑以下的基金会或慈善组织占据半数以上。

（3）普及慈善组织。从中国的实际出发，采取更为特殊的办法普及社区性的社会组织。过去曾经制定过小型组织备案的政策，但需要将备案的政策简单化、程序化，从而大量地普及基层慈善组织。

（4）降低公益事业支出标准，提高员工福利和行政支出。公募基金会公益事业支出不得低于上年总收入 70% 以及非公募基金会不得低于基金余额的 8% 的规定，远高于国际社会 5% 的标准，况且世界各国没有公募与非公募的区别，这样的标准应该降低下来。另外，基金会工作人员工资福利和行政办公支出不得超过当年总支出 10% 的标准，则应该提升到国际通用标准即 20% 以上。现行的标准，类似杀鸡取卵，应该尽快调整，从而真正采用放水养鱼政策以养育慈善。

（5）尽快规范免税政策。个人捐赠免税，在全国不能普遍实行，说明确实有许多不便之处。另外，类似股票捐赠免税、基金会运营收入免税等问题，都应该取国际免税标准，以便真正让富豪容易大额捐赠并从事慈善事业。

（6）政府的财政预算，也需要列出专项科目，推动社会组织与社会服务业的结合。如果政府与慈善事业在养老、助残、抚孤、助贫等社会服务业上形成良性的结合点，则大众就能够感受慈善的阳光，从而使公共政策更加密切地直接服务于社会大众。

3. 加快公益慈善界的支撑体系建设

公益慈善界自身，也存在着结构性调整的紧迫需要。在相当长的时期，中国的慈善界主要维持着专家慈善、名人慈善、退休官员慈善的格局，以捐款为主的慈善家从事慈善事业的案例，还相当稀少。这是过去政策的一种结果，也是传统文化影响的表现。

2010 年以来，中国企业界开始建立基金会以进行大额捐赠的行动，非公募基金会的数量逐渐超过公募基金会，这样的趋势正在迅速地改变着传统结构，并形成现代慈善的基础。但是，公益慈善界的现实结构还相当不适应当前的巨大变化，因而也需要进行结构性的调整。

当前，公益慈善界特别需要加强以下四个体系的建设。

（1）是现代慈善知识传播体系建设。当前主要是普及现代慈善知识，现代公益慈善的教育体系要尽快推进。在公益慈善的教育、研究和培训领域，当前主要是缺乏较为系统的规范。教材体系还没有形成，专项研究严重缺乏，而学位教育和专题培训还只是刚刚开始。公益慈善的知识生产方式也面临着转型的需求。

（2）是现代公益慈善行业体系建设。公益慈善类的各类行业协会相当缺乏，这就不可能提升各个行业的专业化水平。只有行业协会发展起来，才能够形成较为规范的行业透明标准和职业体系，比如儿童、老年福利类的基金会可各自建立起行业协会。而缺乏行业协会，就会产生大量的重复项目，甚至在慈善领域内也存在着行业间的无序竞争。

（3）现代募捐与项目服务体系建设。现代募捐是一门应用科学，需要专业的培训。捐赠能否实现联合募捐？也需要进一步推进。而缺乏有影响力的公益慈善项目，已经成为慈善事业发展的一大瓶颈，包括儿童项目、老年项目等，社会需求很多，但要推出有影响力的项目，还需要更为专业的服务。

（4）现代咨询服务体系建设。一个现代行业的发展缺乏咨询服务体系很难巩固持久，我国各个行业相当缺乏这类机构的建设，经济领域内，国际咨询服务业可以直接进入，但是在其他行业，则需要立足本国实际而了解国际趋势的咨询机构，这就特别需要推动公益慈善类的智库与咨询机构建设。

4. 推进公益慈善领域的政策性倡导

对公众质疑的浪潮，特别需要公益慈善界进行及时而有效的回应，从而形成社会与慈善界的良性互动。当前，公益慈善界有必要推进三项政策性的倡导。

（1）推动公募基金会转型。公众的质疑集中于信息是否透明，但解决问题决不能仅限于此，因为整个社会实际上是要求公募基金会的全面转型。带有一定政府背景的公募基金会，一定要顺应潮流，积极推进组织结构和体制的现代化，要借鉴国际经验，推进社区化、会员化，并推动政府投入更为有影响力的公益慈善项目，从而提升自身的服务品位。

（2）需要推动慈善事业的开放。要积极开展国际对话和交流，促成现代慈善机制的形成。中国的慈善家要走出去，这样可以直接借鉴一些成熟的经验，少走弯路。而中国的企业家也需要更新理念，生意做到哪里，慈善也应该做到哪里。

（3）推动领导人和富豪以不同方式支持慈善的风气也十分重要。比如，领导人的夫人能否倡导慈善晚宴？领导人要不要与慈善家合影？这些在国际上是一种通行的做法，但在我国只有零星活动，特别需要推广。富豪们参与慈善，应该获得领导人的鼓励。

在现代慈善大潮兴起的时候，公益慈善界需要提倡一种甘受委屈的精神。宗教界有一种说法，"打你的左脸，还要给他右脸"。这不是说从事慈善就要受欺侮，而是说慈善家能够忍辱负重，更有修养。从历史的经验看，能够获得人们称颂的，并不是暴力与杀戮，而那些善良的德行。德行总是成为人类的价值追求。公益慈善界一定要锻炼这样的修养，才能真正居于不败之地。

上　篇

第一章
公益政策：社会体制改革
助推社会服务发展

2012 年，党的十八大首次提出"加快形成政社分开、权责明确、依法自治的现代社会组织体制"，将现代社会组织体制与社会管理体制、基本公共服务体系、社会管理机制作为社会建设和社会体制改革的四大重要目标，这标志着社会组织建设成为推动中国社会体制改革的重要突破点，标志着作为社会组织重要组成部分的（公益慈善类组织）在社会建设中的地位予以确立。十八大给公益慈善类社会组织创造了新的发展环境。

除此之外，我国各级政府积极探索，起草和发布了一系列有利于公益事业的扶持政策。在中央层面，民政部颁布了针对社会组织的三条管理新规，进一步规范了各类公益活动主体的行为。同时，中央财政首次拨付 2 亿专门款项用于购买社会组织服务，开始了中央政府购买社会组织服务的尝试；在地方层面，11 个省市于 2012 年出台了民政"十二五"规划，慈善事业建设在其中成为了重要内容；6 个省市初步拟定了慈善事业发展纲要或条例，10 个省级行政区在社会组织直接登记上进行了试点。这些创新和尝试都为中国公益慈善事业的发展进一步开辟了空间。

一 中央层面：现代社会组织体制和购买社会组织服务确立

2012 年，中央对公益事业的发展重视程度得到了显著提升。党的十八大报告中首次提出"建立现代社会组织制度"和"进行社会体制改革"；同时，《中共中央国务院关于分类推进事业单位改革的指导意见》鼓励社会力量依法进入公益事业领域。这都将公益慈善的发展提到了中国社会体制改革的重要推动因素的位置。在实务层面，民政部门制定政策，强化了对以基金会和社会团体为代表的社会组织活动的规范化管理。

此外，中央财政首次购买社会组织服务，连续两年划拨的 4（每年 2 亿）亿元购买社会组织服务专项资金，让逾 600 家公益组织从中受益，意味着中国政府与慈善组织的协作机制开始建立。同时，民政部制定出了我国首部志愿服务记录办法，统一登记、保存全国志愿者的服务信息，并准备着手打造志愿者评级与奖励体系。

（一）十八大明确社会建设方向，事业单位改革构建公益新格局

2012 年 3 月，中共中央与国务院联合印发了《中共中央国务院关于分类推进事业单位改革的指导意见》，拉开了倡议已久的事业单位改革帷幕；11月，中国共产党第十八次全国代表大会召开，十八大报告也为今后一段时期内我国公益慈善事业的发展明确了方向。前者对社会力量进入公益事业予以明文支持，后者则提出了建立现代社会组织制度。两个文件客观上确立了慈善组织在我国社会体制改革中的作用和定位，指明了我国慈善行业下一步的发展路径。

1. 十八大报告提出开展社会体制改革，建立现代社会组织体制

过去十年，中国共产党对社会建设的重视日益提升。2006 年，党中央就作出了《中共中央关于构建社会主义和谐社会若干重大问题的决定》，对加强

社会建设工作进行了一系列的政策部署；2011 年，中共中央国务院又下发了《关于加强和创新社会管理问题的意见》，以"社会协同，公众参与"为口号，强调对社会组织的培育发展和普通民众在社会管理中的重要角色。作为社会建设的重要力量，公益界也从这些政策中受益良多，公益慈善类社会组织在各地登记注册的放宽，便是明证。

2012 年 11 月，中国共产党第十八次全国代表大会在北京召开，社会建设再次成为了其中的重要议题之一。十八大报告的第七部分标题即为"在改善民生和创新管理中加强社会建设"。在这一部分，报告阐述了社会建设必须"以保障和改善民生为重点"，必须"加快推进社会体制改革"。而要实现这一目标，重要任务包括：努力办好人民满意的教育，推动实现更高质量的就业，千方百计增加居民收入，统筹推进城乡社会保障体系建设，提高人民健康水平，加强和创新社会管理。报告中提出了要建立"政社分开、权责明确、依法自治"的现代社会组织体制。另外，报告还要求"改进政府提供公共服务方式，加强基层社会管理和服务体系建设，增强城乡社区服务功能，充分发挥群众参与社会管理的基础作用"。这些任务与要求，均与我国的公益事业建设息息相关。

十八大报告中，社会建设方面最大的亮点是明确提出进行社会体制改革。众所周知，社会体制改革既承接和完善经济体制改革的成果，又为政治体制改革创造更为良好的环境与条件，是当前中国整体改革的重要组成部分。在十八大报告提出的社会体制改革重要任务中，教育、就业、收入、社会保障、公共卫生等内容都涉及了时下主要的社会矛盾，报告对此有充分的认识，体现了党和政府对各类社会问题的重视和解决这些社会问题的决心。而这些问题的有效解决都离不开公益慈善组织的有效参与，中国公益慈善的发展空间在客观上得到了拓宽。公益慈善组织有望在未来成为解决我国社会问题的中坚力量。

解读十八大报告，可以看到社会建设方面的两大创新点。第一个创新点，是报告在对社会管理体制的要求中新添加了加强法制保障的内容。这体现了党中央在前一阶段强调加速服务型政府建设以及社会组织和普通民众参与社会管理之余，开始谋求用法律、法规来促进对社会更有效管理。可以预见的是，在今后一段时间内，将有大量关乎社会管理的法规及政策文件被制定颁布。其中，公益慈善界翘首以盼的慈善事业法和社会救助法，都可能在这个周期内完成立法。

第二个创新点，是党代会报告中首次出现对社会组织发展方向的规划和阐述。过去数年，在广东等一些省市已经进行了社会组织登记注册放宽的试点。社会组织不再被要求寻找主管部门。但在全国的大部分地区，民政部门和业务主管部门对社会组织实施"双重管理"的体制仍然是主流。十八大上提出的"政社分开、依法自治"，有望促成更多社会组织的登记注册。这一点在2013年初召开的两会上即得到了有效印证，《国务院机构改革和职能转变方案》首次提出取消公益慈善等类型社会组织的业务主管单位，至此困扰慈善组织发展的双重管理体制得到了突破。

十八大报告提出进行社会体制改革，明确用法律法规来规范社会管理，以及强调社会组织建设的重要性，从各方面反映出了党和政府进一步推动社会转型的决心。在这样的情况下，公益慈善将在我国的社会生活中扮演更加重要的角色，即作为我国社会服务事业的重要组成部分，积极参与社会资源的分配。

2. 事业单位改革推进，鼓励社会力量进入公益领域

作为广义上的非营利性公益组织之一，事业单位的改革成为公益慈善发展的重要组成部分。据《京华时报》所给出的统计数据，当前我国共有126万个事业单位，共计3000多万正式职工以及900万离退休人员，总数超过4000万人，承担着大量的公共服务工作。2012年上半年，事业单位改革成为政府工作中一大引人关注的领域。这项改革工作的展开，始于3月印发的《中共中央国务院关于分类推进事业单位改革的指导意见》（以下简称《意见》）。在《意见》中，改革的目的被定位为"发展公益服务，构建我国公益事业的新格局"。

《意见》先是强调了事业单位改革的重要性和紧迫性，继而将事业单位分成了三类，其中针对从事公益服务的事业单位的改革要求最为多样。中央希望藉由改革来"提高公益服务水平和效率，促进公益事业大力发展"。为了实现构建公益服务新格局的目标，《意见》鼓励社会力量依法进入公益事业领域，承诺会为之"完善相关政策，放宽准入领域，推进公平准入"；明确规定"对社会力量兴办公益事业的，在设立条件、资质认定、职业资格与职称评定、税收政策和政府购买服务等方面，与事业单位公平对待"。这是在中央政府的文件中，首次将社会公益力量和事业单位放在了平等的地位上予以对待，凸显了党和政府对社会力量进入公益领域参与公益建设的支持力度。接下来，《意见》又提出要"制定和完善支持社会力量兴办公益事业的财政政策，形成多渠道筹措资金发展公益事业的投入机制"。这可以被看作中央将进一步制定针对社会组织的财政补贴、税收优惠以及政府购买政策的信号。

近年来，由于效率较为低下、透明度不足等原因，民间对政府背景公益慈善组织问责的呼声一直很高。在这样的背景下，中央的回应极具力度：改革的对象并不仅限于公益慈善组织，而是扩大到了所有"面向社会提供公益服务的事业单位"。下一步，党和政府面临的问题是如何对事业单位的工作内容和人员部门进行切分（行政职能、公共服务、经营行为），平衡改革所牵涉的各方自身的利益诉求（行政级别，养老金收入等）。事业单位的改革对中国公益慈善发展的意义重大，不仅仅在于其所提供服务的重要性，更在于事业单位的改革使各种类型的公益组织被置于了公平竞争的环境当中，需要靠优质的社会服务来获取资源和市场，从而推动中国公益慈善行业走向公平和公正。

（二）社会组织管理新规促进管理规范化和行业公信力提升

自 2011 年起，为了适应新形势下社会组织的管理，《民办非企业单位登记管理暂行条例》《社会团体登记管理条例》和《基金会管理条例》开始进入修订过程，有望在 2013 年底出台。与此同时，为有效解决当前慈善领域管理规范相对缺失这一不足，2012 年民政部先后发布了三条规定，加强了对基金会和社会团体的管理，并对登记机关行政处罚社会组织的程序进行了规范。

1. 基金会管理出新规，明确信息公开事宜

针对 2011 年"郭美美事件"等对中国公益行业公信力的影响，2012 年 7 月，民政部发布了《关于规范基金会行为的若干规定（试行）》（以下简称《规定》）。《规定》以专门条款明确了基金会应当及时向社会公众发布的信息，包括基金会的发起人和主要捐赠人；基金会理事主要来源单位；基金会投资的被投资方；其他与基金会存在控制、共同控制或者重大影响关系的个人或组织；基金会与上述个人或组织发生的交易，以及基金会的内部制度等。对于运

行时间超过三个月的项目,《规定》要求基金会方面每三个月须公布一次捐赠收入、使用款物以及直接运行费用。可以说,《规定》为规范基金会接收和使用捐赠行为,基金会的交易、合作行为,基金会资产的保值增值,以及基金会的信息公开等各个方面提供了更具可操作性的指导。

近年来,中国基金会的数量和规模快速增长,截至 2013 年 1 月,中国的基金会总数已达到 3000 家;与 2005 年相比,7 年间基金会的数量增长了 2 倍多。其开展的公益项目涉及教育、社会福利、救灾救济、卫生健康、环保、法律、学术研讨和文化体育等多个领域。为了对如此数量众多的基金会进行有效管理,中央政府在近十年间出台了多部法规及指导文件。表 1 - 1 是我国中央政府出台的针对基金会的专门文件一览。从表 1 - 1 中可以发现,自 2004 年《基金会管理条例》颁布以来直至今年,中央再未出台过在宏观层面严格规范基金会行为的文件。

表 1 - 1　中央政府历年出台基金会相关管理文件一览

序号	文件名称	颁布时间	颁布机构
1	基金会管理办法	1988	国务院
2	国家税务总局关于基金会应税收入问题的通知	1999	国家税务总局
3	基金会管理条例	2004	国务院
4	基金会名称管理规定	2004	民政部
5	民政部关于现职国家工作人员不得兼任基金会负责人有关问题的通知	2004	民政部
6	民政部关于基金会业务主管单位职能委托有关问题的通知	2005	民政部
7	基金会年度检查办法	2006	民政部
8	基金会信息公布办法	2006	民政部
9	卫生部业务主管境外基金会代表机构管理规定	2008	卫生部
10	关于加强和完善基金会注册会计审计制度的通知	2011	民政部、财政部
11	关于规范基金会行为的若干规定(试行)	2012	民政部

时隔多年再度推出专门规定,约束基金会的行为,被看作民政部对三大条例进行完全修订的前兆。值得注意的是,在征求意见稿中,《规定》曾有"基金会不得资助营利组织"的条款,但在正式发布稿中被改为了"基金会不得资助以营利为目的开展的活动"。文字的改动体现当前的政策制定者已经能够

认识现状并吸纳公众的建议，可以预见未来的公益慈善政策制定过程一定会转变为一个开放的过程。

总体来说，此次公布的《规定》给中国的基金会行业提出了一个极高的要求，在某些方面（尤其是信息披露的周期、内容等）的标准超过了国际上的通行要求。但是作为一个不具有法律强制力的规范性文件，对于中国基金行业来说，它更多的是起引导性作用的，因此，它的高标准具有示范性意义。

2. 社会团体对外合作活动受进一步规范

2012 年 10 月，民政部公布了《关于规范社会团体开展合作活动若干问题的规定》（以下简称《合作规定》），对社会团体在开展对外合作时需要注意的细节作了全方位的规定，强调合作过程中社会团体对合作对象的监督，同时严格限制社团经营活动的转包与委托。

在"郭美美事件"曝光后，一部分社会团体非法敛财、强制服务、强制收费的不良现象开始为公众所察觉，并引起了不小的非议。例如，中国经济报刊协会以挂名方式参与"共和国脊梁"评选活动并收取费用，便受到了暂停活动并没收违法所得的处罚；中华慈善总会与无锡尚德公司合作过程中发生的后者"诈捐"事件，也在社会上引起了不小的风波。

社会团体在进行对外合作时的一些违规现象，损害了社会团体公信力和整体形象，造成了不良的社会影响。因此，2012 年民政部一直在制度层面上着力对社会团体的行为进行规范。此次颁布的《合作规定》，明确规定社会团体应在合作前对合作方进行调查了解，如同意合作方使用本组织名称、标志，应签订授权使用协议；以"主办单位""协办单位""支持单位""参与单位""指导单位"等方式开展合作活动的，应全程监管，不得以挂名方式合作；将自身业务活动委托其他组织承办或者协办的，应当加强主导和监督，不得向承办方或者协办方以任何形式收取费用。另外，《合作规定》要求，社会团体不得将自身开展的经营服务性活动转包或委托给与社会团体负责人、分支机构负责人有直接利益关系的个人或者组织来实施。

可以看到，《合作规定》下决心整治的是社会团体"卖牌子"敛财、负责人关联交易等不法行为。作为重要的无形资产，很多社会团体的名称、标志具有较强的社会影响力，很容易沦为商业机构牟取利润的工具。《合作规定》打击的是社会团体在开展对外合作时只收取挂名费、不履行相应职责、不对商业机构进行任何监督的行为，注意避免断绝社会团体正常的业务收入来源。而阻断关联交易，则让从事公益服务为主的社会团体免于被操纵用于为私人服务。以《合作规定》为依托，对社会团体开展活动的程序进行规范，表明了政府顺应社会管理体制的变革和依法管理社会组织的决心，包括社会团体在内的社会组织在发展过程中出现的问题，如都能通过主动规范和强化监管解决，将有助于社会组织的健康发展。

3. 社会组织登记机关实施行政处罚有程序可依

2012年8月，民政部第44号令公布了《社会组织登记管理机关行政处罚程序规定》（以下简称《处罚规定》），对社会组织不规范运行的处罚在全国范围内从此有了可依据的法规。与之前地方上的各种规定类似，民政部制定的《处罚规定》也有依立案、取证、决定、执行和送达的步骤，对社会组织行政处罚的程序进行了细致的规范。

根据现有的法律规定，对于社会组织违反法律和严重违反章程的行为，登记管理机关有权给予行政处罚。但我国的社会组织行政处罚制度存在着权限界定不清楚、处罚种类设置不合理以及缺乏行政强制措施等问题[1]。社会组织管理的三大条例中都有关于登记管理机关行政处罚权的规定，但却缺乏对于登记管理机关行使行政处罚权所必需的行政强制措施的规定，导致了我国的社会组织"登记严、监管松"的现象。近年来，为了规范行政执法程序，提升行政执法效率，吉林、广东、江苏等省的民政部门先后推出社会组织登记管理机关行政处罚相关规定，但国家层面上的相关规定出现了滞后。

表1-2　地方社会组织登记管理机关行政处罚规定一览

序号	文件名称	颁布时间	颁布机构
1	吉林省社会组织登记管理机关行政执法程序规定	2009	吉林省民政厅
2	广东省社会组织登记管理机关实施行政处罚程序规定	2010	广东省民政厅
3	江苏省社会组织登记管理机关实施行政处罚程序规定	2010	江苏省民政厅

---

[1]　金锦萍：《我国社会组织行政处罚制度审视——从登记管理机关的角度》，陈金罗、刘培峰主编《转型社会中的非营利组织监管》，社会科学文献出版社，2010，第143页。

此次民政部《处罚规定》的出台，使得全国的社会组织登记管理机关在执法时有了可以依循的详尽步骤，在执行限期停止活动、撤销登记以及罚款等处罚时，也有了相应的强制措施可供选择。由此，我国社会组织登记管理机关进行行政处罚的制度终于具备了较强的可操作性。包括公益慈善机构在内的社会组织，今后更需要注意合乎法律和章程的运作。

（三）中央财政首次购买社会组织服务，加强社会服务供给

2012 年 3 月 9 日，民政部与财政部共同在北京发布了《中央财政支持社会组织参与社会服务项目实施方案》（以下简称《方案》）。该《方案》以充分调动社会组织参与社会服务的积极性，发挥社会组织在创新社会管理和构建社会主义和谐社会中的积极作用为目的，明确提出 2012 年中央财政将安排专项资金，支持社会组织参与社会服务。

早在 2003 年，我国就开始实施《中华人民共和国政府采购法》，并确定了政府采购的范围。尽管采购法规定的范围包括货物、工程和服务，但是在采购范围中，对于服务的理解仅限于政府自身运作的后勤服务，而公共服务并没有被列入采购范围。其后，部分地方省市开始探索政府购买上的创新，其中之一项探索便是政府购买社会服务。2008 年，广东省下发了《中共广东省委办公厅广东省人民政府办公厅关于规范和发展我省社会组织的意见》，明确要求建立政府购买服务制度。但从那时起，政府购买社会组织服务就面临着财政划拨资金不足的问题。

2012 年由中央财政拨款支持社会组织发展，大面积购买社会服务并由社会组织来执行，这在我国历史上尚属首次。与《方案》共同出台的还有项目的实施细则，其中提到的项目重点，在于资助四川、云南、西藏、甘肃、青海、新疆等西部地区困难社会组织必要的服务设备购置和服务设施完善，整个项目由民政部、财政部和各地方民政部门共同组织管理。尽管整体资金量不算巨大，但意见和细则充分规范了项目的每一个实施细节。

对 2012 年中央财政资助项目的名单进行分析，有如下一些发现。

1. A 类发展示范项目：惠及西部儿童，助学为日后发展蓄力

A 类发展示范项目，重点在于资助四川、云南、西藏、甘肃、青海、新疆

等西部地区困难社会组织必要的服务设备购置和服务设施完善等，每个项目的资金一般在30万元以内，最高不超过50万元。因为地域的预先设定，此类项目集中于西部12个省、市、自治区。在已公布的150个西部地区社会服务项目中，有23个是以教育发展为目的的，29个是以儿童救助或矫治为宗旨的，两者占到了所有A类项目的1/3多，承办地区方面，新疆最多，四川次之。

2. B类承接社会服务试点项目：政府背景慈善组织担纲为主

B类承接社会服务试点项目的资助对象是规模较大、职能重要的全国性社会组织和具有较强区域辐射功能的社会组织，由政府出资帮助它们承接社会救助、扶贫救灾、社会福利、社区服务等方面的社会服务，其中老年、扶贫和医疗援助方面的项目占据了总数的一半以上。由于对此类组织自身能力要求颇高，因此从立项开始中央拟定的资助名额只有50个左右，每个项目的资金一般100万元以内；而最终获取资助资格的项目达到了102个，大大超出了最初的预计。这其中，37个项目由有政府背景的中央层面的慈善机构承接；而分配到地方的项目，也多由医院和慈善会等政府色彩浓厚的机构来承担。

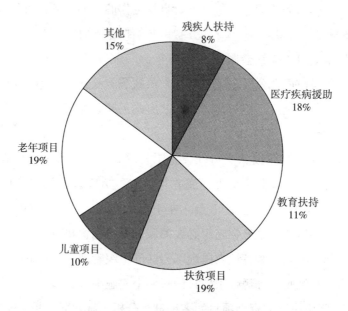

图1-1　B类承接社会服务试点项目领域分布

备注：项目领域重叠的以主要服务对象为主，"其他"项主要包括人才、人员培训、环境等零散项目。

3. C 类社会工作服务示范项目：儿童成最受关注的特殊群体

C 类社会工作服务示范项目主要是资助符合条件的社会组织重点围绕城市流动人口、农村留守儿童、社区老年人、残疾人、社区矫正人员、受灾群众等特殊群体的需求，所开展的困难救助、心理辅导、综合性社会支持网络构建等社会服务。中央财政开始时的计划同样是资助 50 个左右符合条件的社会组织，金额也与 B 类相似，为 100 万元左右。但最终发布的立项名单增加至 86 个项目，而其中单是儿童项目就达到了 28 个。C 类项目的承办单位与 B 类类似，在中央也是以有政府背景的全国性慈善机构为主，达到了 31 个；在地方以慈善总会和有地方政府背景的慈善基金会为主，占 55 个。

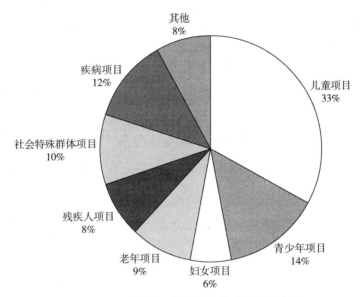

图 1-2 C 类社会工作服务示范项目领域分布

4. D 类人员培训示范项目主体由各地社会组织促进会承担

D 类人员培训示范项目主要是政府出资对社会组织负责人、业务工作人员进行法律法规、项目运作、业务技能、专业知识等方面的培训。初步计划是培训 1 万名左右的社会组织负责人、业务工作人员，而提供给每个项目的资金一般在 30 万元以内，最高不超过 80 万元。在立项名单中，中国大陆 31 个省级行政单位都有培训项目入围。而从承办单位的成分来看，占比重最高的则是中央及各省、市、自治区的社会组织/民间组织管理促进会，达到了 20 家，占所有单位数量的54%。

总体来说，中央政府出资购买社会组织服务的额度相对来讲还非常少。以香港地区为例，其社会福利年度支出大约为400亿港币，其中将近100亿元用于购买慈善组织服务。但2012年中国财政购买社会组织服务其象征和示范意义重大：一方面，它反映了中央转变政府职能、扶持社会组织参与社会管理的决心；另一方面，随着具体项目名单的出炉和后续中央及地方相关法规的制定（例如广东已出台的《政府向社会组织购买服务暂行办法》），社会组织服务有望被长期纳入政府采购的范围。

当然，在各级政府努力尝试将更多服务领域交由社会组织负责的同时，依然有很多问题需要进一步解决，如政府整体购买量的不足等。广东省政协社法委曾为此进行过专门的调研，结果发现，大部分社会组织得不到政府职能部门的购买服务，该省社会组织中已接受政府购买服务的仅为9%。同时，购买资金也未被纳入公共财政预算，社会组织参与公共管理和服务的空间有限。另外，在当前体制背景下，政府购买社会组织服务可能会产生一种不自觉的结果——当社会组织从政府这块承接服务时，很容易把这样一种契约关系变成一种行政上的上下级关系。社会组织如何保持其独立性也是需要研究的课题。

（四）《志愿服务记录办法》推动全国志愿服务体系建立

2012年10月底，民政部发布我国首个《志愿服务记录办法》，要求志愿者组织等机构安排专人来统一登记、保存全国志愿者的服务信息，这些信息将与志愿者的使用、培训、评价、保障、奖励挂钩。按照服务时长和质量，志愿者还可申请星级评定，享受相关奖励。

这是我国行政机关首次进行全国性志愿服务管理的尝试。《志愿服务记录办法》虽然只是一个指导性的文件，却依然意义重大。放眼世界，各国的志愿服务活动普遍有相关法律保驾护航，但记录全体志愿者劳动服务的方案近年来才被提出。美国早在1973年就颁布了《志愿服务法（Domestic Volunteer Service Act of 1973)》，却从2002年开始才由劳工信息处开始统计志愿者的服务时间等数据，且仅以小范围内的样本作为调查对象。相比较而言，我国的《志愿服务记录办法》在所规划的精细程度和覆盖范围上，要更具进步性。

《志愿服务记录办法》还提出了对志愿者进行星级评定，并让他们在应聘机关、学校和事业单位时获得优先考虑等奖励。对热心公益，积极主动向社会提供服务的人士给予一定的奖励，成为制度层面促进志愿活动开展的有效措施，纵观国际社会，此类激励都具有重要的现实意义。例如在新加坡，颁发给志愿者的社会服务奖依据志愿者每年服务的时间和业绩分为"公共服务奖""公共服务勋章""公共服务星条勋章"，每年国庆日由总统或总理颁奖，获奖者无不视之为莫大的殊荣。据此，有理由相信《志愿服务记录办法》中的评级与奖励规定，将在很大程度上推动青年学生志愿服务的参与热情。

当然，《志愿服务记录办法》能否取得预期的效果，还需要法律及环境的支持。在世界上很多地区，青年志愿服务都是强制的，如法国法律规定，年满18岁的男性，符合条件却不服国民志愿役者，将处以二年有期徒刑；韩国则规定志愿服务活动的分数将占高中成绩的8%。近日，民政部又下发了通知，要求在135个地区率先进行志愿服务记录制度试点。地方民政主管机关的监督和各服务机构的配合，将是这一指导性文件取得成效的关键。

二　地方层面：民政规划重视慈善，公益组织注册全面放宽

2012年，各级地方政府大多把公益慈善当作民政工作的重要内容之一，这在各地新发布的民政"十二五"规划中得到了最直观的体现：2012年的11份规划几乎全部有涉及公益慈善的内容。安徽和山东两省在此基础上更进一步，推出了专门的慈善事业发展纲要，提出了本省未来五年公益慈善事业的发展目标和相应计划。同时，深圳、北京、陕西等拟出了本地的慈善事业促进条例初稿，准备以地方法规的形式来系统规范各项公益活动的开展。

地方公益政策的创新尝试延续了前一年的良好势头，有10个省级行政区在2012年试点了社会组织的直接登记，广西、广东和安徽等省、自治区则试点了基金会登记管理权限的下放，由部分市、县的民政机关直接办理基金会的注册登记。广东还出台了全国首部明确规范的向社会组织购买服务的省级地方规范性文件，规定各级政府应将向社会组织购买服务的经费纳入同级财政预算。

（一）各地民政"十二五"规划出台，明确公益慈善发展目标

截至 2012 年底，在中国内地 36 个省、自治区、直辖市及计划单列市中，有 31 个制订了详细的民政事业"十二五"期间发展规划，占总数的八成以上，其中有 29 个在互联网上公布了规划的全文。在国民经济与社会发展步入新的五年计划的同时，我国的社会建设也来到了新的发展阶段。29 份被公布的规划中，有 11 份在 2012 年出台，而大部分则在"十二五"规划元年 2011 年即完成了发布工作。绝大多数的规划都有专门针对公益慈善事业发展的内容，更有 18 个省市提出了社会组织发展的具体目标。

1. 中西部提公益发展指标，发达地区重视政策文化建设

在这 29 份规划中，有 27 份涉及公益慈善领域，其中涉及的主要内容包括：（1）推动慈善事业立法，出台地方慈善法规；（2）探索慈善公益类社会组织的登记注册管理改革，争取实现直接登记；（3）完善慈善体系建设，形成"省、市、县、乡镇（街道）"或"市、县、乡镇（街道）、村（社区）四级慈善组织"网络；（4）健全财政资助奖励机制和政府购买服务制度，落实公益慈善类组织税收优惠政策；（5）有效管理慈善组织和慈善活动，建立慈善组织评估制度，健全慈善募捐许可制度，规范慈善组织信息披露工作；（6）增加慈善资金总量，坚持多渠道募集慈善资金，建立经常性的社会捐助网络，建设基层捐助站点和慈善超市；（7）加强慈善文化建设，培育现代慈善理念。

从各地民政规划中可以看到，不同省市在慈善工作规划上有不同的侧重点：上海、黑龙江、山东、广西、陕西等地强调慈善超市的建设；重庆、黑龙江、内蒙古以及厦门市制订了福利彩票的销售和福彩公益金积累的目标；上海、辽宁、山东、江西等地把基层捐助站的建设指标单独列出；而在江苏和广西两地的民政"十二五"规划中，慈善捐款的金额甚至与 GDP 的增长相挂钩。

从这批公布的民政规划来看，中西部地区格外重视公益慈善事业的发展，甘肃、内蒙古、广西、宁夏等地都在规划中提出了公益慈善事业发展的具体目标。其中，甘肃省民政厅提出要在 2015 年实现志愿者人数达到全体社区居民的 10%；内蒙古自治区民政厅提出要使 2015 年全体社会组织募集资金对自治区经济增长的贡献率达到 5% 以上；广西壮族自治区民政厅提出，到规划期

末，全区慈善捐款要达到 GDP 的 1%；而宁夏回族自治区民政厅则强调了慈善博览会的定期举办和慈善产业园区的建设。尽管发展的方向各有所求，但这些地区发展公益慈善事业的决心以及对这项工作的重视程度是显而易见的。

而在经济发达以及过往公益慈善事业开展较好的地区，政策、文化上的创新则成了民政部门新的追求。北京市民政局提出要在"十二五"期间出台"具有首都特色"的慈善法规；江苏省民政厅除了设立"慈善总会系统累计接收捐款力争达到当年 GDP 的 0.5%"的目标之外，还确定了在南通市建立中华慈善博物馆的事宜；广东省民政厅计划推动《广东省慈善事业条例》和《广东扶贫济困日活动捐赠管理暂行办法》的出台，还以全省每万人拥有 5 个以上慈善组织为工作目标；深圳市民政局喊出了成为具有全国影响力的"慈善之都"这一口号，并提出"十二五"期间将全市公益慈善组织的总量增加到 1000 家。另外，该市还将启动"全民慈善教育"计划。政策法规上的进一步完善和公益慈善文化教育的普及，将对这些地区慈善工作的长期发展起到促进作用，详见表 1-3。

表 1-3　各地民政"十二五"规划中与公益慈善相关内容一览

规划名称	地区	发布时间	与公益慈善相关内容
北京市"十二五"时期民政事业发展规划	北京	2011 年 4 月	慈善公益类、社会福利类、社会服务类等社会组织实行直接登记；建立政府购买社会组织服务制度；出台具有首都特色的慈善法规
天津市民政事业"十二五"发展规划	天津	2011 年 5 月	2015 年，公益慈善类社会组织增长 60% 以上
上海市民政事业发展"十二五"规划	上海	2012 年 5 月	2015 年社区慈善超市数达到 180 个，健全经常性社会捐助网络，形成"人人可慈善"的社会共识和"人人做慈善"的社会氛围
重庆市"十二五"民政事业发展规划	重庆	2011 年 10 月	加强慈善组织内部管理制度建设，逐步推行决策、执行和监督分离的运行机制，到 2015 年福利彩票年销量达到 40 亿元
河北省民政事业发展"十二五"规划	河北	2012 年 4 月	重点培育行业协会、农村专业经济协会、社区服务型社会组织、公益性社会组织和科教文卫类社会组织，着力发展民间慈善类社会组织，社会组织年增长率保持在 10%~15%
辽宁省民政事业发展第十二个五年规划	辽宁	2011 年 11 月	健全劝募管理制度，鼓励和倡导社会各界以专项基(资)金或冠名形式进行慈善捐助
吉林省民政事业"十二五"规划	吉林	2012 年 8 月	全面贯彻实施《关于加快推进吉林省慈善事业发展的意见》，在扶老、助残、救孤、济困、助学、助医等方面，每年慈善救助的困难群众达到 40 万人次

续表

规划名称	地区	发布时间	与公益慈善相关内容
黑龙江省民政事业"十二五"发展规划	黑龙江	2012年6月	"十二五"期间彩票的年发行销售额要稳定在24亿左右,募集省级公益金稳定在1.5亿元左右,力争各乡镇(街道)建有至少1个捐助站(点),在有需要的乡镇(街道)发展慈善超市,探索建立全省慈善超市物流配送系统并完善慈善超市运行机制
江苏省民政事业发展第十二个五年规划	江苏	2011年10月	到2015年,慈善总会系统累计接收捐款(含合同认捐)力争达当年GDP的0.5%。对公益慈善、社会福利、社会服务类社会组织,探索由民政部门直接受理登记,在南通市建立中华慈善博物馆
浙江省民政事业发展"十二五"规划	浙江	2011年11月	探索民办非企业单位直接登记,健全财政资助奖励机制和政府购买服务制度,落实社会组织税收优惠政策
安徽省"十二五"民政事业发展规划	安徽	2011年10月	进一步健全慈善工作机构,形成市、县、乡镇(街道)、村(社区)四级慈善组织,重点培育和发展一批有条件的企业建立慈善工作站
福建省"十二五"民政事业发展专项规划	福建	2011年5月	优先发展经济类、公益慈善类和城乡社区社会组织;重点在社会养老、社会救助、慈善公益、社区服务等领域开展政府向民办社会工作服务机构购买服务试点工作
江西省民政事业发展"十二五"规划	江西	2012年5月	推进公益慈善组织孵化基地建设,培育发展公益慈善组织,健全慈善捐赠网络,力争各乡镇(街道)至少建有1个捐助站(点)
山东省民政事业"十二五"发展规划	山东	2012年1月	依托城乡社区构建以慈善超市和社会捐助接收站(点)为平台的慈善服务网络体系,开展经常性社会捐助活动,以信息披露、财务报表、重大活动监管为重点,加强公益慈善组织年检和评估工作
河南省民政事业发展第十二个五年规划	河南	2012年9月	推动慈善组织建设,不断加强慈善组织的能力建设和信息建设,提高慈善组织运作透明度,增强公信力,探索建立行业协会和公益慈善类社会组织业务主管单位由业务主管到业务指导的法规规定
湖南省"十二五"民政事业发展规划	湖南	2012年8月	争取慈善基金和慈善救助项目资金逐年递增。全面落实《湖南省募捐条例》,规范社会募捐活动,创新慈善募捐的运行模式、捐赠方式和劝募方式

续表

规划名称	地区	发布时间	与公益慈善相关内容
广东省民政事业发展"十二五"规划	广东	2011 年 9 月	推动出台《广东省慈善事业条例》；出台《广东扶贫济困日活动捐赠管理暂行办法》，每万人有 5 个以上慈善组织，打造一批慈善品牌项目
四川省民政事业"十二五"发展规划	四川	2012 年 4 月	推动福利服务向适度普惠型发展和慈善救助专业化发展，努力建设服务对象公众化、服务主体多元化、服务内容多样化的新型福利服务体系和现代慈善服务网络。
陕西民政事业发展第十二个五年规划	陕西	2012 年 1 月	完善慈善捐赠政策法规和免税机制，完善慈善超市运行机制，建设灾情管理软件系统和救灾物资捐赠信息系统
云南省民政事业发展"十二五"规划	云南	2012 年 12 月	抓好省州县慈善组织网络建设，形成上下互动机制，提高慈善机构的劝募能力，鼓励民间资本和外资依法进入社会福利服务领域
甘肃省"十二五"民政事业发展规划	甘肃	2011 年 12 月	到 2015 年志愿者人数达到本社区居民总数的 10%，实现社区志愿服务常态化
内蒙古自治区民政事业发展"十二五"规划纲要	内蒙古	2011 年 2 月	福利彩票累计销售 100 亿元以上，筹集公益金 30 亿元以上，到 2015 年，全区社会组织年募集资金总额翻番，对自治区经济增长的贡献率达到 5%
广西壮族自治区民政事业发展"十二五"规划	广西	2011 年 5 月	到"十二五"期末，争取每个市、县、区全部建立慈善机构，乡镇（街道）、社区建立慈善工作服务站点，每个县（区）有一个以上的经常性捐助站点和慈善超市；组织开展各类慈善公益服务活动，力争到规划期末，使全区慈善捐款达到 GDP 的 1‰
宁夏回族自治区民政事业发展"十二五"规划	宁夏	2011 年 11 月	制定"黄河善谷"发展规划，定期举办慈善博览会和"黄河善谷"论坛，加快慈善产业园区建设
大连市民政事业发展"十二五"规划	大连	2011 年 7 月	创新慈善筹募形式和机制，把建立各类慈善基金作为主要募捐形式
厦门市"十二五"民政事业发展专项规划	厦门	2011 年 7 月	市区全部成立慈善组织和专业化慈善队伍，培育和发展志愿服务组织，力争"十二五"期间福利彩票发行销售量达到 17.5 亿元
深圳市民政事业发展第十二个五年规划	深圳	2011 年 11 月	成为具有全国影响力的"慈善之都"，"十二五"期间，全市公益慈善组织总量达 1000 家，实施"全民慈善教育"计划，在全市校园、社区、企业建设 10 个标准化慈善教育和企业社会责任培育基地

2. 十八省市公布社会组织建设具体目标

另外，值得注意的一点是，大多数省份在民政"十二五"规划中提出了社会组织建设具体数量上的目标，同时也把发展公益慈善类社会组织作为了社会组织领域扶持的重点。如果到"十二五"末期即 2015 年这些目标能够顺利实现，将会使我国公益慈善组织的数量得到大幅增长。公益慈善事业的整体规模，其所吸纳的就业人口以及对我国经济社会的影响力都将达到完全不同的高度。

表 1-4　"十二五"期间各地社会组织发展目标（部分）

地区	到 2015 年社会组织发展目标	2011 年社会组织发展水平
北京市	每万人 8 个	每万人 6 个
上海市	每万人 8 个	每万人 7.4 个
重庆市	每万人 3 个	每万人 3.08 个
河北省	每万人 5.5 个	每万人 2.2 个
辽宁省	每万人 6 个	每万人 4.4 个
吉林省	每万人 8 个	每万人 3.2 个
江苏省	每万人 6 个	每万人 4.9 个
安徽省	每万人 3 个	每万人 2.5 个
河南省	每万人 3 个	每万人 1.9 个
湖南省	每万人 3 个	每万人 2.4 个
广东省	每万人 5 个	每万人 3.6 个
四川省	每万人 4 个	每万人 3.4 个
云南省	每万人 3 个	每万人 3 个
甘肃省	每万人 6 个	每万人 3.7 个
大连市	每万人 8 个	—
宁波市	每万人 7.5 个	—
厦门市	每万人 8 个	每万人 6.3 个
深圳市	每万人 8 个	每万人 4.1 个

注：2011 年社会组织发展水平，数据来源为《2012 中国民政统计年鉴》。

从表 1-4 中可以看到，在经济较为发达地区，一般拟定的社会组织发展目标为每万人拥有 8 个左右，而在较为落后地区或人口大省，目标则基本被定在了每万人 3 个上下。2012 年底，我国平均每万人拥有的社会组织数量为 3.63 个[1]，

---

[1]　根据国家统计局《2012 年国民经济和社会发展统计公报》，2012 年末全国大陆总人口为 135404 万人。民政部《社会服务业统计季报》显示，2012 年末全国社会组织数量约为 49.2 万个。

与 2011 年底时的每万人 3.3 个相比已经取得了一定的增长。然而从表 1－4 中可以看出，目前我国的省级行政区尚无一地达到每万人 5 个社会组织的水平，且大多数地区现有的社会组织数量与民政"十二五"规划的目标仍存在差距。

若与其他国家社会组织的当前发展水平进行比较，则可以看到我国的社会组织建设，尤其是公益慈善组织建设依然任重道远。根据美国国务院对外公布的数字，2012 年初活跃在美国的非政府组织数量约为 150 万个[1]，以 2012 年的美国人口 3.13 亿计算，则每万人拥有的社会组织数量达到了 48 个；英国早在 1995 年时非政府组织的总数就已达到了 50 万个左右，其中注册的慈善机构数量约为 15 万[2]，而当时该国的人口尚不过 6000 万。在周边国家，印度政府 2010 年所作的官方调查中，截至 2009 年底，全国境内共有 330 万家非政府组织登记在册，意味着其国内每万人所拥有的社会组织数量超过了 25 万个[3]。

（二）多地发布慈善条例等综合性法规

2012 年，有不少省市的民政部门开始把慈善事业建设放在了重要位置，起草或出台了专门的促进条例或发展纲要来对慈善事业建设工作进行有针对性的专门布置。据不完全统计，从 2012 年 1 月到 2013 年 1 月，起草或出台上述两种慈善相关专门文件的有深圳、山东、安徽、长沙、北京、陕西等。其中最具开创性的，当属深圳市政府制定的《深圳经济特区慈善事业促进条例（送审稿）》。

2012 年年中，一向敢为人先的深圳又在慈善领域进行了全方位的创新：备受瞩目的《深圳经济特区慈善事业促进条例（送审稿）》（以下简称《条例（送审稿）》）于 8 月 30 日被公布在互联网上，向社会各界公开征求意见。

最初公布的《条例（送审稿）》创新力度堪称空前，不管是税收优惠力度

① US Department of State: *Fact Sheet*: *Non - Governmental Organizations（NGOs）in the United States*, http：//www. humanrights. gov/wp - content/uploads/2012/01/FactSheet - NGOsInTheUS. pdf. 最后访问时间：2013 年 3 月 7 日。

② Mason, Moya. K.："Information on NGOs", http：//www. moyak. com/papers/ngo - information. html. 最后访问时间：2013 年 3 月 7 日。

③ Shukla, Archna："First official estimate：An NGO for every 400 people in India", The Indian Express, July 7, 2010. 最后访问时间：2013 年 3 月 7 日。

还是慈善组织认证都有了前所未有的突破，其中最大亮点在于特区政府准备给予慈善组织大幅税收与政策优惠：首先，慈善组织获得多项税务减免，不仅包括接受捐赠的收入、存款利息收入、经营性活动的企业所得税、增值税、营业税等，还包括慈善组织自有自用土地和房产的土地税、房产税；其次，《条例（送审稿）》规定公益性社会团体、公益性事业单位、公益性民办非企业单位和其他慈善组织在取得募捐资格后可以开展慈善募捐活动，而政府不再是募捐主体。《条例（送审稿）》对捐赠方的税收减免也进一步放宽，规定公益性捐赠数额超出当年税前扣除比例的，可以结转到下一年度予以扣除，结转期限不超过五个纳税年度均为有效。这条规定实质上提高了捐赠方所能申报的最大税前扣除额度，使得实际税前扣除比率最高可以达到60%，超过目前美国的税收扣除比率。

在慈善组织认定方面，《条例（送审稿）》也一改以往其他地区的狭义认定。《条例（送审稿）》第十条明确规定了慈善组织的分类，其中包括非法人组织，即依法履行备案手续且未获得法人资格的慈善组织。随后，《条例（送审稿）》第十二、十三条又规定了慈善组织可先运作后登记，在运行满一年后一个月内完成注册即可。这让公益组织在备案运营期间仍可以法人组织的形式从事慈善活动和运作公益项目。可以说，深圳的《条例（送审稿）》从多个维度对当地慈善事业的发展进行了规划，基本涵盖了慈善事业的各个方面。

表1-5　《深圳经济特区慈善事业促进条例（送审稿）》创新点一览

1. 捐赠者捐赠数额超出当年税前扣除比例的，可在五年内结转扣除
2. 慈善组织可先运作后登记
3. 境外组织和人员可以在深圳申请登记注册慈善组织
4. 政府部门不得直接接收社会捐赠
5. 新成立慈善组织可享受三年房租、水电补贴
6. 市政府设立慈善事业发展基金
7. 慈善组织募捐成本可从活动所得中支出，慈善组织高管薪酬须单独列出
8. 公职人员不得出任慈善组织负责人
9. 新闻媒体须有8%商业版面用于慈善宣传

当然，《条例（送审稿）》能否顺利出台还面临着诸多挑战，因其中的诸多内容与上位法存在冲突，如《条例（送审稿）》第七十三条至第七十七条有关税收优惠内容与现行税收法律、法规相抵触。目前我国税收减免政策制定权高度集中于中央，地方尚无权制定任何减免政策。《条例（送审稿）》第十六条中"市区人民政府及其职能部门不得直接接受社会捐赠"的规定与《中华人民共和国公益事业捐赠法》第十一条相违背，在国内不少地区，政府仍是接收捐赠的主体。另外，目前境外非政府组织登记注册的权限归于民政部，如允许境外组织和人员在深圳申请注册慈善组织，应首先征得民政部的认可或同意。而设立政府性基金的审批权限则在国务院，地方无权自行设立政府性基金。深圳市政府若想设立慈善事业发展基金，也须征得国务院的同意。

虽然深圳慈善条例还在审议的过程中，并且可以预见最终版本与送审稿可能会存在较大的差异，但不管是该条例对有关慈善捐赠减免税政策的梳理，还是对慈善事业发展过程中面临的税务困境都提出一些创新的思考。其在募捐管理等方面的创新，为未来中国慈善法的制定提供了一个极具示范意义的参考。

除了深圳，过去一年还有一些省市在慈善立法方面取得了一定进展：在省级层面，山东和安徽分别在2012年5月和6月发布了《山东省慈善事业发展指导纲要（2011～2015）》和《安徽省"十二五"慈善事业发展指导纲要》。前者明确鼓励发展基层草根慈善组织和公募基金会，并培育优秀的草根公益慈善项目，把慈善的重点发展方向定在了基层；后者则把"逐步制定出台促进慈善事业发展的地方性法规文件"作为了"十二五"期间慈善事业的首要任务，提出建立"完善有利于慈善事业发展的多层次法规政策体系"，希望通过不断完善的立法来实现慈善事业的下一步突破。

在地级市层面，继2011年的《湖南省募捐条例》之后，湖南省长沙市又宣布从2012年9月1日起正式实施《长沙市慈善事业促进条例》，对当地慈善事业发展过程中的突出问题进行规范。如对"诺而不捐行为"进行明确规定，要求，"捐赠人应当诚实守信，履行捐赠承诺；募捐人应当通过网站、电视或者报刊等媒体向社会公开受捐情况和捐赠人履行捐赠承诺情况"。这是我国省会城市出台的第一部关于慈善事业的地方性法规。

2013年1月，北京和陕西两地出台了针对慈善事业的地方性法规文件初稿：

1月5日，《北京市慈善事业促进办法（草案送审稿)》（简称《办法（草案)》）在市法制办网站公布并征求意见。《办法（草案)》规定，北京建立全市统一的慈善信息平台，方便社会公众免费查询。慈善组织未按规定进行信息公开的，最高将被罚3万元。1月8日，《陕西省慈善事业促进条例（草案送审稿)》面向社会公开征求意见，其中要求慈善组织每年至少将全年善款总收入的70%用在慈善救助上。这一点同样引起了争议，因为现代慈善某种程度上说已经不仅仅局限在传统的救助之上，因此未来陕西出台的条例在此条款上应该会有所改动。

表1-6是对这些地区相关慈善文件的统计。

表1-6　2012年部分地方政府发布慈善相关文件

文件名	公布时间
长沙市慈善事业促进条例	2012年4月
山东省慈善事业发展指导纲要(2011-2015年)	2012年5月
安徽省"十二五"慈善事业发展指导纲要	2012年6月
深圳经济特区慈善事业促进条例(送审稿)	2012年8月
北京市慈善事业促进办法（草案送审稿)	2013年1月
陕西省慈善事业促进条例（草案送审稿)	2013年1月

（三）各地普遍放开慈善组织登记注册限制

地方政府对社会组织登记注册的放开，最早发源于深圳。2006年底，深圳市组建民间组织管理局，实行行业协会直接由民政部门登记，这是中国最早的社会组织直接登记实例。2008年9月，深圳将工商经济类、社会福利类、公益慈善类社会组织定为直接由民政部门登记，无须再寻找主管机构，再一次在全国首开先河。这一举措效果显著，截至2012年12月底，深圳市共有社会组织5656家，其中直接登记的社会组织的数量达到了858家，占全市社会组织总数的15.2%；2012年新成立市级社会组织213家，其中直接登记174家，直接登记率81.7%[1]。登记注册的开放，让深圳多年来一直是中国社会组织成长的乐土，也让当地社会服务供给的水平一直高居全国前列。

---

① 刘荣：《深圳直接登记社会组织数量和比例为全国最高》，《南方都市报》2013年3月15日，SA37。

同样是在 2008 年 9 月，福建省民政厅出台《福建省民政厅关于社区社会组织培育发展和登记管理工作的意见》，宣布将在全省范围内简化社区社会组织的登记程序，社区社会组织可实行直接登记制。这是我国最早的由省级民政机关出台确认试行社会组织直接登记的文件。随后几年中，北京、天津、四川、江苏等地也先后在一定范围内尝试过这项举措。

2011 年 11 月，广东省民政厅出台《关于广东省进一步培育发展和规范管理社会组织的方案》，决定从 2012 年 7 月 1 日开始，除特别规定外，广东将社会组织的业务主管单位改为业务指导单位，社会组织可直接向民政部门申请成立，无须业务主管单位前置审批。此举在全国范围内引起了广泛关注。2011年 12 月 23 日的全国民政工作会议上，民政部部长李立国便明确表示，要推进社会组织管理体制改革创新。一个具体的举措，即是推广广东经验，推行公益慈善、社会福利、社会服务等领域的社会组织直接向民政部门申请登记，而无须再寻找业务主管单位。

在这样的背景下，2012 年一整年，多个省级行政区的民政部门在本省或部分地级市范围内进行了社会组织直接登记的尝试。从 2 月上海民政局在全市民政会议上宣布试行社会组织直接登记管理，到 12 月河北省民政厅出台《河北省公益性、服务性社会组织注册登记管理办法》，共有 10 个省、自治区、直辖市加入到了这一开放社会组织登记注册的浪潮中。图 1 - 3 描述了去年每月新增的开放社会组织直接登记的省份情况。

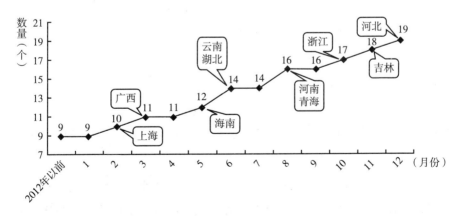

图 1 - 3　2012 年新增试点社会组织直接登记地区情况

2月，上海市政府召开2012年上海市民政工作会议，会上宣布2012年上海将探索通过"自律承诺制"等方式，试行社会组织直接登记管理。

3月，广西区民政厅宣布对"公益慈善、社会福利、社会服务"这三类社会组织的注册登记松绑，可以直接由民政部门登记管理。

5月，海南省民政厅下发《关于公益慈善类和社会福利类社会组织试行直接登记的通知》，规定除法律、行政法规规定需要前置审批外，对公益慈善类、社会福利类社会组织试行直接登记，并简化了社会组织登记管理程序。

6月，云南省出台《云南省行业协会条例》，取消了对行业协会的双重管理体制，规定由民政部门直接登记，将业务主管单位改为业务指导，取消"一业一行"的限制。同月，湖北省民政厅宣布以民政业务为主的慈善类组织、以社会服务为主的公益类组织、以促进经济发展为主的行业组织、以促进科学技术进步为主的自然科学学术组织将直接登记。

8月，河南省郑州市出台《关于对部分社会组织试行直接登记的实施意见》，规定公益慈善类组织、社会福利类组织、社会服务类组织、工商经济类行业协会，以及业务范围宽泛、业务主管单位不明确、无须行政许可的五类社会组织可直接到民政部门进行登记。同月，青海省民政厅下发通知，决定从今年8月开始至2013年7月31日，在全省范围内重点围绕省本级行业协会、公益慈善类、社会福利类、社会服务类等社会组织分类开展社会组织直接登记试点工作。

10月，浙江省的宁波市和温州市先后发布《关于公益类社会组织直接登记的若干意见（试行）》和《关于加快推进社会组织培育发展的意见》，放开公益类社会组织的登记管理。

11月，吉林省民政厅下发了《关于开展社会组织直接登记试点工作的实施方案》，决定在民政工作领域的社会福利类社会组织中开展直接登记试点。

12月，河北省民政厅出台《河北省公益性、服务性社会组织注册登记管理办法》，规定公益性、服务性社会组织，除依据国家法律法规需前置行政审批外，可直接向登记管理机关申请注册登记或备案登记。

从这些通知和文件可以看出，在开放社会组织直接登记的过程中，通常公益慈善类社会组织都会成为各地民政机关的首选。这反映了地方政府的政社分开意识和增强公益慈善事业民间性、自主性的觉悟正普遍提高。民间慈善组织在各地获得合法身份机会的增加，将给中国慈善开放更大的发展空间。

截至目前，全国已有19个省份开展或试行了社会组织直接登记。

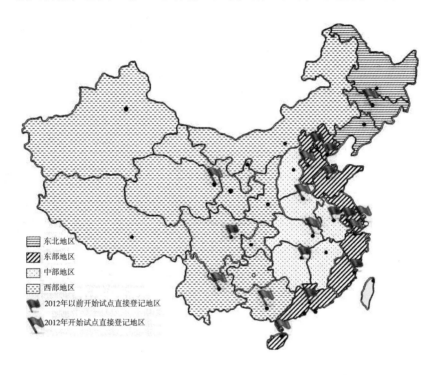

图1-4 中国（大陆）已开展或试行社会组织直接登记省份分布

从图1-4中可以看到，东部地区所有的省份都已进行了社会组织直接登记的试点工作，且其中大部分在2011年之前都已有所尝试；中部六省中河南、安徽、湖北和湖南也已有了动作，占该地区所有省份的2/3。而在西部十二省区中，四川、云南、广西和甘肃已出台了直接登记社会组织的相关政策，但仍有2/3的省区未在该领域进行创新探索。在东北三省里，目前为止仅有吉林一个省试行了社会组织直接登记。

（四）广东安徽等省探索非简化公募基金会登记管理

2012 年 3 月，在第十三次全国民政会议上，民政部公开表态将在全国下放非公募基金会审批权、异地商会审批权等，促进行政效能的提高①。此消息一出，立刻引起了舆论的普遍关注。最早对此作出反应的是广西民政机关。5 月，广西壮族自治区民政厅制定出台了《关于委托下放基金会及其分支（代表）机构成立、变更、注销登记审批的方案》，将基金会的登记审批权从民政厅下放至了设区的市、县民政局，而自治区民政厅不再负责办理市、县范围内基金会及其分支机构的成立、变更、注销的登记审批。到 8 月，县级北流市的北流见义勇为慈善基金会，成为了自治区第一家在县一级民政部门登记成立的基金会。

8 月，广东省民政厅转发了民政部关于同意将非公募基金会登记管理权限下放到广州市民政局的通知，这是广东省民政厅第一次正式发文授权地级以上市登记管理非公募基金会。不过，并非所有非公募基金会都有权在广州市民政局登记，有两类基金会仍须向民政部提交设立申请：一是拟由非内地居民担任法定代表人的非公募基金会；二是境外非公募基金会在中国内地设立的代表机构。在获得批准后，广州市民政局立即决定在 9 月 1 日起登记非公募基金会，并且将对基金会登记申请的批准时间从 60 日缩减至 30 日。广州市社会组织信息网也迅速公开了"非公募基金会登记办事指引"，方便社会公众按照该指引申请办理非公募金会设立登记。

这已经不是广东省第一次有城市获得非公募基金会的登记管理权限。早在 2009 年 7 月，民政部就和深圳市共同签署了《推进民政事业综合配套改革合作协议》，其中明文规定"将驻在深圳的涉外基金会的登记管理权限下放深圳市，授权深圳市开展基金会、跨省区行业协会、商会登记管理试点"。去年在市级民政机关登记注册的 28 家基金会中，深圳独占 25 家。深圳早早获得基金会登记权限，让当地的民间慈善事业发展迅速。另外，深圳也是全国最早获得

① 中央政府门户网站："民政部将在全国下放非公募基金会审批权等"，http：//www.gov.cn/jrzg/2012－03/20/content_ 2095779. htm，最后访问时间：2013 年 2 月 28 日。

地方性公募基金会登记资格的城市。

2012 年底，安徽省政府也对非公募基金会的登记管理进行了全面放权。12 月 5 日省人民政府通过并公布的《安徽省人民政府关于公布省级行政审批项目清理结果的决定》中，直接将"非公募基金会及其分支机构和代表机构设立、变更、注销登记"的权力下放给了设区的市民政主管部门。至此，安徽省非公募基金会的登记管理权限被全面下放到了所有市，省内非公募基金会及其分支机构和代表机构设立、变更、注销登记在市级民政主管部门就可进行，无须再到省民间组织管理局办理。

事实上，在基金会登记管理下放创新方面，安徽省一直走在了全国的前列。早在 2009 年 3 月，安徽民政厅就发布了《关于推进合芜蚌试验区社会组织改革发展的意见》，在合肥、芜湖、蚌埠三市开展了以行业协会为主的社会组织管理体制改革创新试点，其中明文规定，"试验区内市级人民政府民政部门可直接受理本行政区域非公募基金会的申请登记并履行登记管理职责"，同时报省人民政府民政部门备案即可。2010 年 10 月，该省民政厅又印发了《皖江城市带承接产业转移示范区社会组织改革发展意见》，将非公募基金会的审批权进一步下放到了马鞍山、铜陵、安庆、池州、巢湖、滁州、宣城、六安八市。

安徽在全省范围内下放非公募基金会登记管理权限的做法，极具现实意义。一方面，在 2012 年试点效果较为理想（全年该省新成立 10 家非公募基金会，超过之前数年之和，其中 3 家在市级民政部门登记）的情况下，年底全面铺开的非公募基金会登记注册有望起到趁热打铁的效果，使安徽的慈善氛围更加浓烈，非公募基金会的数量增长进一步加快；另一方面，在经济较不发达省份率先实现非公募基金会登记注册政策上的全面突破，将为经济发展状况类似但公益氛围较弱的省份提供参考，并激励本就在慈善发展方面居于领先地位的省份实行更大幅度的政策放宽改革，从而促进全国范围内的非公募基金会登记注册权下放，为整个民间慈善的进一步活跃打开局面。

（五）广东省出台全国首个《政府向社会组织购买服务暂行办法》

2012 年 6 月 1 日，广东省人民政府出台《政府向社会组织购买服务暂行办法》（以下简称《办法》）。《办法》成为我国首部明确规范的向社会组织购买服务的省级地方规范性文件。《办法》明确了购买服务的原则是权责明确、竞争择优、注重绩效，规定了财政、编制、登记、发展改革、监察、审计、购买主体共 7 类政府部门的职责分工。同时，《办法》首次明确了政府向社会组织购买服务的范围、程序方式和资金安排，并规定各级政府应将向社会组织购买服务的经费纳入同级财政预算，制订本级政府每年度向社会组织购买服务目录。《办法》还对政府购买社会组织服务的绩效评价做出安排，规定购买服务的绩效评价，可由财政部门实施或通过引入第三方实施，评价范围包括资金使用绩效和服务绩效两方面，评价结果作为以后年度预算安排及社会组织承接政府购买服务的重要参考依据。

从其制度设计可以看出，广东省政府已经认识到政府购买社会组织服务是一项系统工程，需要各部门的分工配合和各项配套措施的同步运作，并有意识的通过资金安排、部门分工、第三方绩效评估等方法尝试解决以往实践中购买资金来源缺乏保障、缺乏有效监督和评价等难题，具有极大的示范性意义，或将推动下一阶段各地普遍建立政府购买社会组织服务制度。

三 小结

2012 年，公益政策领域所取得的进展堪称是全方位的。从宏观战略上来讲，十八大确定了改善民生和创新管理的社会建设方向，将建立"政社分开、权责明确、依法自治"的现代社会组织体制作为社会建设的目标之一，并正式提出开展社会体制改革，充分发挥群众参与社会管理的基础作用。事业单位改革则以"发展公益服务，构建我国公益事业的新格局"为目的，并鼓励社会力量兴办公益事业，为公益慈善行业创造了极好的生长土壤。各地民政"十二五"规划中公益慈善工作细则以及慈善专项条例规划的出炉，则意味着各地在扶持公益慈善事业上都有了切合地方实际的布局安排。

在公益组织管理方面，民政部出台的《关于规范基金会行为的若干规定（试行）》和《关于规范社会团体开展合作活动若干问题的规定》等文件更多为公益组织的行为约束设立了规则，让公益组织的活动趋于规范化。而地方上颁布的政策则以让公益组织的发展环境宽松化为主。无论是社会组织直接登记注册的试点，还是基金会登记管理权限由省一级往市、县下放，都为基层公益组织的崛起开辟了新的空间。

在向公益行业提供支持方面，2012年最大的亮点是中央财政首次划拨2亿元专项资金购买社会组织服务，其中部分资金只针对西部落后地区社会组织投放。虽然整体的资金支持力度有限，但此举表明了中央扶持包括公益组织在内的社会组织发展的决心。在财政支持社会服务事业成为常态之后，整体投入规模的扩大指日可待。地方政府也积极与中央呼应，广东省便出台了国内首个《政府向社会组织购买服务暂行办法》。

在志愿服务规范化方面，民政部推出的《志愿服务记录办法》是中央行政机关首次尝试对全国性志愿服务进行系统管理。如能实现全国志愿者的服务信息的统一登记、保存，以及志愿服务信息与志愿者本人的使用、培训、评价、保障、奖励相挂钩，将有效提升公众投身志愿服务的热情。

第二章

公益捐赠：百亿捐赠
与网络募捐引领新格局

自 2010 年玉树地震以来，由于我国未遭较大的自然灾害，以应急救灾为目的的巨额捐款数量大为减少，加上近年来全球和中国经济形势相对较差，导致国内公益捐赠总量略有下降。在 2012 中国慈善年会上，民政部预估 2012 年全年捐赠数字在 700 亿元左右，较 2011 年民政部中民慈善捐助信息中心统计的年度公益捐赠 845 亿元下降约 17%。

虽然捐赠总量略有下降，但公众整体参与捐赠的热情和途径在 2012 年得到了显著提升。扣除救灾捐赠，2012 年的日常性捐赠及承诺捐赠实质上还是处于增长趋势之中。综合来看，2012 年公益捐赠领域出现了几大亮点：在民营企业与个人捐赠领域，百亿捐赠的承诺让国内的单笔公益捐赠规模上了一个新台阶；在募捐方面，在线公益平台对捐赠事业的推动成为不可忽视的现象；在捐赠接收方面，高校继续成为公益捐赠的主要接收方。

一　百亿捐赠引领财富向善的新时代

中国公益研究院 2013 年初发布的《2012 中国捐赠百杰榜》显示，2012年共有 99 位捐赠者进入了百杰榜。入榜人员捐赠总额（含承诺）超过 149 亿元，最高捐赠额为 100 亿元，最低入榜者捐赠额为 1010 万元，其中 17 人年度捐赠总额达到或超过 1 亿元。王文彪凭借向亿利公益基金会承诺捐赠的 100 亿元位居榜单第一，杨休、许家印、王健林则分别以 4 亿元、3.5 亿元、2.3 亿元分别排名第二、第三、第四名。据不完全统计，2012 年，单笔 1000 万以上捐赠总共有 145 笔，而入围榜单的人士贡献了其中的 130 笔。详见表 2 - 1。

表 2-1 2012 国内民营企业/个人大额捐赠榜（1000 万元以上）

序号	排名	捐赠金额（万元）	姓名	公司名称	主要捐赠用途
1	1	1000000	王文彪	亿利资源集团	承诺向亿利公益基金会捐赠 100 亿（未来 10 年捐出）
2	2	40000	杨休	天地集团	向南京大学捐赠 4 亿
3	3	35000	许家印	恒大地产集团	"广东扶贫济困日"捐赠 3.5 亿（认捐，分 10 年捐出）
4	4	23000	王健林	大连万达集团	捐赠 5000 万建设四川省成都七中万达学校
5	5	20000	裘国根	上海重阳投资有限公司	向中国人民大学捐赠 2 亿
6	6	15500	陈卓林家族	雅居乐地产	"广东扶贫济困日"捐赠 8500 万（认捐，分 5 年捐出）
7	7	11000	陈经纬	经纬集团有限公司	向汕头市陈店中学和陈店镇文光九年一贯制学校捐赠 1 亿
8	8	10600	杨国强家族	碧桂园控股有限公司	为建设广东国华职业技术学院捐赠 1 亿
9	9	10505	李焕明	常州电通集团	在汕头市"反哺工程"中捐赠 1 亿
10	10	10500	毕经安	河北毕氏集团	向石家庄机械化步兵学院捐赠 1 亿
11	11	10220	党彦宝	宁夏宝丰能源集团有限公司	向燕宝慈善基金会捐赠 1 亿
12	12	10200	刘庭杰	河南锦鹏投资集团有限公司	向河南省登封市大冶镇老井村捐赠 1 亿支持新农村建设
13	13	10010	梁稳根	三一重工集团公司	捐赠 1 亿元支持湖南省涟源市教育事业（分 5 年捐出）
14	14	10000	丁志忠	安踏体育用品有限公司	向福建省晋江市慈善总会捐赠 1 亿
15	14	10000	侯建芳	雏鹰农牧集团	向河南省慈善总会和中国留学人才发展基金会捐赠 1 亿
16	14	10000	刘彪	保榆煤焦集团有限责任公司	捐赠 1 亿成立刘彪慈善基金会
17	14	10000	吴文刚	美联地产有限公司	向华中科技大学捐赠 1 亿
18	18	9500	牛钢	大连大商集团	在大连市第三次慈善大会上捐赠 7000 万
19	19	9000	宗庆后家族	娃哈哈集团	向浙江大学教育基金会捐赠 7000 万
20	20	8600	黄如论	世纪金源集团	向云南省景洪市政府捐赠 5600 万建设小学

续表

序号	排名	捐赠金额（万元）	姓名	公司名称	主要捐赠用途
21	21	7000	林秀成	三安集团有限公司	向福建省安溪县捐赠7000万支持新农村建设
22	21	7000	余雄武	中招康泰项目管理有限公司	向华南理工大学捐赠7000万
23	23	6800	陈桂洲	汕头市东信集团有限公司	向广东省汕头市潮阳区公益基金会捐赠6800万
24	24	6500	张章笋	北京国瑞兴业地产有限公司	向汕头慈善总会捐赠1000万
25	25	6242	许淑清	广西梧州中恒集团股份有限公司	向中国儿童少年基金会捐赠4800万
26	26	6000	李洪信	太阳纸业股份有限公司	向山东省兖州市兴隆文化园捐赠6000万
27	26	6000	宋国强	山东国强五金制品集团有限公司	向山东省乐陵市慈善协会捐赠6000万
28	26	6000	许书典家族	恒安国际集团有限公司	捐赠5000万支持福建省晋江市养正中学新校区建设
29	26	6000	庄儒桂	深圳市荣兴（集团）股份有限公司	向广东省汕头市潮南区公益基金会捐赠6000万
30	30	5500	李顺堤	顺盛集团股份有限公司	向福建省南安市慈善总会捐赠5500万
31	31	5300	孙荫环	大连亿达集团有限公司	在大连市第三次慈善大会上捐赠3000万
32	32	5000	陈才雄	广东阳柳（集团）有限公司	向广东省潮商公益基金会捐赠1000万（认捐）
33	32	5000	刘载望夫妇	北京江河幕墙股份有限公司	向东北大学捐赠5000万（分10年捐出）
34	32	5000	卢志强	中国泛海控股集团	捐赠5000万支持"泛海扬帆"青年创业项目
35	32	5000	毛振华	中国诚信信用管理有限公司	向武汉大学捐赠5000万
36	36	4500	郑立平	潮阳市建平建材有限公司	向广东省汕头市潮阳区公益基金会捐赠4500万
37	37	4270	陈年代	江西汇仁集团	捐赠3900万元支持江西省南昌县教育事业
38	38	4100	张近东	苏宁电器	向中国宋庆龄基金会、中国扶贫基金会、江苏省慈善总会各捐赠1000万

续表

序号	排名	捐赠金额（万元）	姓名	公司名称	主要捐赠用途
39	39	4000	方洪波	美的集团	"广东扶贫济困日"捐赠3000万
40	39	4000	何巧女	东方园林股份有限公司	向北京林业大学捐赠4000万
41	41	3760	郑开德	深圳市德惠投资有限公司	向广东省汕头市潮阳区公益基金会捐赠3760万
42	42	3700	谭炳照	敏捷地产集团	向广州市番禺区慈善会捐赠3000万
43	43	3000	黄楚龙	深圳星河集团	捐赠3000万用于江苏省常州市宝林寺观音塔的建设
44	43	3000	刘绍喜	宜华企业（集团）有限公司	"广东扶贫济困日"捐赠3000万（认捐）
45	43	3000	刘祖长	湖南湾田集团有限公司	捐赠3000万在湖南省娄底市建设小学
46	43	3000	苏武雄	广东雅倩化妆品有限公司	向广东省潮商公益基金会捐赠3000万
47	43	3000	唐春山	深圳市朗润投资有限公司	向同济大学捐赠3000万
48	43	3000	邢春法	南阳济苑房地产开发有限公司	向河南省敬老助老总会捐赠3000万
49	43	3000	许景南	匹克集团公司	向福建省泉州市慈善总会捐赠3000万（认捐）
50	43	3000	张瀛岑	河南天伦地产集团有限公司	向河南省敬老助老总会捐赠3000万
51	51	2915	王青洲	大连香洲酒店集团	在大连市第三次慈善大会捐赠1388万
52	52	2800	柯希平	厦门恒兴集团有限公司	向福建省上杭市慈善总会捐赠2000万
53	53	2500	邱光和	森马集团有限公司	向温州市慈善总会捐赠2000万
54	54	2375	陈怀德	月朗国际集团	"广东扶贫济困日"捐赠2000万（认捐）
55	55	2100	沈小平	通鼎集团有限公司	向南京大学捐赠1000万，向中国人民大学捐赠1000万
56	55	2100	万　隆	双汇集团	捐赠2000万在西藏五个边远县各援建一所学校
57	57	2075	岑钊雄	时代地产	"广东扶贫济困日"捐赠1515万（认捐）
58	58	2000	陈福增	大深铁矿磁选厂	向福建省漳平市慈善总会捐赠2000万
59	58	2000	古润金	完美（中国）有限公司	向中国华文教育基金会捐赠2000万
60	58	2000	林天福家族	贵人鸟股份有限公司	向晋江市慈善总会捐赠2000万

续表

序号	排名	捐赠金额（万元）	姓名	公司名称	主要捐赠用途
61	58	2000	马少福	深圳市潮商房地产开发有限公司	捐赠200万重建广东省汕头市潮南区成田镇卫生院
62	58	2000	石磊	察右前旗博诚广宇置业有限责任公司	向内蒙古察右前旗二次大病救助基金会捐赠1000万,教育基金1000万
63	58	2000	米传诚	北京金洋铂源投资有限公司	向中华思源工程扶贫基金会捐赠2000万（分5年捐出）
64	58	2000	唐立新	新尚集团	向重庆大学捐赠2000万
65	58	2000	肖自江	湖南五江轻化集团有限公司	捐赠2000万在湖南省娄底市建设小学
66	58	2000	王冬星	利郎（中国）有限公司	向晋江市慈善总会捐赠2000万
67	58	2000	颜文	湖南清泉集团	捐赠2000万在湖南省娄底市建设小学
68	58	2000	张宝祥	宝鸡华夏（集团）房地产开发公司	向宝鸡市慈善总会捐赠2000万
69	69	1800	江东廷	泰安志高实业集团有限责任公司	向福建省龙岩市永定县慈善总会捐赠1800万
70	70	1720	黄玉彪	大亚湾广宝实业有限公司	向湖南省邵阳市政府捐赠1000万
71	71	1600	徐雄	东方时尚驾驶学校股份有限公司	捐赠1600万成立北京京安公益基金会
72	72	1526	王大明	宝文置业（安徽）有限公司	向安徽师范大学捐赠1000万
73	73	1500	陈鸿道	加多宝集团	向中国青少年发展基金会捐赠1000万
74	73	1500	廖聊清	三发保健食品有限公司	向广东省潮商公益基金会捐赠1500万（认捐）
75	73	1500	林腾蛟	阳光城集团股份有限公司	捐赠1000万资助甘肃集中连片特困地区贫困学子（分7年捐出）
76	73	1500	吴瑞彪	福建万利集团有限公司	向福建省晋江市慈善总会和漳州南靖县慈善总会捐赠1500万
77	73	1500	张力	广州富力地产股份有限公司	"广东扶贫济困日"捐赠1500万
78	73	1500	周泊霖	宏光好运来集团	向大连市职工慈善基金会捐赠1500万
79	79	1464	蒋合成	海南第一投资控股集团	向海南成美慈善基金会捐赠1000万
80	80	1400	李东生	TCL集团股份有限公司	捐赠1000万成立深圳市TCL公益基金会
81	81	1240	黄振达	广东省联泰集团有限公司	向广东省潮商公益基金会捐赠1240万（认捐）
82	82	1200	陈长宝	百年金海安防科技有限公司	向河南省关心下一代基金会捐赠1200万

续表

序号	排名	捐赠金额（万元）	姓名	公司名称	主要捐赠用途
83	82	1200	林忠敏	颐安房地产开发有限公司	向深圳市绿色基金会捐赠1200万
84	82	1200	孙国祥	三江控股集团	向深圳市绿色基金会捐赠1200万
85	85	1167	金国华	武汉军威文化传播集团	向华中科技大学捐赠1167万
86	86	1118	侯昌财	厦门源昌集团有限公司	捐赠1000万元在厦门市思明区建设幼儿园
87	87	1100	韩庚辰	北京奥瑞金种业股份有限公司	向河南农业大学捐赠1100万
88	87	1100	华生、铁凝夫妇	—	向东南大学捐赠1100万
89	87	1100	厉育平	—	向复旦大学上海视觉艺术学院捐赠1000万
90	87	1100	马兴田	康美药业股份有限公司	捐赠500万在广东省普宁市建设消防体验馆
91	87	1100	孙少杰	广东锦峰地产投资有限公司	向广东省潮商公益基金会捐赠1100万（认捐）
92	87	1100	王均金	均瑶集团	捐赠1000万支援新疆莎车县教育培训中心建设
93	87	1100	姚振华	深圳市宝能投资集团有限公司	"广东扶贫济困日"捐赠1000万
94	94	1060	陈凯旋	立白企业集团	"广东扶贫济困日"捐赠1000万
95	95	1050	薛济萍	江苏中天科技集团有限公司	向江苏省南通市如东县慈善会捐赠1000万
96	95	1050	魏建军	长城汽车公司	在保定市"7·21"抗洪抢险大型募捐晚会上捐赠1000万
97	97	1049	张茵	玖龙纸业（控股）有限公司	"广东扶贫济困日"捐赠1000万
98	98	1020	贾锋	华耐家居集团	捐赠1000万成立河北华耐同心公益基金会
99	99	1010	陈东升	泰康人寿保险股份有限公司	向江西省吉安市政府捐赠1000万

注：1. 本榜单统计2012年1月1日至12月31日民营企业或个人1000万元以上（不包含1000万元）的捐赠，承诺捐赠包含在内，往年承诺不纳入今年统计。

2. 统计内容为现金或等同于现金的有价证券等，物资捐赠不纳入统计，未能确定是否含物资的捐赠，暂按现金捐赠处理。

3. 企业或个人向其发起成立的基金会进行大额捐赠后，基金会支出不计入统计，例如河仁慈善基金会、老牛基金会等。基金会和企业共同捐赠的款项如无法区分则不纳入统计。

可以说近年来民营企业家或企业在中国捐赠中的贡献逐年上升，已经远超境外企业和国有企业捐赠。根据中民慈善捐助信息中心的统计，2011年我国境内民营企业的捐赠总额超过了279亿元，占据了所有类型企业捐赠总额的64%以上，占整个社会捐赠总额的33%[①]。而2012年初，中国公益研究院对国内民营企业及企业家个人大额捐赠情况进行的统计显示，2011年全国捐赠额度前100名的民营企业家捐款总额达到了121亿元[②]。尽管统计范围、标准和渠道都不尽相同，但企业家和民营企业在国内整体捐赠中占据相当大的规模基本得到了确认。

对这份榜单进行详细的解读，可以发现2012年中国民营企业的大额捐赠呈现出如下一些特点。

（一）基本情况：大量资金投入环保，基金会成主要接收方

2012年，民营企业或企业家的大额捐赠主要特点如下：大额捐赠主要被投入到了环保领域；各级公益基金会成为了大额捐赠最主要的接收方；在所有行业中，能源矿业从业者捐赠比例最高；而广东和内蒙古则分别占据了入榜总人数和入榜捐赠资金总额的第一。

1. 捐赠领域：环保是主要捐赠投入领域

在2012年的大额捐赠中，环保成为了最为主要的投入领域。以改善环境、保护生态为目的的环保领域捐赠达到100亿元，占67%；以兴办学校、改善校舍条件、设立奖学金等以发展教育为目的的捐赠超过了20亿元，占总额的14%左右；未明确或综合使用的捐赠款项为14亿多元，约占捐款总额的10%（详见图2-1）；其他领域的捐赠投入均未超过10亿元，合计接近总额的9%。

在经历了多年政府主导环保事业的局面之后，以亿利资源集团和阿拉善SEE联盟为代表的一批民营企业和民间组织正逐渐承担起在环境保护、生态改善以及自然灾害防御等领域的责任。此次100亿元的承诺投入，代表的是民营企业家从事环保事业的长期规划，尤其是对抗荒漠化的坚定决心。

---

① 中民慈善捐助信息中心：《2011年度中国慈善捐助报告》，中国社会出版社，2012，第114页。
② 北京师范大学中国公益研究院：《2011中国公益事业年度发展报告》，北京师范大学出版社，2012，第39页。

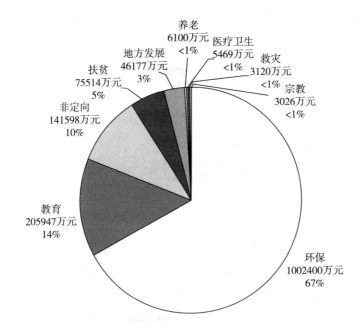

养老
6100万元
<1%

医疗卫生
5469万元
<1%

救灾
3120万元
<1%

宗教
3026万元
<1%

地方发展
46177万元
3%

扶贫
75514万元
5%

非定向
141598万元
10%

教育
205947万元
14%

环保
1002400万元
67%

图2－1　2012大额捐赠主要资助方向一览

2. 接收机构：基金会成捐赠资金主要接收方

在149亿多元的大额捐赠总额中，各类基金会接收的捐赠总额为109亿，约占到了总数的73%；与此同时，学校等教育机构与政府机关分别接收到了16亿与14亿的捐赠，约各占总数的11%与10%（详见图2－2）。各地的慈善会组织则接收了剩余5%捐款中的绝大多数。可以看到，2012年基金会成为了接收的大额捐赠的主体。在所有接收方中，基金会、社会团体、民办非企业单位三类社会组织吸收了民营企业大额捐赠总额的近九成。这上百亿资金的流入，对社会组织的专业化提升、能力构建和项目开展都将起到极大的支持作用。

3. 行业分布：房地产行业继续成为最慷慨的行业

在上榜的捐赠者中，房地产行业个人及企业捐赠者人数为30人，位居所有行业第一，贡献人数超过了整体的30%；建筑业企业经营者人数为11人，位居第二，贡献人数占到11%；剩下的行业中，来自能源矿业、化工产业、金融业和服装制造业的捐赠者人数均超过了5人，属于大额捐赠者相对集中的行业（详见图2－3）。

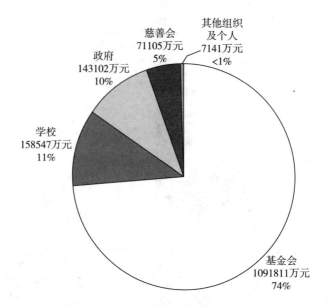

图 2－2　2012 年大额捐赠主要接收机构一览

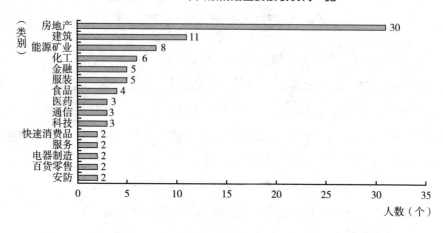

图 2－3　2012 年大额捐赠者所在行业分布

4. 地域分布：广东和内蒙古分别位居入榜人数和捐赠总额第一

捐赠榜入榜者来自 21 个省级行政区（详见图 2－4）。从入榜人数看，广东有 31 位捐赠者入榜，位居第一；福建 14 人入榜，位列第二；北京 10 人入榜，排名第三。

从捐赠金额来看，内蒙古以 100 亿元位列第一，广东则以超 13 亿元排名第二，第三位的江苏和第四位的福建分别贡献了近 6 亿元的善款；排名前四位的省份捐赠额度占据了年度捐赠总额的84%；大额捐赠额度过亿元的省级行政区达到了14个（详见图2-4）。

表2-2　2012各地区大额捐赠者人数及金额统计

省份	人数（人）	排名	金额（万元）	排名
广　东	31	1	135779	2
福　建	14	2	57218	4
北　京	10	3	35916	6
河　南	6	4	29500	7
江　苏	5	5	57755	3
辽　宁	5	5	42215	5
湖　南	4	7	17010	9
浙　江	4	7	13800	10
河　北	3	9	12570	11
内蒙古	2	10	1002000	1
上　海	2	10	21100	8
湖　北	2	10	11167	14
陕　西	2	10	12000	12
山　东	2	10	12000	12
宁　夏	1	15	9100	15
山　西	1	15	7000	16
广　西	1	15	6242	17
江　西	1	15	4270	18
四　川	1	15	2000	19
安　徽	1	15	1526	20
海　南	1	15	1464	21

注：中国大陆缺天津、重庆、甘肃、贵州、青海、云南、黑龙江、吉林、新疆、西藏10个省市自治区。

（二）捐赠趋势：善款总额逆势增长，百亿捐赠或成主流

与2011年相比，2012年的大额捐赠存在如下一些特点。

1. 捐赠总额增长23%，巨额捐赠成主要推动力

2012年，百杰榜入榜人员的大额捐赠总额约为149亿元，与2011年的约121亿相比增长了约23%。其中，榜单前十名的捐赠总额超过116亿元，是2011年数额（约为79亿元）的近1.5倍。榜单前二十名的捐赠总额为约127亿元，同比2011年（约为93亿元）增长了约37%。而榜单前五十名的捐赠总额约为141亿元，则达到了2011年同排名段数据（约为110亿元）的约128%。这反

映出，2012 年与 2011 年捐赠的差距主要体现在百亿元的巨额捐赠上。王文彪单笔百亿元捐赠的出现，极大地提升了国内大额捐赠的整体情况。

与此同时，在传统的慈善大国美国，却出现了大额捐赠急剧下降的现象（见图 2-4）。根据 Million Dollar List 网站的统计，美国的大额捐赠自 2007 年起已经连续 6 年出现了下降；2012 年的捐赠总额约为 140 亿美元，比 2011 年下降了约 18%，仅为 2006 年额度（约 650 亿美元）的约 1/5。在全球经济形势不景气、大额捐赠较为低迷的背景下，中国大额捐赠的蓬勃发展更显可贵。

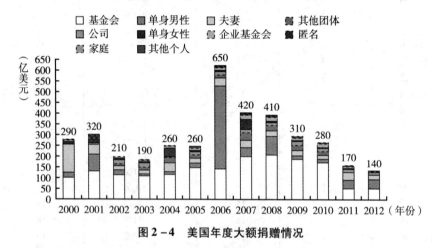

图 2-4 美国年度大额捐赠情况

资料来源：印第安纳大学 Million Dollar List 网站，http://www.milliondollarlist.org/donors，最后访问时间：2013 年 3 月 26 日。

2. 内蒙古捐赠额度升至全国之首，广东保持捐赠人数第一

2012 年，广东贡献了全国最多的大额捐赠者，上榜人数与 2011 年（31人）相比持平，但其领先优势已不再如 2011 年那般显著。2012 年，进入捐赠百杰榜的福建捐赠者已达 14 人，比 2011 年增加了 5 人，成为全国第二大大额捐赠者聚集的地区；北京的捐赠者人数也达到了两位数（10 人）。其他地区的大额捐赠者人数则未出现显著的变化，江苏、浙江、河南、辽宁等仍为主要的大额捐赠者活跃地区。

而在捐赠额度方面，2012 年度出现了承诺捐赠总额百亿元的地区——内蒙古自治区，其年度捐赠总额达到了 100 亿元，占到了年度捐赠总额的近2/3，超过了 2011 年全国捐赠总额的八成。与此同时，2011 年捐赠额分别达到 44

亿元和27亿元的福建和广东，在2012年度的捐赠额分别约为6亿元和14亿元，下降较为明显。

另外，2012年与2011年同时入围百杰榜的大额捐赠者达到了20人，他们在2012年合计贡献了善款约为114亿元。20人中，广东7人、福建3人连续两年入选，北京和辽宁也有2人两度入围，他们的捐赠款占了总捐赠款数的76%以上。这反映了在传统大额捐赠活跃地区，存在着不少企业家长期坚持着对慈善事业的支持。

3. 百亿级捐赠时代来临

2012年，数位大慈善家表态要在未来捐出数以百亿计的财产，百亿级捐赠时代正式来临。2012年6月，王文彪先生在"里约＋20"会议上宣布将在未来十年向亿利公益基金会投入100亿元；7月，黄怒波先生表态在未来十年将向母校北京大学捐赠一半个人财产。这一系列的承诺，将对中国慈善事业产生深远的积极影响。

二 年度捐赠发现：网络募捐实现突破，高校获捐额继续增长

2012年中国捐赠最具创新性的进展出现在网络渠道。首个筹款过亿的网络捐款平台诞生，而更多全方位的网络募捐平台，有望在未来1~3年内成为公众捐赠的主要渠道。中国捐赠事业最稳定的募款方和捐赠方，则属于广大的高等院校和他们所培养的诸多杰出校友。2012年高校多笔亿元捐赠来自于校友，校友捐赠总额度不断被刷新。

（一）网络募捐成新兴亮点，在线公益平台引领全民慈善热潮

中国互联网领域里两大"巨头"腾讯和阿里巴巴，前者作为国内最大的互联网综合服务提供商，拥有国内首屈一指的用户量；后者则是国内最大的网络贸易平台，在电子商务领域执行业之牛耳。2012年，这两家IT企业在网络募捐领域里取得了突出的成绩。腾讯的网络捐款平台募集善款突破1亿元，以其服务于众多公益组织的月捐项目吸收了大笔善款；阿里巴巴集团先后开发的

淘宝公益宝贝和支付宝 e 公益平台，为网络募捐形式创新提供了诸多思路。

1. 腾讯公益平台纳捐过亿，月捐开启公益生活新方式

2013 年 1 月 1 日，新年伊始，腾讯公益迎来了一个历史性的时刻：网络捐款平台募集善款突破 1 亿元。在腾讯官方的通报中，这"标志着中国首个直接筹款过亿的网络捐款平台的诞生，同时也标志着网民公益时代的到来"。经过五年多的发展，腾讯公益终于迎来了募款过亿这一里程碑。

腾讯公益网于 2007 年 6 月 16 日上线，这一天正是腾讯上市三周年的日子，而彼时的腾讯已经成为中国市值最大的互联网公司。10 天后的 6 月 26 日，腾讯成立了中国互联网公司第一家公益基金会——腾讯公益慈善基金会。腾讯网络捐款平台开通初期，虽然依托着中国流量最大的腾讯网对其进行了宣传，但访问量却很少，自 2007 年至 2008 年募集的资金仅有几千元。2008 年 1 月南方雪灾，捐款平台迎来了第一个转折点，一周内捐款平台捐款突破 10 万，但一周后捐款峰值回落，直至汶川地震的发生。

腾讯公益网捐平台为汶川地震最终捐款 2300 多万。这场震动全国的巨大灾难对中国民间慈善，尤其是捐赠事业的推动效果，在腾讯公益身上得到了充分的体现。但其后一年，腾讯网捐总额再次出现回落，只有 230 万元左右[①]。捐款平台上捐款金额的波动规律，网友在灾难突发时期和常态下迥然不同的爱心表现，使得腾讯基金会意识到，公益不只是捐赠，不只是救灾，而应该是我们所处的这个社会里的一种常态，一种习惯，甚至是一种生活。于是决定在腾讯网络捐款平台的基础上开发一款产品，尝试改变网友参与公益行为的方式，在这样的背景下，腾讯月捐诞生了。

2009 年 5 月腾讯月捐正式上线。2010 年，参与网友突破 50 万；2011 年，突破 100 万。截至目前则已有 300 多万网友参与了网络捐款。现在，腾讯月捐已经是腾讯公益的核心产品。

与捐款人数相比，捐款额度上的变化更能体现月捐在腾讯公益收入构成中日益重要的地位。根据腾讯公益的统计数据（详见图 2－5），2010 年以前腾讯的募捐收入来源是以乐捐为主，其募集到的善款总额在 2009 年底就超过了

---

① 杨晓红：《腾讯公益网捐突破一亿元》，《南方都市报》2013 年 1 月 14 日，AA31。

2700 万元（其中大部分来自于网友向汶川地震灾区进行的捐赠），而开通不长时间的月捐，收入还不到 200 万元。其后的 2010 年，月捐的收入额度首次超过了乐捐，接近 1483 万元的总收入超过了乐捐的约 1229 万元。2011 年，在公益圈开始出现大量负面新闻的背景下，月捐的额度与 2010 年相比依然保持了平稳增长，首次超过了 1500 万元，达到 1507 万元；而乐捐的收入则降至谷底，全年下来仅募集到 166 万元有余。2012 年，月捐收入连续第三年出现了增长，达到了历史新高的 1874 万元；乐捐额度也出现了反弹，回复到了 852万多元。时至今日，腾讯月捐与乐捐的历史总额度大体相当，月捐的约 5045万多元略多于乐捐的约 4987 万元。相比较灵活性、随机性较强的乐捐，操作方便、设置简单而又能够帮助养成捐赠规律的月捐，受到了越来越多网友的青睐。目前，腾讯网络捐款平台每月接收的捐款额度已经达到了约 220 万元。

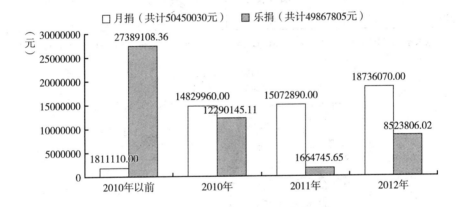

图 2-5 腾讯网络公益平台历年捐赠走势

数据来源：腾讯公益频道，http：//gongyi.qq.com/zt2013/yililiang/，最后访问时间：2013 年 3 月 26 日。

在捐赠资金接收方面，从表 2-3 和图 2-6 可见，与腾讯公益有密切合作往来的深圳壹基金公益基金会历年来累计吸收了约 3844 万元善款，占所有善款比例的 38%，成为了腾讯公益平台不断发展过程中最大的受益者。中国儿童少年基金会吸收的善款总额约为 2368 万元，约占所有捐赠的 24%，位居第二，爱德基金会获得的善款总额为 1661 万元，约占所有捐赠的 17%，排名第三。除了这三家基金会之外，再无其他机构获取的善款额度超过 1000 万元。

收入额度排在第四位的中国绿化基金会只吸纳到了约560万元善款，刚刚超过爱德基金会的1/3。从捐款接收情况来看，公众对于非政府背景的基金会有更强的认同感——两家"纯民间"的基金会壹基金和爱德接收到了过半的善款，而包括中国红十字基金会、中国社会福利基金会、中华社会救助基金会在内的十余家政府背景基金会所获得的善款不到整个平台捐赠收入的5%。

表2-3　腾讯网络公益平台捐赠资金接收情况（截至2013年1月1日）

单位：元

捐赠接收机构	金额	捐赠接收机构	金额
深圳壹基金公益基金会	38441506.81	中华少年儿童慈善救助基金会	4181678.80
中国儿童少年基金会	23678372.38	中华健康快车基金会	2902027.33
爱德基金会	16607870.69	中国红十字基金会	1602246.44
中国绿化基金会	5600995.60	其余17家基金会	2071141.99
中国扶贫基金会	5231995.10		

数据来源：腾讯公益频道，http://gongyi.qq.com/zt2013/yililiang/，最后访问时间：2013年3月26日。

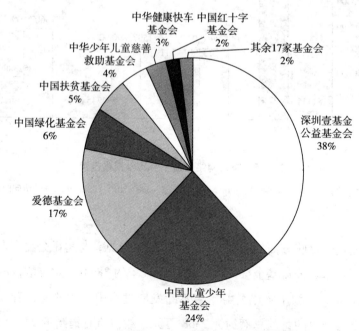

图2-6　腾讯网络公益平台捐赠资金流向分布

资料来源：腾讯公益频道，http://gongyi.qq.com/zt2013/yililiang/，最后访问时间：2013年3月26日。

是否有政府或民间背景，并非捐赠者挑选捐赠对象的唯一标准。但从实际情况来说，与有政府背景的慈善组织相比，民间背景的基金会更为重视网络募捐平台。根据壹基金公布的财务报告显示，通过腾讯网络捐款平台募集的善款已占到了其 2011 年货币捐赠总额的 13.5%，并且从统计数字看，这个比例还在不断提高。也正是在这种情况下，民间基金会更加注重网捐公益项目的设计与开发。在它们的努力下，腾讯公益平台上诞生了两个募款额度超过 1000 万元的月捐公益项目：一是爱德基金会的网助成长——e 万贫困孤儿助养行动，募集到的资金约为 1609.7 万元，二是来自壹基金的网圆童梦——壹基金困境儿童关怀项目，收获了约 1404.9 万元善款。

根据腾讯官方的统计，腾讯网络捐款平台上的 1 亿元爱心善款，来自 300 多万网友超过 1000 万次的捐赠。共资助了 3939 名孩子的学习和生活费，送出了 3260285 份营养餐、11536 份爱心包、6135 个温暖包、13578 本字典、6534 套棉衣、35040 双新鞋，建造了 133 所书屋和 65 个体育场，救助了 1840 个患儿、1401 名白内障患者和种植了 84.4 万棵树。截至 2013 年元旦，腾讯网络捐款平台已为国内 280 个项目募集了资金，其中 13 个长期项目、267 个典型案例项目。这些数字，尤其是超过 1000 万人次在一个网络平台上捐款的事实，充分说明国内公益事业有巨大的潜力，互联网降低了捐赠门槛和信息成本，将把这个潜力开发出来。

在吸收大量善款的同时，腾讯也很注重捐赠信息的披露，与合作基金会定期请第三方审计机构对捐款使用进行审计，并将报告在线公开，接受社会监督。为保证善款使用透明，工作人员还定时给捐赠网友发送反馈邮件，对公益项目开通在线评估，甚至线下组织捐款网友实地探访，使捐赠者有机会全方位地了解所捐赠项目的运行情况。

腾讯很早就认识到，全民公益不是腾讯一家公司的事，而是全社会的事业。因此网站的经营者很注意把能力、资源和经验开放出来，帮助其他想做社会责任的企业和机构，让大家都可以加入到网络捐款平台，让全社会的力量都能够用到公益上来。"腾讯微爱"就是这样的一个尝试。这是腾讯公益慈善基金会于 2011 年推出的长期对民间公益组织和高校社团进行资金帮扶和能力建设的互联网公益产品。民间组织和高校社团可以在腾讯微博和 QQ 空间等发布各种公益项目，网友每转发一次，腾讯公益慈善基金会就捐赠 0.6 元，转发越多，捐款越多，直到完成项目设定的筹款金额。目前"腾讯微爱"已经支持了 100 多个公益项目，通过网友自主选择的微爱转发，捐赠额超过 400 万元，支持了民间公益组织的成长。可见，腾讯不仅在善款募集方面有独到之处，在对善款的合理使用上也颇有创新之道。

2. 淘宝推动公益宝贝筹款，支付宝公益平台年入千万元

国内领先的电子商务企业阿里巴巴集团也为我国的网络募捐事业贡献颇多。该公司最早的在线募捐尝试始于 2006 年的淘宝公益宝贝。当年，在淘宝网为绝症网友筹款的活动中，公益宝贝应运而生。在淘宝交易平台上，卖家可在"出售中的宝贝"当中自主选择，设置自己愿意支持的公益项目以及在宝贝成交后捐赠的金额（可以是固定金额，也可以是交易金额的固定百分比）。当该宝贝交易成功时，卖家选择的公益项目就会收到相应的捐赠。卖家可随时在后台加入或退出公益宝贝，具有极强的自主性。

公益宝贝所带来的影响是全国范围的。2012 年 6 月 27 日，阿里巴巴集团在广州网交会上发布数字显示，2011 年淘宝平台发生了超过 1 亿次公益宝贝交易。尽管平均每笔交易所产生的捐赠金额仅 7.5 分钱，但由于参与者众多且捐赠频率较高，最终 2011 年累计的捐赠额度达到了 814 万元。根据阿里研究中心《聚少成多·大爱无声——2011 年公益宝贝数据研究报告》，2011 年全年，公益宝贝活动共有 21.4 万卖家和 2466.5 万买家参与其中，募集到了善款总计 814.4 万元，设置了公益宝贝的卖家去年平均捐款达 506 次。淘宝平台上与公益宝贝相关的商品全年共售出 376.5 万件，公益宝贝交易的总数达到了惊人的 10850.6 万笔。2012 年前四个月，公益宝贝再接再厉，又募集到了善款 363 万元，而 2012 年淘宝筹备的大型线上购物折扣活动"聚划算六一"则吸收了捐赠 85 万元。全国 31 个省、市、自治区的淘宝店铺中，平均有 3.1% 的店铺设置了公益宝贝。

不仅仅是商家和购物者通过公益宝贝找到了为慈善作贡献的渠道，一些公益组织也通过这个平台实现了筹款目标。中国儿童少年基金会（以下简称"儿基会"）2009 年 7 月在淘宝开设官方网店，通过爱心义卖及募捐接受了近 50 万网友的 240 多万元善款。2012 年 5 月 17 日，儿基会的"孤儿保障大行动"项目加入公益宝贝，截至当年 6 月 20 日，该项目获得善款已达 112 万元。这些善款被用于为全国范围内的孤儿购买重大疾病公益保险。

表 2 - 4　2011 公益宝贝数据明细

捐赠（万元）	814.4	商品（万件）	376.5
卖家（万人）	21.4	交易（万笔）	10850.6
买家（万人）	2466.5		

数据来源：阿里巴巴集团研究中心：《聚少成多·大爱无声——2011 年公益宝贝数据研究报告》，阿里研究中心网站，http://www.aliresearch.com/? m - cms - q - view - id - 73044.html，最后访问时间：2013 年 3 月 27 日。

除了公益宝贝，阿里巴巴集团也逐渐利用旗下的其他网站和平台进行募捐活动。其中，国内领先的独立第三方支付平台支付宝在 2008 年顺应时代需求，为具有公募资质的公益机构开通了"公益项目自助发布平台"，为公益机构的网络募捐开通了捐赠通道。在支付宝的公益频道中，用户可以自主选择支付宝推荐的公益机构和项目，实时查看捐款记录，更加方便快捷地参与公益。据《阿里巴巴集团 2011 年度社会责任报告》披露，2011 年有 24 家公募基金会进驻支付宝的"公益项目自助发布平台"，发布了近百个公益项目，同时支付宝还为 182 家公益机构提供了零费率公益接口服务。截至 2011 年底，支付宝上共产生了 101736403 次捐助记录，累计捐款 73937991 元。

2012 年，支付宝网络公益继续发展。根据 2013 年初阿里研究中心发布的《e 公益平台 2012 年数据年报》，2012 年全年 e 公益募得的善款总额达到了3522.1 万元，其中各家独立公益网站募得 2601.7 万元，支付宝 love 频道募得899.6 万元，支付宝用户积分捐赠 11.8 万元，这还是在手机捐赠等多个渠道未加入统计的情况下得出的数字（详见表 2 - 5）。根据之前阿里巴巴社会责任报告的数据与这份年报的数据相加，至 2012 年底支付宝上所募集到的捐款已超过了 1 亿元。在阿里巴巴官方的解释中，至 2012 年年中支付宝 e 公益所募得的善款就达到了 1 亿，早于腾讯公益，但因业务体系问题，统计数据的真实性还有待考证。

2013 年，支付宝整合此前公益业务群（见表 2 - 6），为公益行业量身定做了一套网络捐赠解决方案，这就是重整后的支付宝 e 公益平台。借助支付宝的巨大用户群和知名度，未来 e 公益平台上的捐赠发展前景，将更为广阔。

表 2-5　2012 年支付宝 E 公益捐赠数据

单位：万元

善款来源	金额	善款来源	金额
E 公益平台承载的独立公益网站（约 300 家）	2610.7	二维码捐赠	暂无统计
支付宝 love 频道（e 公益样板间）	899.6	公益宝贝	暂无统计
积分捐赠	11.8	总计	3522.1
手机捐赠	暂无统计		

数据来源：支付宝：《e 公益平台 2012 年数据年报》，阿里研究中心网站，http://www.aliresearch.com/? m-cms-q-view-id-73044.html，最后访问时间：2013 年 3 月 27 日。

表 2-6　支付宝 e 公益平台发展历程

2008 年	支付宝在 5 月 12 日汶川地震中，当天为壹基金开通网络募款道，为 e 公益前身
2009 年	提供担保交易代扣功能，实现淘宝卖家自动为每笔成功交易捐出一笔善款
	分别为公募机构与非公募组织提供用于独立募款的网络小额捐赠、公益即时到账
2010 年	支付宝 love 频道上线，为网络小额捐赠签约机构（公募机构）提供支付站内募款通道
	实现透明反馈，用户在 love 频道可向制定项目捐赠，机构定期反馈该项目执行进度
2011 年	二维码捐赠上线，网络小额签约机构（公募机构）可以通过支付宝后台生成二维码，用户拍码即可捐赠
	手机捐赠上线，用户通过支付宝客户端向 love 频道上的项目捐赠
	积分捐赠上线，支付宝用户可以将自己购物赠送的积分用于捐赠
	原零散业务整合到支付宝 e 公益平台，成立专职归属团队；e 公益平台正式成立
	为使用支付宝 e 公益产品的公益组织独立网站，提供 7×24 小时的安全监测服务
2012 年	提供网银直联功能，用户可以通过自己的网银在公益网站直接捐赠到支付宝公益账号
	提供快捷登录功能，支付宝用户可以用支付宝账户登录合作公益网站并捐赠
	发起百报公益联盟："一篇报道" + "一个公益二维码" = 一次公益行动，通过公益二维码将 e 公益推广到传统媒体领域
	截至 2012 年年底，有近 300 家公益机构以及新浪微公益、雅虎公益等公益门户使用支付宝公益产品在其自有站点进行募款

数据来源：支付宝：《e 公益平台 2012 年数据年报》，阿里研究中心网站，http://www.aliresearch.com/? m-cms-q-view-id-73044.html，最后访问时间：2013 年 3 月 27 日。

（二）高校受捐规模持续扩大，富豪热心回馈母校

2013 年 1 月 9 日，中国校友会网发布了《2013 年中国大学评价研究报告》，该榜单对 1990 年以来的中国大学校友累计捐赠进行了统计。数据显示，至 2012 年，北京大学累计接收的校友捐赠总额达 12.48 亿元，继续占据大学校友捐赠排行榜榜首，并继续保持中国大学校友捐赠总额的最高纪录，同时保持着大学校友个人累计捐赠和单笔捐赠的最高纪录。清华大学校友累计捐赠

11.45亿，名列第二；中国人民大学校友捐赠5.85亿，超越浙江大学升至第三；浙江大学校友捐赠5.79亿，与2012年初的排名相比下降一位列第四；南京大学获校友5.18亿捐赠，上升至第五；华南理工大学校友累计捐赠2.72亿，名列第六；武汉大学校友捐赠2.69亿，下降两位，列第七；厦门大学校友捐赠1.98亿，名列第八；华中科技大学校友捐赠1.64亿，首次进入十强，列第九；中南大学校友累计捐赠1.26亿，位居第十（详见表2-7）。

表2-7　2013年中国大学校友捐赠排行榜20强

单位：亿元

名次	学校名称	所在地区	类型	校友捐赠
1	北京大学	北京	综合	12.48
2	清华大学	北京	理工	11.45
3	中国人民大学	北京	综合	5.85
4	浙江大学	浙江	综合	5.79
5	南京大学	江苏	综合	5.18
6	华南理工大学	广东	理工	2.72
7	武汉大学	湖北	综合	2.69
8	厦门大学	福建	综合	1.98
9	华中科技大学	湖北	理工	1.64
10	中南大学	湖南	综合	1.26
11	中山大学	广东	综合	1.12
12	西北工业大学	陕西	理工	1.04
13	天津大学	天津	理工	1.01
14	长安大学	陕西	理工	0.8755
15	北京航空航天大学	北京	理工	0.7930
16	暨南大学	广东	综合	0.6602
17	福州大学	福建	理工	0.6267
18	重庆大学	重庆	综合	0.6050
19	复旦大学	上海	综合	0.5854
20	中国农业大学	北京	农林	0.5620

数据来源：《2013中国大学评价研究报告》，中国校友会网，http：//www.cuaa.net/cur/2013/，最后访问时间：2013年3月28日。

位居2013中国大学捐赠校友榜前列的校友大多是福布斯、胡润和新财富等中国富豪榜上榜富豪企业家。对比分析"2013年中国造富大学排行榜"和"2013年中国大学校友捐赠排行榜"上榜大学情况发现，大部分高校之所以能取得数额如此巨大的校友捐赠，主要原因在于学校较强的造富能力与校友创富能力。在校友捐赠榜上排名前十的高校中，北京大学、清华大学、中国人民大学、浙江大学、南京大学、华南理工大学以及武汉大学七所学校同样在造富大学排行榜上位居前十名。另三所学校厦门大学、华中科技大学和中南大学也都培养出了10名以上的富豪校友（详见表2-8）。《2013年中国大学评价研究报告》负责人指出，亿万富豪企业家校友成中国大学校友捐赠主力军，既是富豪企业家创造财富进而反哺社会的重要体现，更体现了富豪企业家对母校的感恩之心和感激之情。

表2-8　2013中国造富大学排行榜

名次	学校名称	所在地区	类型	2013年大学排名	富豪企业家（名）
1	清华大学	北　京	理工	2	94
2	北京大学	北　京	综合	1	89
3	浙江大学	浙　江	综合	4	73
4	复旦大学	上　海	综合	3	48
5	中国人民大学	北　京	综合	12	31
6	中山大学	广　东	综合	7	28
7	上海交通大学	上　海	综合	5	25
8	华南理工大学	广　东	理工	27	24
9	南京大学	江　苏	综合	6	22
10	武汉大学	湖　北	综合	9	21
11	华中科技大学	湖　北	理工	11	16
12	哈尔滨工业大学	黑龙江	理工	17	15
	浙江工业大学	浙　江	理工	98	15
14	四川大学	四　川	综合	13	14
	北京理工大学	北　京	理工	34	14
16	西安交通大学	陕　西	综合	18	13
	中南大学	湖　南	综合	19	13
	暨南大学	广　东	综合	69	13
	深圳大学	广　东	综合	117	13
20	南开大学	天　津	综合	14	12
	厦门大学	福　建	综合	20	12
22	山东大学	山　东	综合	15	11
	东南大学	江　苏	综合	21	11
24	重庆大学	重　庆	综合	31	10
	中国科学院大学	北　京	理工	-	10

数据来源：《2013中国大学评价研究报告》，中国校友会网，http://www.cuaa.net/cur/2013/，最后访问时间：2013年3月28日。

在 2013 年中国大学捐赠校友榜上，北京大学校友、中坤投资集团黄怒波累计向母校捐赠 10.14 亿，以绝对的优势蝉联该榜榜首，卫冕"中国大学最慷慨校友"称号。南京大学校友、天地实业杨休累计捐赠母校 4.12 亿，名列第二，其中 2012 年他一举向母校捐赠了 4 亿元，创造了当年向高校捐赠的单笔数额之最；步步高的段永平累计向母校浙江大学和中国人民大学捐赠 4.49 亿，名列第三；清华大学校友池宇峰和徐航等，合计向清华大学捐赠 2.19 亿元，居第四；中国人民大学校友、重阳投资裘国根累计向母校中国人民大学捐赠 2.01 亿，跃居第五，他的主要捐赠（单笔 2 亿元）也是在 2012 年完成（详见表 2-9）。

表 2-9 2013 中国大学捐赠校友榜（亿元以上）

单位：亿元

名次	捐赠校友	创办公司	公司总部	受捐大学	累计捐赠
1	黄怒波	中坤投资	北京	北京大学	10.14
2	杨休	天地实业	江苏	南京大学	4.12
3	段永平、刘昕	步步高电子	广东	浙江大学	2.48
				中国人民大学	2.01
4	池宇峰、徐航等	完美时空、迈瑞生物等	北京	清华大学	2.19
5	裘国根	重阳投资	上海	中国人民大学	2.01
6	赵伟国	健坤投资	北京	清华大学	1.43
7	黄志源	金光集团	印尼	北京大学	1.19
8	吴文刚	美联地产	湖北	华中科技大学	1.09
9	陈东升	泰康人寿	北京	武汉大学	1.00
	陈远	中科英华	吉林	清华大学	1.00
	蓝春	英才房地产	北京	清华大学	1.00
	吴亚军	龙湖地产	四川	西北工业大学	1.00
	章鹏飞	现代联合	浙江	浙江大学	1.00

数据来源：《2013 中国大学评价研究报告》，中国校友会网，http://www.cuaa.net/cur/2013/，最后访问时间：2013 年 3 月 28 日。

除了上述名校之外，2012 年部分普通高校同样收到了富豪校友的捐赠回馈，且数额不菲：石家庄机械化步兵学院继 2011 年获得了校友河北毕氏集团总裁毕经安的 6000 万元资助后，2012 年再度收到了毕经安捐出的 1 亿元；东北大学也在 2012 得到了校友刘载望、富海霞夫妇捐赠的 5000 万元，用于建设东北大学江河建筑学院；2011年曾向北京大学捐款2000万元的北京东方园林股份有限公司董事长何巧女，2012年则向北京林业大学捐赠4000万元支持该校园林学院的教学、科研、师资培养和基础设施建设。2012年，据中国公益研究院不完全统计，高校接收的千万以上大额捐赠达到17笔，基本与2011年维持在了同一水平（见表2-10）。

表2-10　2012年高校接收大额捐赠表（不完全）

单位：万元

序号	姓名	受捐高校	捐赠金额
1	杨休	南京大学	40000
2	裘国根	中国人民大学	20000
3	毕经安	石家庄机械化步兵学院	10000
4	吴文刚	华中科技大学	10000
5	宗庆后家族	浙江大学	9000
6	余雄武	华南理工大学	7000
7	刘载望、富海霞夫妇	东北大学	5000
8	毛振华	武汉大学	5000
9	何巧女	北京林业大学	4000
10	唐春山	同济大学	3000
11	沈小平	南京大学、中国人民大学	2000
12	唐立新	重庆大学	2000
13	金国华	华中科技大学	1167
14	韩庚辰	河南农业大学	1100
15	华生、铁凝夫妇	东南大学	1100
16	王大明	安徽师范大学	1000
17	厉育平	复旦大学上海视觉艺术学院	1000

三　小结

2012年，中国的公益捐赠事业既有单笔百亿元捐赠的出现，又应用互联网技术在募捐形式上有所创新。这些变化，构成了2012年中国捐赠领域释放的重要积极信号。

在捐赠数额上，2012年的民营企业与个人大额捐赠情况要好于2011年，突出表现在百亿级别捐赠的出现上。以王文彪为代表的一批成功民营企业家，开始发挥自身最大限度的能量贡献慈善，并通过自身的示范作用吸引更多的有志之士投身慈善当中。更多百亿捐赠承诺的兑现，将使中国公益慈善事业能够积聚的能量达到新的量级。而十余所大学对多笔上亿捐赠的吸收，则反映出了我国高等院校在向欧美同类机构靠拢，成为捐赠投入的重要阵地，也将成为未来支撑公益事业的一极。

在募捐形式上，虽然腾讯月捐、淘宝公益宝贝以及支付宝 e 公益等都不是第一年进入公众视野，却是在 2012 年纷纷实现了各自发展道路上的重大突破。无论是月捐计划帮助腾讯网络捐款平台募集善款上亿，还是支付宝 e 公益平台一年募捐额度超过 3000 万元，都代表了国内网络公益平台募款能力的全面升级，有望成为未来面向公众筹款的主要渠道。

第三章
公益组织：自主改革与环境优化促成长

2012 年，国内公益组织发展势头良好：基金会的数量增长再创单一年度新高，并在 2013 年初顺利突破 3000 家。在大多数省区，非公募基金会成为了主要增长点。经历危机之后的中国红十字会拉开了改革的帷幕，并在国务院改革意见的指导下提出了综合改革的六方面内容，年底又成立了社会监督委员会，为社会监督机构运行提供了机会，推动了政府背景慈善组织的自我革新。

在外部发展环境上，民政部与宁夏、深圳两地政府先后在两个月时间里举办了两场大型慈善项目交流展示活动，为全国各地的公益组织提供了交流合作的机会。国资委成立的央企社会责任指导委员会，专为建立中央企业完善的社会责任工作体制和制度而设，客观上可以督促央企在公益慈善方面投入更多资源。而在改革的前沿阵地广东，社会组织工会体系的建立被提上了日程，或将有助于对公益组织的规范化管理。

2012 年的一系列进展，标志着慈善组织发展的行业环境得到进一步优化，行业支持体系基本成熟。

一　基金会年度发展：数量逼近三千，央企巨资投入

在我国的三大类社会组织中，基金会的数量最少。与登记注册数都超过了 20 万的民非和社团相比，只有数千家记录在册的基金会规模十分有限。但基金会又是公益事业中不可或缺的因子，没有其所提供的资金支持，公益事业就无从开拓。2012 年，基金会的年度增长数量再创新高，而地域和业务领域分布也更为多元化。此外，这一年里该领域出现了许多突破性进展，诞生了一些超大型或具有开创性的基金会，颇令人瞩目。

（一）发展概况：数量里程碑式增长，登记管理有创新

自从 1981 年我国第一家基金会诞生以来，国内基金会的数量增长一直较为平稳，直到《基金会管理条例》颁布，非公募基金会的注册放开，国内的基金会才进入跨越式发展阶段。2012 年，基金会的发展跨越了一个新的阶段，年底基金会的数量已逼近 3000 家。这一年猛增的近 400 家基金会，分布在国内的 31 个省、自治区、市，有 14 个省实现了基金会数量的两位数增长，其中增速最为迅猛的是广东、北京、浙江、江苏四地。从关注领域来分析，2012 年新成立基金会业务集中在教育、扶贫和文化艺术等范围内。

1. 基金会整体数量：非公募增速提升，拉大与公募差距

我国的第一家基金会——中国儿童少年基金会诞生于 1981 年，在其成立之后相当长的一段时间里，国内基金会的数量增长较为缓慢。2004 年，《基金会管理条例》颁布实施，此后非公募基金会开始大量涌现。到 2006 年 3 月，历时 25 年，中国基金会的规模达到 1000 家。又经过 4 年，至 2010 年下半年，全国基金会的数量突破了 2000 家，同年底，全国范围内的非公募基金会数量则首次超过了公募基金会。到 2011 年底，全国基金会数量为 2548 家。

据基金会中心网提供的数据，截至 2012 年 12 月 31 日，全国基金会数量达到了 2944 家，其中非公募基金会数量 1652 家，公募基金会数量 1292 家。而进入 2013 年 1 月，从基金会中心网又传来消息，全国范围内登记注册成立的基金会数量正式超过了 3000 家，其中公募基金会数量超过 1300 家，非公募基金会数量则超过了 1600 家。中国基金会发展迎来了又一里程碑式时刻。从图 3 - 1 的趋势就可以看出，我国的基金会成长速度呈现递增状态，与从 0 家到 1000 家和从 1000 家到 2000 家相比，从 2000 家到 3000 家基金会所用的时间已大幅缩短。

整个 2012 年，国内新增基金会数量为 396 家，其中 296 家为非公募基金会，100 家为公募基金会，前者的数量是后者的近 3 倍。与 2011 年相比，非公募基金会与公募基金会增长量的差距进一步扩大，在 2011 年成立的 373 家基金会中，非公募基金会有 258 家，公募基金会为 115 家，非公募的增量为公募的 2.24 倍。非公募基金会进一步巩固了数量上的占优情况。

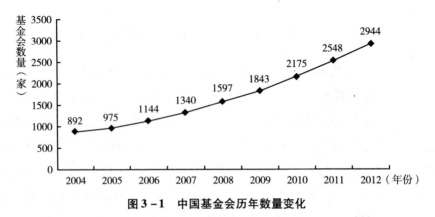

图 3-1 中国基金会历年数量变化

资料来源：数据由北京恩玖非营利组织发展研究中心直接向研究院提供，图 3-1、图 3-2、图 3-3、表 3-1 皆同。

2012 年与 2011 年数据的比较结果，与非公募基金会和公募基金会多年以来各自的增长情况是颇为吻合的。自 2004 年《基金会管理条例》颁布以来，非公募基金会的增长势头一直要快过公募基金会（见图 3-2）：前者几乎从零起步，但 2004 年后的年度增长率始终稳定在 20% 以上，而同期公募基金会的年度增长率则徘徊在 10% 左右。2011 年非公募基金会年度增长率为 23.5%，2012 年则下降到了 21.8%，但这种下降主要是由于非公募基金会整体基数的扩大。随着越来越多民营企业家等富豪群体开始关注慈善领域，加上公益慈善类社会组织直接登记的放开和非公募基金会审批权在部分省份的下放，非公募基金会有望在未来的 5 至 10 年内维持 20% 的年度增长率。

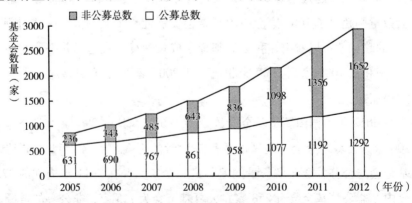

图 3-2 全国基金会发展趋势（2005~2012 年）

在 2012 年内，每个月的基金会数量增长并不平均，其中年底的 12 月创造了单月基金会注册数量之最，共有 46 家基金会在当月登记成立。另外，5 月、6 月、8 月和 9 月单月成立基金会的数量也突破了 40 家。而单月成立基金会最少的则是 2 月，一共只有 16 家基金会完成注册。所有月份里，新成立非公募基金会的数量都超过了公募基金会。12 月单月成立了 13 家公募基金会，为全年之最，但这一数字也仅比单月新成立非公募的最小值（2 月，11 家）多 2 家而已。从图 3 - 3 的趋势就可以看出，非公募基金会的增长量在全年都压制了公募基金会。

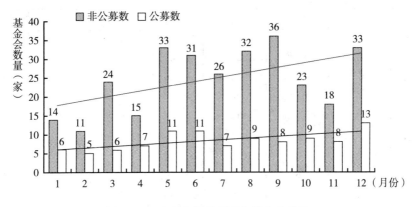

图 3 - 3　2012 年每月新成立基金会情况

2. 基金会地域分析：十四省增长数过双，粤桂皖创新登记模式

分析各省级行政区 2012 年新增基金会的数量，可以发现全年基金会增量达到 10 家及以上的省区有 14 处，其中，广东有 65 家新成立基金会，位居所有省级行政区之首；北京、浙江和江苏分别以新成立 45、39 和 36 家基金会的数量排在二、三、四位；四地一共新登记成立基金会数量为 185 家，约占全国新成立基金会总数的 47%（见表 3 - 1）。这一情况与前一年极为类似。2011 年，同样是这四个省市的基金会增长量排在前四位，且两年都只有这四地的新增基金会数量超过 30 家。京、粤、苏、浙四地，正是我国开放社会组织注册的前沿阵地，后三省还是民营经济发达和公民社会发展较为进步的地区。这些情况，都为基金会尤其是非公募基金会的迅速发展创造了条件。

从基金会性质来看，所有 31 个省级行政区中，有 24 个的非公募基金会增长数目超过了公募基金会，只有黑龙江、贵州、甘肃、青海、西藏和江西的公募基金会增长要多过非公募，而海南省则分别新增了一家公募和一家非公募基金会。值得注意的是，贵州、甘肃、西藏和江西的非公募基金会增长数都为0，而只有云南省去年未曾成立过一家公募基金会（见表 3 – 1）。在中西部经济较落后地区，政府背景较浓的公募基金会依然是公益事业的重要支撑力量。

表 3 – 1　2012 年全国各省新成立基金会数量

单位：家

地　区	非公募	公募	总数	地　区	非公募	公募	总数
广　东	56	9	65	吉　林	7	1	8
北　京	42	3	45	四　川	5	3	8
浙　江	36	3	39	内蒙古	4	3	7
江　苏	19	17	36	陕　西	4	2	6
上　海	13	4	17	贵　州	0	5	5
福　建	15	1	16	河　北	3	2	5
湖　南	12	3	15	新　疆	4	1	5
湖　北	7	6	13	甘　肃	0	4	4
山　西	8	5	13	广　西	3	1	4
河　南	10	2	12	青　海	1	3	4
安　徽	10	1	11	重　庆	2	1	3
宁　夏	10	1	11	海　南	1	1	2
山　东	8	3	11	西　藏	0	2	2
辽　宁	6	4	10	江　西	0	1	1
天　津	6	3	9	云　南	1	0	1
黑龙江	3	5	8	全　国	296	100	396

从基金会的登记注册地来看，2012 年有 15 家基金会在民政部登记注册，352 家基金会在省级民政机关登记注册，这两类基金会约占据了整体数量的93%，而在剩下的 29 家基金会中，有 28 家在市级民政机关注册成立，全部分布在广东和安徽两省，其中前者 25 家，后者 3 家。广东的这 25 家基金会全部注册在深圳市民政局，其中有 3 家是公募基金会。安徽 3 家新成立基金会有两家注册在合肥市民政局，还有一家在芜湖市民政局登记。广西的北流见义勇为

慈善基金会则是全年唯一一家在县级民政部门登记成立的基金会。作为下放基金会登记管理权限最为积极的几个省区，这三地的大胆尝试为地方公益事业的发展打开了新的局面，也让当地的民间慈善更为活跃。

3. 基金会关注领域分析：大量基金会涉足教育

在所有2012年新成立的396家基金会当中，有369家都明确披露了其设立宗旨和业务范围。从统计信息中看，这些基金会关注的领域极为广泛，包括教育、扶贫、文化艺术、医疗卫生、生态环境、应急救灾、三农问题、科研、体育等，几乎涵盖了公众日常生活的方方面面。其中，涉足教育领域的基金会为数最多，有170家都在此领域有资金投入或项目运作。关注贫困人口，为扶贫事业投资的基金会达到74家，而业务领域中包括文化艺术事业的基金会有42家。除此以外，医疗卫生、生态环境、应急救灾和三农问题也广受关注。与此相反，为志愿服务事业提供支持，进行法律援助以及资助体育事业的基金会数量则稍显不足。详见图3-4。

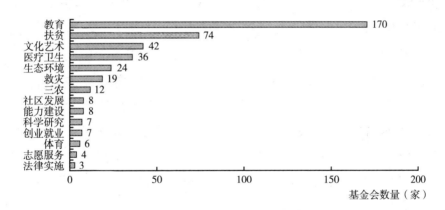

图3-4 2012年新成立基金会关注领域分布

注：多数基金会业务范围不限于1个领域。

除了特定的资助领域之外，部分基金会还有自己的主要关注人群。在2012年新成立基金会当中，有33家以老年人为主要关注的群体，有31家把儿童作为了关注目标，关注残疾人的达到了25家，而以青少年为目标群体的则有24家，分布较为平均。除此之外，新成立的基金会中关注群体为少数民族和妇女的分别有4家，反映了这些特殊群体受到的关注略有不足（见图3-5）。

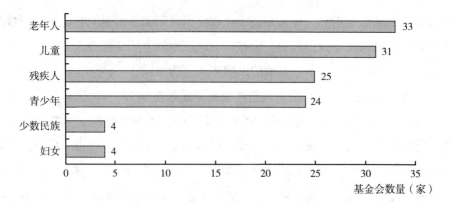

图 3 - 5　2012 年新成立基金会主要关注群体分布

（二）年度大型基金会观察：企业巨资投入环保

根据基金会中心网提供的数据，2012 年新成立的基金会当中，注册资金在 1000 万以上的不超过 20 家，只占 396 家新增基金会的很小一部分。本节所选取的 4 家基金会，注册资金均在千万元以上，在 20 家之中，且在成立时都吸引了舆论强烈的关注，堪称本年度大型基金会的代表。这 4 家基金会中，中国海油海洋环境与生态保护基金会属于由国企大笔出资打造的基金会"航母"，紫金矿业慈善基金会也是大型企业支持环保事业的重要机构，另外两家 TCL 公益基金会与刘彪慈善基金会，则因各自的鲜明特点而被当作民间基金会发展的典型案例。除了这 4 家大型基金会外，2012 年国内还有一批基金会创造了中国公益领域的数个"第一"，本节也将有所提及。

1. 中国海油海洋环境与生态保护公益基金会：专注海洋环保

宗旨：致力于海洋环境与生态保护，推动海洋环境生态科学研究与技术开发项目，支持海洋领域的国际交流与合作活动以及其他慈善公益事业。

业务范围：资助海洋环境与生态保护活动，资助扶贫济困、赈灾救助等公益慈善项目及活动，资助海洋环境生态科学研究与技术开发项目及活动，资助海洋领域的国际交流与合作项目以及其他与基金会宗旨相符的社会公益性活动。

2012年7月6日，中国海油海洋环境与生态保护公益基金会（简称"中海油公益基金会"）在北京成立并召开第一届理事会第一次会议。此公益基金会是由中国海洋石油总公司（简称"中海油"）发起，经民政部批准成立的非公募基金会，原始基金数额为5亿元人民币，是2012年注册资金额度最高的新成立基金会。这笔巨额资金主要有两大来源：一是中海油及其下属单位的自愿捐赠，二是以往基金的投资收益，全部归于公益性基金。

中海油公益慈善工作的发展与该企业的成长大体同步，从最初设立扶贫办、援藏办，到设立公益慈善事业委员会，再到成立公益基金会，公司实现了机构上的不断发展和完善。在2011年108家中央企业对外捐赠支出排行榜上，中海油以7.3389亿元高居榜首。此次成立中海油公益基金会，是希望能够在更加规范、健全的平台上，整合全系统公益慈善资源，通过规范化运作、规模化发展，实现中海油在政治、经济及社会责任上同步履行的承诺。

不过，中海油公益基金会的成立也引来了外界的诸多猜测，其中最大的猜想是公司方面在为之前的溢油事故作出补偿。在基金会成立之前，2011年6月渤海湾蓬莱19-3油田先后发生两起溢油事故，而中海油拥有蓬莱19-3油田51%的权益；7月，中海油的自营油田——绥中36-1油田发生少量漏油；12月，中海油珠海横琴天然气管线发生泄漏事故。这些事故造成了严重的海洋生态环境损害。不过，在基金会成立仪式上，中海油相关负责人否认了基金会的成立与污染事故直接相关，但承认溢油事件"加快了基金会注册成立的步伐"。

为了解决海洋石油开采工作带来的一系列问题，中海油公益基金会将会列支2.5亿元人民币用于天然渔业资源修复和养护等方面的工作。而基金会即将推出的渤海斑海豹保护和南海生物资源增殖放流等项目，也都与海洋环保主题密切相关。

中海油基金会的成立固然可能与其之前的漏油事件有关，但不否认中海油成立基金会的积极意义，也希望更多的企业通过基金会在推动慈善发展的同时，促进自身更好地履行社会责任。

2. 紫金矿业慈善基金会：重污染企业亿元投公益

业务范围：开展扶贫、济困、赈灾等社会救助工作；开展助学助教、环境保护等公益慈善事业；其他符合本基金会宗旨的社会慈善活动。

2012 年 9 月 20 日，紫金矿业发布公告称，公司作为独立发起人，出资设立了紫金矿业慈善基金会，基金会业务范围包括环境保护等。该慈善基金会属于非公募性质，原始基金数额为 2 亿元，民政部为其业务主管单位。至此，继福耀玻璃集团及曹德旺设立的河仁慈善基金、福建首富陈发树个人捐赠设立的新华都慈善基金会之后，福建又新设立一家资金规模过亿的慈善基金会。

与中海油类似，紫金矿业在成立基金会之前也运作过其他公益机构，2009 年 11 月，集团成立了社会责任部，旨在负责建立和完善集团公司的社会责任体系。2000 年至 2011 年，紫金集团累计捐赠各类慈善公益事业约 15 亿元，近年来更是每年都保持了上亿的捐赠规模：2006 年捐助额超过 1.48 亿元；2007 年捐助额度达到 1.65 亿元；2008 年捐助额度达到 2.7 亿元，其中为汶川地震灾区累计捐款总额超过 1254.76 万元；2009 年度捐助额度约 1.4 亿元；2010 年度捐助各类慈善公益事业约 3.1 亿元；2011 年度捐助各类慈善公益事业约 2.7 亿元[①]。

紫金矿业与中海油的相似处还不止于此，前者同样在成立基金会时遭到了舆论为环境污染做补偿的质疑。2010 年 7 月 3 日，当时紫金矿业下属的紫金山铜矿湿法厂污水池突发渗漏，造成渔业养殖户养殖的鱼类死亡损失价值 2220.6 万元，直接损失达 3187.71 万元，福建省上杭县城区部分自来水厂停止供水 1 天。之后两周，正值国家环保部调查组结束事故调查准备返京，紫金山铜矿又发生了 500 立方米的污水渗漏。这些事故导致了紫金矿业被处罚金 3000 万元。

在紫金矿业造成的环境污染事故中，影响最大的当属"9·21"事件。2010 年 9 月 21 日，紫金矿业下属信宜紫金矿业有限公司银岩锡矿高旗岭尾矿库漫坝决口，致使信宜市钱排镇石花地水电站大坝溃坝，造成下游重大人员伤亡和财产损失。因为此事，信宜紫金共接到当地政府、水电站及受灾人员提出

---

① 数据来源：紫金矿业集团官网，http：//test. zjky. cn/Social2. asp？id＝113，最后访问时间：2012 年 4 月 25 日。

的 6 起诉讼，涉案金额共达 5.2 亿元左右。恰恰在基金会成立之前的几天，即 9 月 14 日，紫金矿业刚刚与"9·21"事件的受灾村民和有关单位就一揽子解决灾损索赔事宜达成协议，赔偿金额达 2.45 亿元。而基金会成立之后，却没有看到更多的公益项目被披露。

3. TCL 公益基金会：消费类电子行业首家基金会

宗旨：为弱势群体创造教育和成长机会，谋求社区福祉及环境可持续发展。

业务范围：基础教育帮扶、重大灾害救助、特殊群体关怀及环境保护等方面。

2012 年 7 月 12 日，作为首届中国公益慈善项目交流展示会主要赞助企业之一，TCL 集团在展会期间举行了 TCL 公益基金会成立揭牌仪式。该基金会通过深圳市民政局批准正式成立，这也是中国消费类电子行业企业设立的第一家公益基金会。

成立 30 年来，TCL 集团秉承"为社会承担责任，做优秀企业公民"的理念，积极参与公益慈善事业。近十年来，累计投入超过亿元的资金，用于捐资助学，帮助那些家庭贫困的孩子圆求学之梦，受益学校 50 余所，受益学生 2.3 万人。同时，TCL 集团一直十分重视与慈善组织的合作，曾与中国青少年发展基金会、中国扶贫基金会、爱心衣橱、爱佑华夏基金会等慈善机构共同举办大型公益活动数十次，帮助大量的弱势群体得到社会关注。

TCL 公益基金会成立之后，迅速按照其拟定的业务范围开展了多项活动，首先是参与发起保护深圳湾红树林项目，提高公众的环保意识。2012 年 9 月 7 日，云南省昭通市彝良县发生 5.7 级地震，TCL 公益基金会得知灾情后，紧急组织云南当地分公司调集灾区急需物资，把 1 万箱矿泉水和 1 万箱方便食品，第一时间送往云南昭通市彝良县重灾区，成为了第一批进入灾区的公益组织之一。TCL 集团志愿者也立即赶赴救灾一线参与救灾工作。

2012 年底，TCL 公益基金会又在教育领域大显身手，他们携手华萌基金，与中国青少年发展基金会签署了升级合作协议，将后者旨在表彰优秀乡村教师的"烛光奖"推向更广的区域，并向获表彰的乡村教师提供资助，鼓励他们安心工作，全力投入教育事业。协议规定各合作方每年奖励 300 名优秀乡村教师，其中 30 名定向指标奖励惠州地区乡村教师，每人奖励 1.2 万元奖金，鼓励更多的优秀教师扎根农村教育，支持农村教育事业发展。

4. 刘彪慈善基金会：爱心民营企业家巨资行善

宗旨：关爱青少年成长，致力于养老事业，支持社会主义文化建设，推动社会和谐进步。

业务范围：一是关爱青少年成长，包括儿童大病救助，捐建贫困地区学校，资助贫困大学生上学、就业等，努力促进贫困儿童在医疗、教育方面机会平等；二是养老，通过建立老年公寓、赞助养老事业领域相关活动等形式，积极促进养老体制的创新，特别是帮助贫困群体解决养老问题；三是涉及社会核心价值的重大文化活动和公益慈善活动以及民政事业。

2012 年 8 月 30 日，刘彪慈善基金会在北京人民大会堂宣布成立。该基金会是由民政部主管的非公募基金会，基金会原始资金额度为 1 亿元人民币，是我国原始出资额较大的非公募慈善基金会之一，原始出资人及现任基金会主席为刘彪先生。

1955 年出生的刘彪，是陕西保榆煤焦集团有限责任公司的董事长。2000 年，事业蒸蒸日上的刘彪开始投身慈善事业，主要是在家乡府谷县、榆林市捐资建设新农村工程、修爱心老年公寓和刘彪小学，至基金会成立前，他已累计向公益慈善领域捐资近 7 亿元。

刘彪对出资支持养老事业情有独钟，他投资建设德保榆爱心老年公寓，是陕西省最大的民营老年公寓。由刘彪个人投资 3.5 亿元兴建，位于榆林城区东郊（榆麻路 3 公里处），占地面积 17 公顷，建筑面积 11 万平方米，拥有 1006 张床位，分两期建成，包括公寓楼、别墅、餐厅、活动中心、卫生服务中心、员工宿舍、办公楼及会所等。

在宣告成立的同时，刘彪慈善基金会就迅速展开了首个公益项目。基金会宣布出资 500 万元人民币，联合中华慈善总会启动"西部六省区少数民族贫困家庭先心病患儿合作救助项目"，对西藏、新疆、陕西、内蒙古、甘肃、云南六省区少数民族贫困家庭先天性心脏病患儿进行筛查、救助。这是刘彪慈善基金会成立之后开展的第一个慈善救助项目，也是我国非公募基金会和公募慈善机构合作开展救助项目的一次新尝试。

除了上述大型基金会之外，2012年还有部分新成立基金会创造了国内公益领域的几个"第一"。

3月，由中国健康协会、中国脑瘫康复协会、中国残疾人联合会及广州海军医院脑瘫康复中心联合组建的"中华关爱脑瘫儿童救助基金会"在广州正式成立。这是国家首个专门为脑瘫患儿所设立的基金会。

7月，西藏自治区珠峰冰川珠穆朗玛环保基金会则由西藏达氏集团旗下的西藏珠峰冰川水资源开发有限公司发起，是西藏首家由非公有制企业发起并全程组织管理协调的基金会。

10月，因患抑郁症而跳楼自杀的青年演员尚于博家人在北京成立尚善公益基金会。主要面向抑郁症防治和治疗的研究、搭建国际艺术交流平台以及扶持新锐艺术家创作的三大方面。这是国内首家专门资助抑郁症防治研究及知识普及的基金会。

11月，北京环球时报公益基金会成立。这是首家由全国性媒体发起成立的基金会，环球时报社出资200万元人民币作为首批款项。基金会以弘扬爱国主义为宗旨，推出"希望英才"青年学者资助计划，"为国家养士"。

二　中国红十字会改革：敲定改革方向，
主动接受社会监督

2011年的"郭美美事件"，使得中国红十字会面临前所未有的信任危机，也让有政府背景的公益组织的公信力跌落谷底。在事件爆发后没多久，中国红十字会就曾出面表态称将采取措施推进整个国内红十字会系统的改革。其后，中国红十字会的领导层出现变动，并首次面向社会公开招聘部门负责人岗位，还初步建立了捐赠信息查询系统——中国红十字会捐赠信息发布平台，这些措施让人感受到了其变革的意愿。

2012年，中国红十字会的改革取得了三个方面的进展。首先，国务院发布指导意见，明确了中国红十字会的性质、地位和职能作用，并提出了改革的一些基本方向；其次，中国红十字总会提出了综合改革的六点内容，并初步选

定了改革的试点地区；最后，中国红十字会社会监督委员会建立，邀请社会各界人士担任委员，对捐赠款物的管理和使用情况以及中国红十字会重大项目实施情况进行监督。这一系列的工作，涉及了 2011 年改革中没有触及的一些领域，并为日后的深入改革打下了基础。

（一）确定改革纲领：国务院意见颁布，明确中国红十字会定位

2012 年 7 月 31 日，国务院发布了《关于促进红十字事业发展的意见》（以下简称《意见》）。作为当前红十字事业发展的纲领性文件，《意见》进一步明确了中国红十字会的性质、地位、作用和职能、职责，同时还在推进中国红十字会体制机制创新、全面建立综合性监督体系、着力打造公开透明的中国红十字会等方面提出了明确的要求。

自 1993 年《中华人民共和国红十字会法》颁布以来，中国红十字会一直以公益性质的人民团体身份展开活动，承担着应急救灾和卫生救护等职能。在编制上，中国红十字总会属国务院直属的副部级单位，而地方红十字会也相应地与当地政府体系接驳。中国红十字会经费的主要来源中，就包括政府拨款。近年来，中国红十字会同时享有政府财政支持和公募资格的现象遭到了部分人士的诟病，这些声音在郭美美事件之后达到了顶峰。为了应对来自民间的大量反对声音，中国红十字会系统在 2012 年启动了改革。而《意见》堪称是这场改革的纲领性文件。

《意见》首先肯定了中国红十字会作为中华人民共和国统一的红十字组织和国际红十字运动重要成员的地位。随后，《意见》强调了中国红十字会改革的一些基本方向，如推进中国红十字会体制机制创新，完善中国红十字会法人治理结构，以及加强各级政府对中国红十字事业的领导和支持。值得注意的是，除了这些宏观层面的提议之外，《意见》还在一些群众关心的细节问题上有了明确的规定。比如《意见》明示，中国红十字会使用捐赠资金开展人道救助工作所产生的实际成本，可从捐赠资金中据实列支，并向社会公开，捐赠资金不得用于在编人员及机构的经费支出。又如《意见》要求中国红十字会要建立健全新闻发言人制度，及时、全面、真实、准确地向社会发布相关信息，及时回应社会关切。各地要将中国红十字会

的信息化建设纳入当地信息化建设总体规划，提升中国红十字会的科学管理和信息公开水平。

针对这份《意见》，公益界内人士纷纷作出了自己的解读。主持中国红十字会改革课题研究的杨团指出，即使红十字会内部有许多人对改革持反对态度，但红会的改革必须推进下去，因为这场改革能冲击与政府有密切关系的官办慈善机构，成为社会组织的改革先驱。中国红十字会常务副会长赵白鸽则表示，未来对中国红十字会的定位是"人道领域的政府助手"，是一个受着政府、国际红十字运动和社会公众"三重赋权"的重要社会组织。赵白鸽同时还公布了中国红十字会改革的时间点，包括在 2012 年底实现捐赠平台和筹资管理系统基本版的上线，在 2013 年底实现基本功能全部上线，并推广到 80% 的省级红十字会。在 2014 年底所有的功能上线，并普及到 80% 的市级红十字会和 50% 以上的县级红十字会。

可以看到，《意见》明确了中国红十字会不同于一般公益组织的角色定位，强调了中国红十字会在辅助政府进行人道领域工作方面的重要作用，同时重新定义了红十字会系统内中央与地方的关系（规定"下级红十字会主要专职负责人的任免提名要听取上一级红十字会的意见"），以及各级政府与相对应的各方红十字会的关系（要求各级政府在编制国民经济和社会发展规划时，同步编制红十字事业发展专项规划）。《意见》中并没有出现民众普遍呼吁的中国红十字会"去行政化"问题，但给出的定位显然更符合中国红十字会在我国和国际社会中所承担的角色。《意见》出台后迅速得到了各地的响应，海南、江苏、陕西等省都出台了具体的实施意见，推动各省红十字会改革的顺利开展。

（二）综合改革试点开启：拟定改革重点，选拔试点省份

在《关于促进红十字事业发展的意见》中，国务院提出"在有条件的地方红十字会开展社会组织改革试点，探索建立'高效、透明、规范'的管理体制和运行机制"。而在 2012 年 9 月，中国红十字总会方面首次提出了综合改革的六方面内容。表 3 - 2 即为综合改革的主要内容和措施。

表3-2　中国红十字会综合改革六大内容

改革内容	主要措施
1. 加强组织体制建设	明确红十字会是协助政府提供应急救援、应急救护、人道救助等基本公共服务的法定机构；加强市县级红十字会组织能力建设；明确上下级红十字会之间的关系和职责；加强会员、志愿者等基层组织队伍建设
2. 完善内部治理机制	调整理事人员结构，形成多方参与、共同治理的新型决策模式；增设财务、法律等外部决策咨询机构，建立决策咨询制度；建立社会监督委员会，建立健全综合监督体系
3. 深化人事制度改革	建立在编人员和法定机构雇员的双轨制人事管理模式；促进在编人员和法定机构雇员之间的身份转换和合理流动；推进各级红十字会主要专职负责人职业化、专业化建设
4. 建立新型社会组织财务管理模式	将财政拨款资金和社会捐赠资金分开管理；支持红十字会依法独立开展募捐、接受和使用捐赠款物；制订适合红十字会业务核算及管理的行业会计制度和财务管理标准。
5. 完善政府支持保障体系	积极推动探索设立政府基金模式，凸显红十字会作为法定机构的独特地位和性质；制定政府向红十字会购买公共服务的具体规定；积极推动加大中央财政集中专项彩票公益金对红十字会的支持力度
6. 加强核心业务建设	加强备灾救灾库建设；推进救援队标准化建设；规范救灾物资发放流程；建立红十字会应急救援基金；推动红十字会应急救护培训的标准化工作进程；推动品牌项目运行；加强中华骨髓库；建立中国的人体器官捐献体系；积极开展对外援助工作

资料来源：傅阳：《中国红十字会2013年起全面启动综合改革》，中国网，http：//www. china. com. cn/news/ txt/2012-09/20/content_ 26582252. htm，最后访问时间：2013年4月25日。

这六条改革内容，都具有极强的目的性：加强组织体制建设，最重要的是明确了中国红十字会和政府的关系，进一步强化了中国红十字会是"人道领域政府助手"的角色定位，同时也意图在以往松散的上下级中国红十字会之间建立更为紧密的联系；完善内部治理结构，意在调整理事会的决策机制，尤其引入社会监督委员会，让各级中国红十字会的决策更具有科学性；深化人事制度改革，是进一步巩固早前提出的红十字会人员双轨制管理模式，控制编制内的人员规模，避免中国红十字会官僚化的进一步加剧；建立新型社会组织财务管理模式，是在提升募捐款项的使用效率和资金流向的透明度上做文章，避免中国红十字会募捐款项和政府拨款混乱使用的现象，让整个中国红十字会系统的账目明明白白；完善政府支持保障体系，是改革政府对中国红十字会财政投入的机制，通过政府购买服务的形式来运作，更凸显中国红十字会的社会组织本质；而加强核心业务建设，则与国务院《意见》中的"积极支持红十字会依法履行职责"相呼应，主要目的是推动中国红十字会的各项目顺利运行。可以说，改革的每一条都戳中了中国红十字会当下存在的主要问题，并且都希望从源头来遏制问题，改善工作。

在改革的整体思路确定之后，中国红十字会的改革开始逐步推进，而首要任务就是确定改革试点的地区。从 9 月开始，中国红十字会主要负责人已率队分赴全国各省份，遴选中国红十字配套改革的试点省份。10 月，有媒体爆料称在中国红十字会的综合改革试点中，四川省红十字会、青海省红十字会已纳入试点范围。按照红十字会与红新月会国际联合会确定的《国家红会组织能力评估与认证程序》标准，中国红十字会以及相关专家从生存能力、组织能力、与各方关系及资源动员能力、执行能力和发展能力等方面，对四川、青海两省的红十字会组织能力进行了评估①。

据四川省红十字会网站上显示，从 2012 年 10 月起，中国红十字总会 5 次派员前往四川督导当地红十字会各个项目的实施情况，包括陪同红十字会与红新月国际联合会考察组一起考察了四川省红十字会的博爱家园项目。而青海省红十字会则在 2012 年 9 月接待了一支由美国红十字会、日本红十字会、澳门红十字会及台湾红十字组织代表、红十字国际委员会东亚地区代表处代表及中国红十字会总会代表共 11 人组成的项目考察团，向考察团作了关于青海玉树地震灾后重建境外援助项目成果的报告。总会对两省红十字会工作的重视，反映了其对改革试点工作的看重。

（三）勇于接受外部监督：建立社会监督委员会

中国红十字会综合改革内容中的"完善内部治理机制"一条提到，要建立社会监督委员会，以健全对中国红十字会决策工作的监督体系。实际上，中国红十字总会从 2011 年 8 月就开始了这一委员会的筹建工作②。2012 年 12 月 7 日，中国红十字会社会监督委员会正式成立，邀请具有深厚专业背景、广泛

---

① 《红会改革试点初步确定青海四川》，《京华时报》，2012 年 10 月 31 日。
② "红十字会将建社会监督委员会"，《北京晚报》，2011 年 8 月 9 日。

社会影响、热心公益事业的知名人士和志愿者代表担任委员。首期社会监督委员会委员共有16人，表3-3是委员会的具体人员名单。

表3-3　中国红十字会社会监督委员会委员名单

主任委员	
迟福林	中国(海南)改革发展研究院院长、研究员
副主任委员	
俞可平	北京大学中国政府创新研究中心主任、中央编译局副局长
秘书长	
黄伟民	国浩律师(北京)事务所合伙人
委员	
王　永	品牌中国产业联盟秘书长
王振耀	北京师范大学中国公益研究院院长
邓国胜	清华大学公共管理学院创新与社会责任研究中心主任、教授
白岩松	中央电视台节目主持人
吕红兵	中华全国律师协会副会长
刘姝威	中央财经大学财经研究所研究员,中国企业研究中心主任
陆正飞	北京大学光华管理学院副院长、会计学教授
张　勇	北京市红十字蓝天救援队队长
杨　团	中国社会科学院社会政策研究中心副主任、研究员,中国社会学会社会政策研究专业委员会理事长
金锦萍	北京大学法学院副教授,北京大学法学院非营利组织法研究中心主任
郑静晨	中国工程院院士、武警部队后勤部副部长兼武警总医院院长
袁　岳	零点研究咨询集团董事长
翟晓梅	中国医学科学院/中国协和医科大学生命伦理学研究中心执行主任,社会科学系主任、教授

　　从表3-3中可以看到，此次遴选出的委员来自学术、法律、财务、医学、媒体传播、社会管理、救援等多个不同领域，充分强调了每个人的专业性和社会性。这些委员的职责是对捐赠款物的管理和使用情况以及中国红十字会重大项目实施情况进行监督，认真搜集和分析社会公众的意见，准确地反馈给中国红十字会，帮助中国红十字会更好地开展工作。

　　中国红十字会社会监督委员会成立之后，网上曾有声音质疑委员的选拔过程不够公开透明，有人还认为应该对委员进行海选。但实际上，此次社会监督委员会产生的过程与国际通行做法是相吻合的。据委员之一、清华大学公共管理学院创新与社会责任研究中心主任邓国胜介绍，国外公益慈善机构成立理事会、监事会或社会监督委员会时，一般都不会公开选拔，而是成立一个遴选机构，从社会名人中选拔成员。这些社会名人，用自己的声誉做担保，用自己的社会资源和专业能力来监督公共慈善机构的运行。中国红十字会不过是将国际通行做法照搬到了中国。

红会社会监督委员会的建立，是红十字会管理体制改革道路上的一次重要尝试。社会监督委员会不仅将对中国红十字会开展的各大项目和接收的善款使用进行监督，还会对中国红十字会的运作机制与程序提出改革意见。由于监督委员会的成员在各自的领域内都有较强的专业知识背景和丰富的从业经验，他们将能够对中国红十字会的各方面工作提出极有针对性的指导意见；又由于社会监督委员会的成员都来自社会，平常能够倾听来自不同群体的声音，他们还将成为中国红十字会与社会公众之间进行沟通的一座桥梁。

在经历了"郭美美事件"之后，中国红十字会系统内一直在不遗余力地进行着透明化和提升公信力建设的尝试。从面向社会公开选拔高级管理人员，到根据国务院《关于促进红十字事业发展的意见》逐步推进试点改革，中国红十字会所走的每一步，都以完善工作机制，优化治理结构和重拾公众信任为目的。社会监督委员会的建立，将中国红十字会的改革推向了一个新的阶段，从此社会对中国红十字会的监督将迈入机制化。当然，委员会的诞生，只是中国红十字会改革的一部分工作。

中国红十字会公信力的重塑任重而道远，推动公众信任重建需要自我改革的勇气和魄力，同时也需要在方式和方法上的不断创新。

三　行业环境优化：交流展会初具规模，
数家支持性机构诞生

公益组织要得到发展，除了需要加强自身机构建设和努力提升机构能力之外，还有赖于公益行业环境的不断优化。2011年，整条公益产业链的初步形成，让公益组织获得了较之以往更为良性的生长环境。2012年，政府层面的推动则让公益组织发展拥有了更广阔的发展空间。民政部与地方政府共同主导的两场全国性公益主题展示交流活动，让公益组织与国内意图扶持公益产业的政府和有志于投身公益的企业建立了联系，从而为公益组织提供了其梦寐以求的合作资源与渠道。国资委主导成立的央企社会责任指导委员会，有望将手握大把资源的中央企业打造成服务社会公益的龙头企业。广东社工组织工会工作委员会的成立，则使公益组织从业人员拥有了保障自身劳动权益的机构，将有效扩大公益组织全职员工的规模，从而帮助公益组织加强自身能力建设。

（一）公益行业展会召开：促进公益资源整合

近年来我国的公益产业发展蒸蒸日上，手握各种资源的大型基金会、民营企业和拥有良好创意的公益组织都迫切要在更大范围内寻找合适的合作伙伴。随着这些需求的不断增长，行业内部的交流活动也渐渐有了起色。过去的"公益京交会"和"公益深交会"都取得了不错的效果，但2012年的两场全国性交流展会，为中国公益行业提供了更大的对话平台。

1. 深圳慈展会：创建国内最大公益对接平台

2012年7月，由国家民政部、国务院国资委、全国工商联、广东省人民政府和深圳市人民政府联合主办的首届"中国公益慈善项目交流展示会"（以下简称"慈展会"）在深圳举办。慈展会建立了迄今为止全国最大的公益慈善资源对接平台，而在此期间发布的多份报告，则展示全国公益慈善领域的最新研究成果，堪称中国公益慈善发展的风向标。

在此之前，2009年8月间的公益项目北京交流展示会，是国内公益界举办的首次大型交流活动。这场"公益京交会"由上海浦东非营利组织发展中心（NPI）设计并承办，南都公益基金会和福特基金会给予资助，集合了国内128家优秀草根公益机构以及14家大型公募基金会，带来了数百个参展项目。最终有37.3%的机构与资助方有了良好的沟通或达成合作意向，62.7%的机构与同行沟通并达成合作意向，而整个"公益京交会"期间约有超过3000人到场参观[1]。

---

[1] 《公益项目北京交流展示会总结报告》，雅虎公益，http：//gongyi.cn.yahoo.com/ypen/20110124/185529.html，最后访问时间：2013年4月26日。

随后在 2011 年 3 月，NPI 又联合深圳市文明办、深圳市民管局、深圳市关爱办、深圳市民间组织管理局以及南都公益基金会举行了深圳公益项目交流展示会（"公益深交会"）。这一次展会的规模比一年前北京的又有所扩大，160 余家社会组织、非公募基金及企业参展。最终有 53 家公益组织反馈称，和企业、基金会等资助方达成了合作意向①。

随着地方性公益交流会取得成功，以及国内公益产业规模的逐步扩大，全国性的公益交流会早已呼之欲出。2012 年，这场筹备已久的公益盛会终于被付诸实践。7 月 12 日至 7 月 14 日，为期三天的首届中国慈展会在深圳举行。慈展会展区面积为 2.2 万平方米，分为主会场静态展示区、动态体验区、大型峰会研讨会和公益沙龙、公益慈善节庆、公益慈善项目大赛、网络交流展示平台六大板块。

慈展会筹备前期，共有 1000 多家单位表达过参展意向，最终获批入围到场参会的机构为 544 家，约为前两届地方性慈善交流会参展机构总数之和的两倍（见图 3 – 6）。

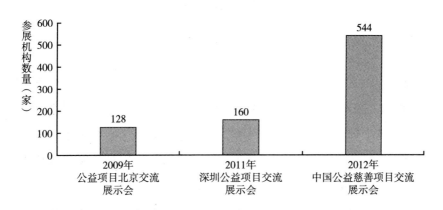

图 3 – 6 历届公益交流展示会参展机构数量对比

这 544 家机构中，包括公益慈善组织 260 家、企业 142 家、基金会 104 家、省市组团 26 家，以及科研媒体机构 12 家（见图 3 – 7）。可以看出，对这类活动热情最大的，还是广大公益行业内组织。而根据组委会官方提供的参展

---

① 《"公益深交会"昨闭幕三成参展机构达成合作意向》，人民网，http：//expo. people. com. cn/GB/112671/14085907. html，最后访问时间：2013 年 4 月 26 日。

名录，有大量平时不太出现在舆论中的民间社会组织挤出预算参加了此次慈展会，力图通过这个机会，让外界了解自身的使命愿景与项目活动，以期获得更多的关注度和更大力度的支持投入。

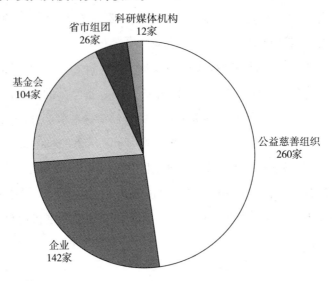

图 3-7　慈展会参展机构类型分布

在 3 天的时间内，慈展会方面组织了 10 场峰会、研讨会、发布会，41 场公益沙龙，18 场公众体验活动，各种活动都不乏亮点。多场研讨会迸发出了思想的火花：7 月 12 日举办的"中国公益传播论坛暨公益媒体主编峰会"围绕"公益新秩序与跨界合作"展开了讨论，使得与会人员更深刻地认识了新媒体时代公益传播的重要性以及社会化媒体在当代的赋权作用；"中国慈善事业发展研讨会"不仅揭开了本年度慈善蓝皮书的神秘面纱，还在现场讨论肯定了民众问责与舆论监督在慈善组织发展过程中的作用，也提出了社会化服务体制改革与官办慈善机构转型才是中国公益界未来出路的观点；"中国社会创新：理论与实践"主题峰会吸引了俞可平、刘润华、王振耀、刘小钢、杨鹏等一批公益圈名人出席，大家就社会创新所需要的体制环境以及行业协会去垄断化等问题进行了交流；第二届"中国社会创新奖"启动仪式也在慈展会期间成功举办。

慈展会期间发布了数份公益行业研究报告（见表 3-4）。明善道与基金会中心网联合发起和完成了《中国企业基金会发展研究报告2011》，用数据分析阐释了285家国内企业基金会的发展特征，又用案例研究展现了12家企业基金会的发展历程。清华大学NGO研究所发布了国内第一部《公益组织信息公开制度（学者稿)》，建议公益组织应向社会公开通俗易懂的财务信息，捐赠人可要求公开财产使用情况，而具有募捐资格的公益组织在开展募捐前应公布详细活动计划。中央编译局比较政治与经济研究中心与友成基金会联合推出了中国第一本《社会创新蓝皮书》，从历史趋势、主体、行为、案例等角度，全面观察了中国社会创新的格局。中山大学公益慈善研究中心和中国社会科学院社会政策研究中心分别编写了《公益蓝皮书：中国公益发展报告（2011）》和《慈善蓝皮书：中国慈善发展报告（2012）》，对2011年中国慈善事业的发展状况进行了深度描述和分析。中民慈善捐助信息中心则发布了《中国慈善会发展报告》《中国社区慈善服务报告》两份慈善行业研究报告，填补了国内对慈善会系统和社区慈善服务领域专项研究的空白。

表3-4　慈展会期间发布报告一览

报告名称	发布机构
中国企业基金会发展研究报告2011	明善道(北京)管理顾问有限公司 基金会中心网
公益组织信息公开制度(学者稿)	清华大学NGO研究所
社会创新蓝皮书	有成基金会 中央编译局比较政治与经济研究中心
公益蓝皮书·中国公益发展报告(2011)	中山大学公益慈善研究中心
慈善蓝皮书·中国慈善发展报告(2012)	中国社科院社会政策研究中心
中国慈善会发展报告	中民慈善捐助信息中心
中国社区慈善服务报告	中民慈善捐助信息中心

慈展会还创造了中国公益界的多个"第一"。譬如，由北京华夏经济社会发展研究中心开发的"公益人才网"正式对外开通，填补了我国面向公益行业人才网络招聘的空白。由壹基金发起并资助的财务信息披露模板在慈展会上首次亮相，号召草根公益机构共同披露财务信息，与壹基金启动的"透明典范"工程交相辉映。中国消费类电子行业企业设立的第一家公益基金会——

TCL 公益基金会于 7 月 12 日成立，并在展会期间展示 TCL 近年来在社会责任和公益事业方面的成果。国内首个民间发起地方性的环保类公募基金会——深圳市红树林湿地保护基金会在 7 月 13 日正式成立，他们也成了国内首个公开推选市民理事和监事的基金会，完成了全国基金会治理领域的一大创举。

据组委会统计，本次慈展会 3 天的参观人数累计 15 万人次，达成了合作意向的参展方有 231 个，其中单笔最大额捐赠达 320 万元，是来自贵州的双龙实业集团捐给贫困山区学校修建太阳能热水器及设立助学金。可以说，慈展会不仅在短时间内提升了公益事业的关注程度，还为下一步各种跨地区、跨领域的公益主题活动铺平了道路。

2. 黄河善谷慈博会：实现宁夏慈善与全国对接

展会落幕后不久，2012 年的另一大公益慈善行业展会在素有"塞上江南"之称的宁夏拉开了帷幕。2012 年 8 月，2012 年中国（宁夏）黄河善谷慈善博览会（以下简称"慈博会"）在银川举办。与深圳慈展会意在搭建全国公益慈善资源对接平台不同，宁夏慈展会的目的是为本地慈善事业服务，旨在搭建宁夏与全国慈善事业合作交流平台，积极促进宁夏慈善需求与全国慈善资源的有效对接。

自 2010 年以来，宁夏回族自治区政府便将慈善产业作为自治区的重点发展领域之一，先后编制了《宁夏民政事业"十二五"规划》，并出台了《宁夏回族自治区慈善事业促进条例》，将"社会福利和慈善事业加快发展"定为了"十二五"期间宁夏民政工作的主要任务之一，并提出了一系列发展慈善事业的具体目标，其中一条便是做好黄河善谷建设，定期举办慈善博览会。现如今，宁夏在慈善事业发展方面已经走在了西部省区的前列，特别是在明确定义社会慈善企业概念并将社会慈善企业纳入地方立法上，堪称全国先例。

有了政策扶持和组织基础，宁夏的慈善事业发展水平突飞猛进，举办慈善博览会的条件已经成熟。2012 年 8 月 26 日至 28 日，慈博会在银川市中国穆斯林商贸城成功举办。与深圳慈展会相比，慈博会的规模要略小一些：慈博会展区总面积 1.2 万多平方米，主题展馆 2 个、特装展位 91 个，标准展位 217 个。整个展区被划分为了 6 块，分别为中国慈善成就展区、城市公益慈善成就展区、公益慈善组织展区、黄河善谷展区、乐善企业展区和国际交流展区。而在展会之外，慈博会主办方还设置了"宁夏黄河善谷行""黄河善谷"高峰会议、宁夏慈善事业发展报告及慈善项目推介、宁夏"黄河善谷奖"颁奖文艺晚会和第二届"中国城市公益慈善指数"发布等活动。除了城市公益慈善指数发布之外，其他活动的地方特色非常浓郁。

慈博会最终共吸引了332家参展单位参加（见图3-8），其中包括全国70个城市、175家慈善组织、82家乐善企业和5家国外组织。与慈展会相比，一个显著特点是地方政府的参与热情更高，公益慈善组织和企业的数量则受限于当地经济条件和社会组织发展状况而有所减少。

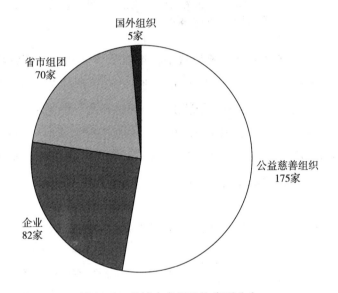

图3-8 慈博会参展机构类型分布

宁夏慈博会上最吸引舆论关注的活动是第二届"中国城市公益慈善指数"的发布。由中民慈善捐助信息中心编制的这套指数，是通过一套科学指标体系对城市慈善事业发展水平进行综合监测与科学评价而得到的数值结论，号称"爱心GDP"。该指数体系按照规模、结构、贡献、可持续这四个维度，从社会捐赠、慈善组织、慈善项目、志愿服务、政府支持、慈善文化6个方面对城市公益慈善事业进行综合考量。"首届中国城市公益慈善指数"于2011年在安徽芜湖发布。而第二届参加指数编制的城市达321个，是首届参与城市数的6倍。总体而言，参与本次全国城市慈善数据调查的省级行政区覆盖率为90%，城市覆盖率为52.5%，321个城市指数的平均分为52.24分（总分100

分），156 个城市在平均水平以上，约占总数的 48.6%。共有 27 个城市荣获了七星级慈善城市称号（见图 3 - 9）。

北京、上海、深圳、无锡、南京、苏州、长沙、大连、福州、宁波、郑州、江阴、芜湖、昆山、遂宁、镇江、济宁、荥阳、吴忠、宜兴、南通、常州、临沂、扬州、绍兴、厦门、张家港

图 3 - 9　中国七星级慈善城市一览

数据来源：《中国城市慈善发展报告（2012）》，企业管理出版社，2013，第 48 页。

根据黄河善谷方面给出的统计数字，本届慈博会共组织签约项目 68 个，签约资金 332.8 亿元。而黄河善谷所引进的项目除传统的能源化工项目外，以社会福利、社会救助、新能源、服装加工、旅游开发、特色农业、制造业等为主，其中合同项目 15 个，总投资 36.12 亿元；协议项目 38 个，总投资 292.94 亿元；慈善项目 15 个，涉及助学、助困、医疗救助、养老服务等方面。表 3 - 5 是此次慈博会期间达成的一些主要慈善项目。

表 3 - 5　宁夏慈博会期间达成主要慈善项目

捐赠方	金额（万元）	事由
宁夏盛达投资公司	30000	在永宁投资建设悦心颐养公共服务项目
中慈国际交流中心	3500	向青铜峡市医院捐赠 100 台血液透析仪（等值 3500 万元）
燕宝慈善基金会	2000	在西吉捐建燕宝中学
香港惠明慈善基金会	1000	成立"宁夏妇女儿童发展基金·香港惠明慈善基金"
中国青少年发展基金会兰花草艺术基金	1000	在彭阳实施贫困学生"圆梦"救助等项目
中国妇女发展基金会、神华集团	320	向自治区妇联捐赠"母亲健康快车"30 辆（等值 320 万元）

（二）行业支持机构诞生：优化公益成长土壤

1. 央企社会责任指导委员会成立

2012 年 5 月，国务院国有资产监督管理委员会在其网站上发布通知，决定成

立国资委中央企业社会责任指导委员会（以下简称"指导委员会"）。指导委员会将负责研究审议国资委及中央企业社会责任工作的重大问题和事项，研究制定国资委推进社会责任工作的政策措施，研究制定国资委推进中央企业社会责任工作的战略、规划和年度计划，指导中央企业建立完善社会责任工作体制和制度。

中央企业的社会责任问题历来受到公众的关注，由于它们所创造的巨额利润（2012 年 116 家央企累计实现营业收入 22.5 万亿元、利润总额 1.3 万亿元，上缴税金 1.9 万亿元①）和占用的大量社会资源，普遍认为央企应该在公益慈善等社会事务方面承担更多的责任。而面对民意，大部分央企也给予了积极的回应。2011 年，108 家央企捐赠总额达到了 17.2 亿元②，定点扶贫 189 个国家重点贫困县，覆盖领域涉及全国 21 个省区市 8300 万人口③。

然而，这些数字并不意味着央企在社会责任履行方面已经做得十分到位。在捐赠方面，2011 年所有国企的捐赠额度为 43 亿元，占所有企业捐赠的23.8%，这意味着央企的捐赠额度仅占所有企业捐赠总额的不到 10%。这其中虽然有政策限制的原因（不同规模的央企，超过一定额度的对外捐赠时需要报国资委备案同意后才能实施），但也在一定程度上反映了央企捐赠积极性落后于民企的事实。而在社会责任方面，例如生产安全、产品质量维护以及环境保护等领域，央企的一些行为更是长期以来遭到诟病。2011 年 11 月，中国社会科学院发布的《企业社会责任蓝皮书》显示，国有企业尤其是中央企业的社会责任发展指数遥遥领先于民营企业和外资企业，但其平均社会责任发展指数（央企 45.5，国企整体 40.9）仍然低于及格线（满分 100）。

也因此，国资委一直以来都十分重视引导央企提升社会责任工作质量。早在 2008 年初，国资委就发布了《关于中央企业履行社会责任的指导意见》，提出了中央企业履行社会责任的理念、目标、主要内容和措施。2011 年 9 月，国资委又发布了《中央企业"十二五"和谐发展战略实施纲要》，从战略层面

---

① 数据来自国资委网站，http：//www. gov. cn/gzdt/2013 – 02/08/content_ 2329947. htm，最后访问时间：2013 年 4 月 27 日。

② 中民慈善捐助信息中心，《2011 年度中国慈善捐助报告》，中国社会出版社，2012，第 100 页。

③ 数据来自新华网，http：//news. xinhuanet. com/fortune/2011 – 11/11/c_ 111161185. htm，最后访问时间：2013 年 4 月 27 日。

对中央企业社会责任工作进行了部署。2012 年 3 月，国资委启动了为期两年的中央企业管理提升活动，确定了 13 个管理提升的重要项目，其中之一就是社会责任管理。目前，国资委正在研究出台《中央企业社会责任指引》，且已初步完成了初稿的制定，只待进一步修改完善后就将发布。这个文件将为中央企业社会责任工作提供框架指南，更好地提升中央企业管理水平和履责绩效。

在国资委的努力之下，越来越多的央企开始注意加强社会责任方面的工作，同时强化自身与社会沟通的机制，积极披露信息。这其中的重要行动之一是发布企业社会责任报告。2006 年，国家电网发布了我国央企的第一份社会责任报告。其后每年，发布社会责任报告的央企数量都呈现稳定增长之势，并终于在 2012 年实现了全部发布（见图 3 - 10）。

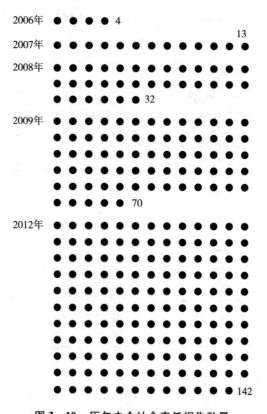

图 3 - 10　历年央企社会责任报告数量

图片来源：《21 世纪经济报道》，2013 年 3 月 11 日，第 14 版。

除了发布社会责任报告，到2012年底，已有接近90%的中央企业建立了企业社会责任委员会。为让履行企业社会责任成为习惯，许多央企建立了社会责任指标体系和评价体系，以促进企业管理水平的不断提升，将社会责任的理念和要求融入生产经营、企业管理全流程。如今，中央企业社会责任指导委员会的建立，有望进一步促成央企社会责任管理体系的完善，帮助广大央企逐步探索建立统一的社会责任指标体系，对央企社会责任理念进行提炼并对相关实践进行系统总结，最终帮助央企实现在经济、社会和环境领域的综合价值最大化。

2. 广东成立全国首家省级社会组织工会工作委员会

2012年11月6日，广东省社会组织工会工作委员会成立大会暨揭牌仪式在广州举行，这是中国内地成立的首个省级社会组织工会工作委员会。会上明确提出到2014年底，广东省各市、县级社会组织要基本成立工会组织。

截至2012年7月，广东省依法登记的社会组织共33185个，其中社会团体14976个，基金会296个，民办非企业单位17913个，当中为数不少都属于公益慈善类组织，全省社会组织的从业人员达到了42万多人，当地的社会组织发展，长期在全国居于领先地位。然而，由于大量社会组织规模较小，全职工作人员较少，很多社会组织当中都没有建立工会组织。

工会的重要作用包括为社会组织工作人员提供服务。在不断完善的市场经济体制中，工会在推动出台工资支付保障政策措施，完善工作人员劳动权益保障制度，提高基层工作人员的工资收入水平，推动最低工资标准合理提高，健全工资集体协商机制等方面都有着不可替代的作用。数据显示，截至2012年6月，广东省企业工会涵盖单位数达54.60万家，而全省签订工资集体合同9.1万份，覆盖企业28.18万家，工资集体协商建制率达66.14%[1]。如果能在社会组织中建立类似在企业当中的完备工会体系，将有利于未来在制定社会组织工作人员的工资标准、工时休假、福利待遇时，能够像在大多数企业中一样靠协商来达成各方满意的结果。工会将是社会组织从业人员维护自身利益，实现薪酬待遇提高目标的重要机构。

---

① 《广东工资集体协商建制率达66.14%》，《南方日报》，2012年9月18日。

目前，许多基层社会组织对外联络能力相对薄弱，不利于其能力的增强。在建立工会后，社会企业在与企业或政府机构等联系时会更加方便，从而加快合作进度，更有效保障社会服务的提供。在社会组织发展的过程中，工会能起到桥梁作用，帮助社会组织更有效地参与社会管理。

四　小结

2012年，公益组织的发展大体有两条主线。从组织本身来说，改革给政府背景公益机构带来了新的活力，基金会数量的勃兴则代表着我国公益机构规模新的成长。从行业环境来说，支持性平台和机构的出现让公益事业的开展有了更多捷径。

2012年，公益机构在数量与质量上都有所进步。为公益事业提供资金款项支持，堪称公益生命线的基金会，在2012年迎来了里程碑式的时刻：整体数量已逼近3000家大关，14个省份出现了两位数的增长量。随着登记制度的放宽，还首度出现了在县级民政部门登记注册的基金会。而以中国红十字会为代表的有政府背景的公益机构在经历了2011年的公信力危机之后，开始积极通过组织构架、人事任免、外部监督等方面的改革来寻求组织自身的形象改善和效率提升，目前来看已有初步成果。

与此同时，这一年里行业环境也得到了优化，公益组织有了更好的发展土壤和交流平台。7~8月间先后举办的深圳慈展会和黄河善谷慈博会，为全国的公益组织建立了大型的公益慈善资源对接平台，帮助他们寻找到了资金来源、项目合作对象等宝贵资源，更重要的是使公益组织眼界得到了开拓，明白了寻求外部合作的必要性。而无论是地方的央企社会责任指导委员会，还是地方的广东省社会组织工会工作委员会，都是政府管理公益事业的最新尝试。央企的社会责任意识由此得到进一步强化，将更多的资源投入公益慈善事业中；广东省的公益组织，则将在建立完善工会体系后获得更便捷地参与社会管理的渠道。

第四章
人才培养：多层次专业化体系建成

2012年，我国公益领域人才培养在政策环境、高等教育、专业培训和公众倡导领域均有突破，一个多层次的公益人才培养体系逐渐形成。

社会工作人才队伍建设确定了未来十年具体的任务与时间表。2012年4月，中央组织部等19个部门和群团组织联合发布了《社会工作专业人才队伍建设中长期规划（2011~2020年）》。这是中国第一个社会工作专业人才队伍建设中长期规划。

公益高等教育取得新进展。北京师范大学珠海分校发起的"公益慈善事业管理本科专业方向人才培养计划"，实现我国公益慈善专业本科教育零的突破。南京大学在硕博点上增设公益慈善学科，人民大学"百人计划"与北京师范大学四个专业方向的EMPA，推动中国公益慈善高等教育向前迈进一步。

中民慈善捐助信息中心启动"中国公益慈善人才培养计划"，支持公益慈善领军人物成长，探索公益慈善人才培养新模式。

北京师范大学中国公益研究院建立了中国第一家公益教育网站"公益网校"，为公众创建普惠型公益学习社区。

一 社会工作人才建设大发展，增进社会服务供给

2012年，《社会工作专业人才队伍建设中长期规划（2011~2020年）》发布，提出在未来十年建成一支145万人规模的社会工作人才队伍，以回应日益庞大的社会服务需求。按照规划的思路，全国多个省份制订了专门的社工人才建设规划，并纷纷投入社工人才培训。可以说，在社会需求的"拉动"与国家政策的"推动"下，社工人才培养在2012年进入了大发展时期。未来需要

继续扩大社工人才规模，并实现社工在公益慈善组织中就业，从而推动社工人才的培养与社会发展需求有效衔接。

（一）首个社工规划出台，明确社工人才建设任务与地位

2012 年 4 月，中央组织部、中央政法委、民政部、人力资源和社会保障部等 19 个部门和群团组织联合发布了《社会工作专业人才队伍建设中长期规划（2011～2020 年）》（下简称《社工规划》）。这是中国第一个社会工作专业人才队伍建设的中长期规划，也是继 2011 年《关于加强社会工作专业人才队伍建设的意见》后，我国在国家层面专门针对社会工作人才培养出台的纲领性文件。《社工规划》的出台，标志着我国社会工作人才培养步入体制建设阶段，社会工作人才迎来大发展契机。同时，《社工规划》明确了社会工作者作为我国社会服务主力的地位。

1. 我国社会工作人才队伍建设任务确定

《社工规划》从基本原则与战略目标、主要任务、体制与政策保障、十大工程和保障措施五大部分对未来十年我国社会工作人才培养进行了战略部署，从体制机制建设上对我国社会工作人才队伍建设提出明确的规定。

《社工规划》明确了我国社会工作专业人才队伍建设的总体目标："建立健全社会工作专业人才法规、政策和制度体系，造就一支结构合理、素质优良的社会工作专业人才队伍，使之适应构建社会主义和谐社会的要求，满足人民群众日益增长的社会服务需求。"并明确提出了我国社工人才队伍建设的时间表与目标规模：2015 年社会工作专业人才总量达到 50 万，2020 年达到 145 万。《社工规划》还从规模（不断壮大）、机构（不断优化）、能力（不断提升）、效能（不断加强）、环境（不断改善）这五个维度来确定社工人才队伍建设的具体目标。

《社工规划》确定了我国社工人才队伍建设以专业化、职业化为方向，以三类人才为重点对象。社会工作是一个以专业知识与技能为基础的社会服务职业，服务的质量取决于社会工作者的专业与职业规范。而当前，社会工作引入我国仅十几年，成为一项职业也是近几年的事，我国社会工作的职业化与专业化发展还相当不足。为此，《社工规划》确定社工的"专业化、职业化方向，

以职业能力建设为核心，强化社会工作专业人才价值伦理以及应用专业理论、知识、方法、技巧和职业技能提供社会服务、加强社会管理、解决社会问题的能力"。社会工作服务的开展和服务人才的培养，依赖于良好的社会工作管理体制与完善的社工教育研究体系。根据社工人才队伍建设的三个层次，《社工规划》将社会工作服务人才、社会工作管理人才、社会工作教育与研究人才确立为我国未来社会工作人才培养的三类重点培养对象。

《社工规划》从管理、培养、评价、使用与激励五个方面确立了我国社会工作专业人才政策与机制建设内容。在管理机制方面，建立"坚持党管人才的原则，民政部具体负责、各行政部门配合、社会力量广泛参与"的工作格局。在培养方面，建立不同学历层次教育共同发展，专业培训和知识普及有机结合的社会工作专业人才培养政策。在评价方面，制订社工人才能力标准及评价、鉴定办法，制订职业道德标准，形成由品德、知识、能力、业绩等构成考核指标体系。在人才使用方面，健全社工岗位开发、使用和人才流动政策。在激励机制方面，健全社工人才薪酬机制，将吸收社工就业纳入公益组织评估指标等。

2. 社会工作者在社会服务中主体地位确立

当前，我国已经进入社会体制改革时期，解决经济发展催生的诸多社会问题，实现社会平稳转型与和谐发展已成为政府与社会共同的重要任务。直接面向公众的社会服务将是社会建设的核心内容，而这些社会服务迫切需要有一支职业队伍来承担。2006 年，中国共产党十六届六中全会《关于构建社会主义和谐社会若干重大问题的决定》提出"建设宏大的社会工作人才队伍"，欲将社会工作者打造为构建社会主义和谐社会的重要力量。从此，我国社工人才队伍建设的一系列政策陆续出台（见表 4 - 1）。2012《社工规划》再次确定了社工人才是"构建社会主义和谐社会、加强和创新社会管理不可或缺的重要力量"。

《社工规划》将"面向群众、服务基层"作为社会工作人才队伍建设的出发点，以满足公众需求为导向。同时，《社工规划》还指出了社会工作的就业领域为社会福利、社会救助、扶贫济困、慈善事业、社区建设、婚姻家庭、精神卫生、残障康复、教育辅导、就业援助、职工帮扶、犯罪预防、禁毒戒毒、矫治帮扶、人口计生、应急处置、群众文化等，服务领域广泛，覆盖社会的方方面面。这些都确定了社会工作者为社会服务主要执行者的角色。

表 4-1 我国社工人才队伍建设政策一览

时间	政策名称	内容	颁布部门
2006 年	《关于构建社会主义和谐社会若干重大问题的决定》	建设宏大的社会工作人才队伍,造就一支结构合理、素质优良的社会工作人才队伍,是构建社会主义和谐社会的迫切需要。	中国共产党十六届六中全会
2006 年	《社会工作者职业水平评价暂行规定》	规定了社会工作师职业评价级别,考试与资格认证,义务与职业能力。	民政部
2009 年	《关于印发社会工作者继续教育办法的通知》	明确社会工作者继续教育内容、形式,继续教育机构的条件。	民政部
2010 年	《国家中长期人才发展规划纲要(2010~2020 年)》	明确把社会工作人才队伍建设纳入国家中长期人才发展规划。	中共中央、国务院
2011 年	《关于加强社会工作专业人才队伍建设的意见》	进一步明确了"党委政府统一领导、组织部门牵头抓总、民政部门具体负责、有关部门密切配合、社会力量广泛参与"的社会工作专业人才队伍建设工作格局。	中央组织部、民政部等 18 部委
2012 年	《社会工作专业人才队伍建设中长期规划(2011~2020 年)》	确定我国社会工作人才队伍建设的整体目标与任务。	中央组织部、民政部等 19 个部门与群团组织
2012 年	《关于政府购买社会工作服务的指导意见》	明确政府购买社会工作服务的主体、对象、范围、程序与监督办法。	民政部、财政部
2012 年	《民政部办公厅关于开展 2012 年度福利彩票公益金社会工作培训项目的通知》	以 1000 万民政部本级彩票公益金对社工人才进行培训。	民政部办公厅
2012 年	"关于印发〈边远贫困地区、边疆民族地区和革命老区人才支持计划社会工作专业人才专项计划实施方案〉的通知"	引导社会工作专业人才到"三区"服务,明确选派的原则、项目支持范围与内容、组织管理与工作程序。	中央组织部、民政部等 6 个部门
2013 年	《社会工作者职业道德指引》	明确社会工作者的应具有的专业价值理念、职业道德、专业服务规范与职责。	民政部

为落实《社工规划》提出的社会工作人才队伍建设任务,政府部门建立对社会工作人才培养的资金支持机制。2012 年,民政部办公厅发出《关于开展 2012 年度福利彩票公益金社会工作培训项目的通知》,划拨 1000 万民政部本级彩票公益金,举办 48 期社会工作培训班,面向助理社工师、社工师、社工督导、社工教员等不同层级社工服务与教育人才提供培训。2012 年 6 月,中国社会工作协会与香港社会服务发展研究中心签署社会工作人才培训合作协议,计划在四年内,借助香港大学社会工作与社会行政系等社会工作专业培训

资源优势，为内地培训 400 名社会服务人才，提升内地社会工作专业人员的能力素质与职业水平。

（二）各地加快社工人才培养步伐

社会工作人才队伍建设被提上中央政府的议事日程，相应地，地方政府也将社会工作人才培养作为一项重要的工程。据统计，全国有 12 个省、自治区、直辖市发布了专门的"社会工作专业人才队伍建设发展规划"，确定了未来五到十年的社会工作人才培养的工作目标与任务。还有部分市级政府制定了"社会工作专业人才队伍建设发展规划"。有 13 个省、自治区、直辖市虽没有发布专门的社工人才发展规划，但将社工人才的培养纳入到该地区的人才发展中长期规划之中，将社会工作人才作为推动经济社会健康发展所重点培养的六类人才之一。

2012 年，全国各地按照社会工作人才队伍建设发展规划的目标，开始紧锣密鼓地投入到社会工作人才培训中（见表 4 - 2）。珠三角城市、上海等地区社会工作发展处于全国前端，在社工职业发展良好基础上，这些地区社会工作人才培养的步伐更快，政策更为宽松、方式更为创新。

表 4 - 2　各省社工人才培养政策与实践进展

省份	政策	培养进展
黑龙江	《黑龙江省社会工作人才队伍建设规划（2012～2020）》	建立社工培训基地，确定黑龙江省孤儿职业技术学校为首批省级社工培训基地
吉林	《吉林省社会工作人才发展规划（2011～2015 年）》	开展"万名社会工作人员培养计划"，将社工的聘用纳入吉林省"公益性岗位"开发计划，到 2015 年社工增至 6 万人
北京	《首都中长期社会工作专业人才发展规划纲要（2011～2020 年）》	2012 年起，每年培养 2 万名社工
天津	—	探索试行"51131"人才工程建设，3～5 年培养上万名优秀社工
河北	《河北省民政事业发展"十二五"规划》	成立社会工作促进会
河南	《河南省社会工作专业人才队伍建设中长期规划（2011～2020 年）》	开展 2012 年河南省社会工作师培训班，80 位社工师接受培训
陕西	《陕西省社会工作专业人才队伍建设中长期规划（2011～2020 年）》	民政部培训中心、中国社会工作协会社会工作师委员会和陕西省民政厅联合主办"2012 年社会工作培训班"

续表

省份	政策	培养进展
新疆	《新疆社会工作人才队伍建设中长期发展规划》	启动"社会工作服务新疆社会管理创新项目——新疆民政地区社工服务示范站建设项目",首批设立7个社会工作示范站,计划2020年建成100个社会工作示范站,培训5.7万名专兼职社工
甘肃	《甘肃省社会工作专业人才队伍建设中长期规划(2012～2020年)》	—
上海	《上海市"十二五"社会工作人才队伍发展规划》	启动"专业社会工作高级人才培养计划"
安徽	《安徽省"十二五"社会工作专业人才队伍建设规划》	3年内增加1万名社工,社工人才培训将纳入财政预算
广东	1. 社工人才建设经费纳入同级财政预算 2.《珠海市社会工作促进办法》 3.《广州市社会工作人才培养项目实施办法(征求意见稿)》 4.《广州市社会工作人才培养项目专项经费管理办法(征求意见稿)》 5.《广州市民办社会服务机构公共财政基本支持实施办法(试行)》 6.《深圳市社会工作发展"十二五"规划》 7.《关于加强社会工作人才队伍建设的实施意见》 8.《中山市社工机构财务管理制度(草稿)》 9.《佛山市加快推进社会工作人才队伍建设的实施意见》及其五项配套文件	成立广东省社会工作与志愿者合作促进会
广西	《广西壮族自治区贯彻落实〈关于加强社会工作专业人才队伍建设的意见〉实施方案》	—
福建	《关于加强社会工作专业人才队伍建设的实施意见》	计划到2015年培养1.5万专业社工
海南	《海南省社会工作人才队伍建设中长期规划(2011～2020年)》	在琼州学院建立社会工作人才培训基地
四川	1.《成都市社会工作专业人才中长期发展规划(2012～2020年)》, 2."1+5"文件:《资阳市社会工作人才队伍建设中长期规划(2011～2020年)》《资阳市社会工作者职业水平评价实施方案(试行)》《资阳市社会工作专业岗位设置方案(试行)》《资阳市社会工作专业技术职位设置及薪酬待遇方案(试行)》《资阳市"社会工作人才+志愿者"联动工作实施方案(试行)》	2012年四川省助理社会工作师培训班;成都:2020年,使社工人才增至2万人;资阳:2020年,使社工人才达到4000人

续表

省份	政策	培养进展
云南	《云南省社会工作专业人才队伍建设中长期规划(2011~2020年)》	—
重庆	《重庆市社会工作人才队伍建设中长期规划(2010~2020年)》	开展"万名社工专才培养计划"；到2020年，重庆市社工人才总量增加到13.3万人，其中，社会工作专业人才2.7万人；专业人才包括：社会领军型人才50人，高层次社工人才1000人，社工骨干人才3000人，社工管理人才3000人，基础性社工服务专才20000人

1. 广东：社工人才建设经费纳入财政预算

广东毗邻社会工作发展成熟的香港，是我国社会工作人才教育和社会工作参与社会服务的先锋。2012年，广东有民办社工机构290家，为全国民办社工机构最多的省份。广东省力图将社会工作打造成为社会服务的载体，因此各级政府在政策、资金方面对于社会工作人才培养及服务的开展都予以大力支持。2012年，珠三角各市政府共购买社会工作服务5.7亿元。

社工人才建设经费纳入同级财政预算，完善社工人才建设资金支持体系。2012年2月的广东省社会工作专业人才队伍建设工作会议决定，广东省各级财政部门将把本级政府应负担的社工专业人才队伍建设经费纳入同级财政预算。同时，还将扩大社会融资渠道，按照实际需要保障社会建设的资金投入。省市县各级要全面推广政府购买社工服务机制，制订并公布年度购买社工服务和管理的事项目录。

珠海出台社工法规，为社工人才建设提供法律保障。2013年1月，珠海市政府常务会议审议通过《珠海市社会工作促进办法》（简称《促进办法》），这是广东省首部以政府规章形式出现的社会工作管理办法。在社工人才培养方面，《促进办法》对社工培养、选拔使用、薪酬待遇、激励机制、职业晋升、专业社工培训和社工知识普及等内容进行了规定，不断提升社工职业化与专业化水平。在配套政策方面，《促进办法》还规定，形成将购买社工服务纳入各级政府财政预算，市政府安排不低于10%的福利彩票公益金的专项补助、社会捐赠多元化资金渠道，形成以购买服务项目为主、购买服务岗位为辅的购买模式。当前我国关于社工人才队伍建设的政策多以政府文件形式出台，法规与规章还存在空白。《促进办法》开创了我国地方政府制订社会工作人才培养法规先例，为其他地区及全国社会工作人才培养法规的出台提供了借鉴，为社会工作人才培养与社会工作人才参与社会服务创造更为积极的社会环境。

2. 上海：培养高级社工专业人才

上海是我国社会工作职业化发展的先行地区。2012 年，上海有从事社工服务的社会组织 115 家，具职业资质的社会工作者有 1.4 万人。但同期上海人口为 2380.43 万，相当于每 1700 人中才有 1 位具有职业资质的社工。社工人才紧缺，无法有效回应社会服务的需求。为解决社工人才匮乏问题，2012 年 11 月，上海启动第一期"专业社会工作高级人才培养计划"，以培养一支综合高级实务社工人才队伍。计划由上海民政局主办，由上海市社会工作协会承办。

计划在人才培养的目标、培养对象及培养模式上面均有创新。

培养计划列出了高级社工人才所应具备的特质：知识技能、创新思维、环境适应、资源整合和领导艺术，并以提升社工这五大能力，促进社工专业化职业化发展为计划的目标（见图 4 - 1）。

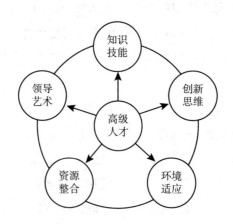

图 4 - 1　社工高级人才特质

资料来源："上海市专业社会工作高级人才培养计划"第一期介绍，http://www.shsw. cn/ssw/site/Training. html，最后访问时间：2013 年 3 月 10 日。

从培养对象来看，该计划以三类社工实务人才为培训对象，以形成社工职业梯队，优化上海社工人才结构，更加有效地开展社会服务，回应社会需求。这三类培训对象是：社工服务人才、督导（业务管理人才）和机构管理人才（见图4－2）。

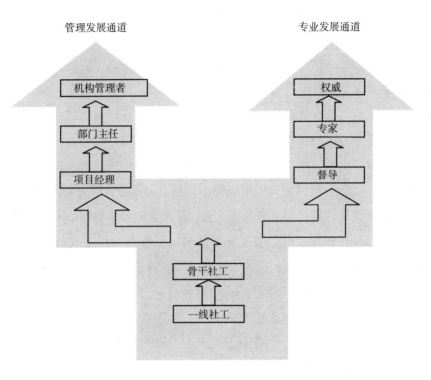

图4－2 社工高级人才职业发展路径

资料来源："上海市专业社会工作高级人才培养计划"第一期介绍，http：//www.shsw.cn/ssw/site/Training.html，最后访问时间：2013年3月10日。

在培养方式上，该计划采用学时制管理和资格认证。学员在三年内需修满200学时。学习形式多元化，整个培养过程将采用"理论学习＋实践＋交流"模式，以专题讲座、实战训练、咨询辅导、工作坊、分享成长、出访交流等形式开展。与此同时，计划将采取严格的评估，只有通过每年评估的学员才能获得认证书。为激励参加计划的社工和吸引更多的社工加入培养计划，计划对某些课程免费，对另一些课程实行收费，并在学员通过考核后以奖学金形式予以返还，实际上是免费培养。

上海首期"专业社会工作高级人才培养计划",共有来自上海全市多家社工机构的 55 名社工入选,入选比例为 6∶1。

(三)社工人才培养需扩大规模与优化就业

1. 社工人才培养亟待扩大规模以满足社会服务需求

改革开放 35 年来,我国经济取得瞩目成就,已成为世界第二大经济体。但改革带来的社会结构与社会利益格局剧烈变化,催生出诸多社会问题与社会矛盾,如老龄化日益严重、贫富差距扩大、流动人口剧增、失业率提升等。如果这些问题没有得到有效解决,社会平稳转型与和谐发展将无从谈起。加强以社会服务为重要内容的公共服务,是有效解决社会问题、化解社会矛盾、促进社会发展的必要之举。所幸,这点已为政府所认知,中央政府在国民经济和社会发展第"十二五"规划纲要中明确提出"推进基本公共服务均等化"。

家庭的小型化、居住环境的变化,使得原来家庭与亲属网络所承担的照料与支持功能向社会外移,单位制瓦解也使国家退出了对社会成员的全方位保障,在养老护理、儿童照料、残疾人康复、社区矫正等领域将派生出大量的社会服务需求。这些社会服务需求,迫切需要有一支职业化队伍来承载。但当前,我国社会服务的队伍建设还严重不足。伴随老龄化脚步的加快,到 2020 年,我国将产生 710 万养老护理的潜在需求,而当前我国养老护理员队伍仅100 万人,其中具有专业资质的不足 5%①。

近年来,政府着力推进建设一支规模宏大、专业精良的社会工作人才队伍,将社会工作者作为未来社会服务的主要承担者进行打造。《社工规划》提出到 2015 年社会工作专业人才总量达到 50 万,2020 年达到 145 万。而当前,我国社会工作专业人员有 30 万人②,其中,持证专业社会工作者仅为54176 名(其中包括 13421 名社会工作师和 40755 名助理社会工作师)③。按

---

① 李兵、张凯悌、何珊珊主编《社会服务》,知识产权出版社,2011,第 132、135 页。
② 中国专业社工已超 30 万将建薪酬保障激励制;资料来源:中国新闻网,http://www.chinanews.com/gn/2013/03-13/4639444.shtml,最后访问时间:2013 年 3 月 13 日。
③ 中华人民共和国民政部编《2012 民政统计年鉴(中国社会服务统计资料)》,中国统计出版社,2012,第 176~177 页。

《社工规划》标准，当前我国社工缺口115万，若按美国每500个人配备一名社工的标准，我国的社工缺口是230万。因此，我国社会工作人才数量、专业程度远远无法满足社会需求，社会工作人才培养任务还很艰巨。

2. 社工就业需实现与公益慈善有效对接

社会服务的内容庞大复杂，政府将无法一己承担，需要由社会力量来协助完成。公益组织是承担其大量社会服务的重要力量，因此，社会服务人才未来将是公益组织的重要工作人员。《社工规划》提出要坚持"党政主导、社会运作"的原则，"要培育民办社会工作服务机构，发展社会工作行业自治组织，促进社会工作服务主体多元化发展"，为社工人才培养与公益慈善结合提供了政策依据。

但当前的社会工作者很多就业于政府基层组织及全国的1000家民办社工机构，而绝大部分的公益组织吸纳的社工人才规模极小。社会工作者与公益组织成为两条平行线。同时由于社会工作者人才就业机制存在的薪酬低、发展空间小等问题，导致目前大部分社会工作人才流失到其他行业，没有实现社会服务人才供求的平衡。

二 公益高等教育体系渐完善，各级学位教育现突破

2012年，中国公益高等教育在体系建设上又向前迈进一步。北京师范大学珠海分校在现有大三学生中招收公益慈善管理专业方向学生，弥补了我国本科阶段公益慈善专业教育的空白。在全日制研究生教育阶段，南京大学在硕博点增设公益慈善学科，打破仅有两家高校开设公益慈善相关专业的格局。在MPA教育方面，人民大学联合美国高校发起"百人计划"，培养兼具国际视野的青年领袖，国内首个公益慈善专业EMPA——北京师范大学双证非全日制公共管理硕士高级班（EMPA）正式开始教学，进一步扩大了我国公益慈善MPA教育规模。

（一）公益慈善本科教育零突破

2012年，北京师范大学珠海分校的"公益慈善事业管理本科专业方向

人才培养计划"，使中国公益慈善本科教育取得跨越性的发展，专业方向建设实现零的突破。2012 年 5 月 22 日，北京师范大学珠海分校与上海宋庆龄基金会、基金会中心网联合成立了宋庆龄公益慈善教育中心，发起"公益慈善事业管理本科专业方向人才培养计划"，旨在为公益事业的快速发展培养对口与专业化的人才。9 月，第一批学生通过筛选进入公益慈善专业学习。

该计划的特点如下。

1. 跨专业培养复合型人才。该计划没有设置单独的公益慈善管理专业学科，而是面向学校既有专业的大三学生招生，学生所属原专业不变。选读公益慈善管理专业的学生，可结合自己的原专业方向专攻更为聚焦的公益慈善专业模块。公益慈善专业模块课程包括组织管理、策划与营销、财务管理、宣传推广。"原专业＋公益慈善专业模块"的格局可能会是：公共管理＋公益慈善事业管理、市场营销＋慈善推广、会计学＋慈善财务管理、教育学、心理学＋慈善宣传与专业服务等。这种培育方式实际上培养的是一种复合型人才，不仅让学生的原专业课程学习更有针对性与应用性，而且培养的是更适合公益慈善行业发展需求的人才，缩短了公益组织对新员工的培养期。

2. 培养实践型人才。在课程内容上，以实务课程、实践教学、专业综合实习等实践性课程为主，总学分拟定为 45 个学分。课程实践学分占本专业总学分比例不低于 60%，如部分课程采取与义工活动相结合、到公益慈善机构和企业社会责任部门顶岗实操、小学期到国外专题游学等形式进行。在教师构成上，主要是聘请公益界专业人员担任教学，实行实务课程导师制。

3. 需求导向型订单式培养。该计划依托基金会中心网，面向国内有影响力的基金会和社会企业，根据他们对人才的实际需求，初步筛选符合基金会与社会企业满意的学生，然后再对学生开展有针对性的培养。就如同公益组织下订单，定制需要的员工类型，学校按订单要求"生产"学生。这种模式使得教学目标更为直接、明确，也能大大减少公益组织招聘与培训人才的时间与资金成本。

北师大珠海分校的"公益慈善事业管理本科专业方向人才培养计划"，在当前中国还尚未将慈善设置为本科教育中的一个独立学科专业的情况下，以一种创新的方式，在现有专业设置架构中，跨专业培养慈善专业人才，在中国公益慈善高等教育历史上具有里程碑意义。该计划开展高校与公益组织和国际高校的跨界合作，以公益组织的现实需求为导向，以订单培养方式着力培养实践型人才，是一个务实的人才培养模式。

此外，从 2012 年起，南京大学在社会工作本科专业中引入公益慈善课程。北京大学经济学院与友成大学"创业咖啡"项目合作，将"社会企业家培育与创业的理论与实践"课程纳入北京大学本科生全校通选课，在学生中普及社会企业及创业的理念和基础知识，同时与全国的高校合作开设社会创业课的远程班，通过网络技术将北京大学的教育资源进行社会分享。该课程于 2012 年 9 月 10 日开课，共 30 学时，覆盖全国 57 个远程授课点的近 3000 名师生，这些远程授课点包括全国 18 个省（自治区、直辖市）的高校、孵化器和基层学习小组，其中约 30 所高校将其列入本校学分课程。

（二）南京大学硕博点增设公益慈善方向

我国全日制硕士生和博士生非营利专业在 2009 年开始正式招生。几年来，仅有清华大学与北京师范大学两所高校开设相关的专业。2012 年，南京大学河仁社会慈善学院在社会学、社会工作硕士与博士点下增设公益慈善研究学科，开始实行比较系统的非营利专业教育，在地域上平衡了中国南北公益慈善高等人才培养格局。

河仁慈善学院是由慈善家曹德旺先生捐资 2000 万元，与南京大学共建的公益慈善人才培养机构。河仁慈善学院依托南京大学社会学院的师资力量，开展公益慈善的理论研究、人才培养、政策咨询、项目决策与评估、国际交流与理念传播等工作，以促进与推动中国公益慈善事业的发展。这是中国慈善家直接参与公益慈善高级人才培养的开端，也是慈善基金会与高校在公益慈善人才培养方面的再度联手。

（三）MPA 教育培植公益领袖

当前，NGO 或非营利组织专业学位与相关课程主要放在 MPA 教育中，根据我们对国内60所211、985工程大学的考察发现，在全日制硕士、博士或MPA教育中开设NGO或非营利组织专业学科的院校仅10所，另有20所院校开设相关专业课程（包括专业课与选修课），二者占全部学校的50%（参见表4-3）。

表4-3 高校公益教育专业方向设置

NO	专业方向	具体方向	学校
1	公益事业	公益事业（MPA）	清华大学
		公益发展方向（MPA-E）☆	北京师范大学
		非营利与公共事业管理（MPA）	北京大学
		公益慈善研究方向（博士、硕士）*	南京大学
2	非营利组织管理	非政府公共组织管理（MPA）	北京大学
		非营利组织管理（博士）	北京师范大学
		非政府公共部门管理（MPA）	北京航空航天大学
		非营利管理双学位（MPA）*	中国人民大学
		非营利组织与社会管理（MPA）	北京科技大学
		非营利组织管理（MPA）	湖南大学
		非政府组织与公共事业管理（MPA）	中南大学
		非政府部门管理（MPA）	华北电力大学
3	基金会管理	基金会与社会服务机构管理（MPA）	北京师范大学
		公益基金会高级管理（MPA）	中国人民大学
4	社会创新与企业社会责任	社会创新与企业社会责任（MPA-E）☆	北京师范大学
5	公民社会	公民社会与治理（博士、硕士）	清华大学
6	彩票事业管理	公共管理（MPA-E）☆	北京师范大学
7	社会医学与公共卫生事业管理	公共管理（MPA-E）☆	北京师范大学

注：*为2012年公益高等教育新设立并开始招生的专业学位方向；☆为2012年开始教学的专业学位方向。

公益事业的专业化与资源跨界流动的增强，对公益人才学识的广泛性、能力的全面性提出更高要求。高端的公益人才必须能将商业领域、政府部门、学界的知识与公益行业发展融会贯通、跨界整合，人才在这些领域的自由流动也才能为公益事业的发展带来动力。因此，复合型、跨界型的高端人才必然成为未来公益慈善人才培养的重要对象。2012年，人民大学发起的"百人计划"

以及北京师范大学首届双证非全日制公共管理硕士高级班（EMPA）便着力于公益高端人才的培养。

2012年，中国人民大学非营利组织研究所联合友成企业家扶贫基金会、基金会中心网，依托中国人民大学及美国圣母大学师资，发起公益高级人才培养"百人计划"，计划在五年内，培养100名非营利管理双学位在职硕士。"百人计划"2013年首期招生工作已经开始，计划招生25名。

"百人计划"培训体系包括课程学习、实习、职业规划与学员交流四大部分（见图4-3），注重学生课程学习与实践的结合，为学生建立一个完整的公益专业学习与职业支持体系。

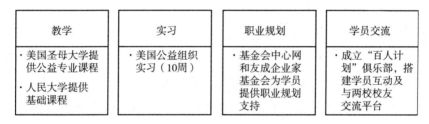

图4-3　"百人计划"培训体系

"百人计划"将采用国际化教育方式，由人民大学与美国圣母大学合作开展。学生将在美国圣母大学完成专业课程的学习，借助美国高校的师资、教材、案例、教学方式，保证学生接受到最前沿的非营利组织教育；剩下的公共管理类基础课程将在人民大学完成（见表4-4）。

表4-4　"百人计划"课程体系

课程体系	学分（分）	学时（周）	课程
美国圣母大学公益专业课程	21	14	理事会关系、非营利组织营销、NGO领导力、非营利组织会计、非营利组织人力资源管理、非营利组织财务管理、伦理学、非营利政策及规划
美国公益组织实习	3	10	实习组织:United Way, US Foundation Center Cooperating Collections, The Alliance for Children and Families, Catholic Charities USA, Catholic Relief Services, Volunteers of America, etc.
中国人民大学基础课程	19		社会主义建设理论与实践、经济学、管理学、政治学、公共管理、公共政策分析、公共财政、宪法与行政法、外语、社会科学研究方法、研究设计与数据分析、演讲、沟通与谈判、公文写作

为更有效地转化与运用课程知识，"百人计划"还为学生提供在美国知名公益组织为期10周的实习，了解美国公益组织的运作经验，增加实践经验，拓展视野。

"百人计划"对公益青年领袖的培养，延伸至人才培养的下游，将学生的学习与个人职业发展结合起来，为学生建立职业支持。基金会中心网、友成企业家扶贫基金会等将对"百人计划"毕业生开展职业发展规划支持。这样，既尊重公益人才的个人发展，也让整个项目更好地达成其目标。同时，友成企业家扶贫基金会、中国青少年发展基金会还向学生提供奖学金支持。首期，友成企业家扶贫基金会为"百人计划"提供100万元奖学金，用于资助部分双学位项目学生的学费、生活费。

此外，"百人计划"还将建立学生互动的俱乐部，增强学生间的交流，并同人民大学公共管理学院的校友、美国圣母大学商学院的校友会整合在一起。

2012年9月，国内首个公益慈善专业EMPA——北京师范大学双证非全日制公共管理硕士高级班（EMPA）正式开始教学。该EMPA项目设置公益发展、社会创新与企业社会责任、彩票事业管理、社会医学与公共卫生事业管理四个专业方向。北师大EMPA公益专业的开设，提升了整个公益领域教育层次。企业社会责任、彩票事业管理、社会医学与公共卫生事业管理专业的开设，弥补了当前这些领域人才培训的空白。

三 公益培训稳步推进与格局优化

根据我们对2012～2013年114项公益人才培训活动的分析发现，我国公益培训涉及多个领域，但仍然以组织专业能力提升为核心。在重视提升公益组织从业者普遍专业素质的同时，培训逐渐关注青年领袖的培养，建立公益组织管理层的后备军，促进行业的持续发展。在公益事业迅速发展及公益全球化背景下，公益组织、企业、政府、媒体、学者等多方力量合作开办培训或参与跨界讨论，同时一些培训通过吸纳国际经验，培养具有国际化视野人才。公益培训"公益慈善先行、从发达地区向全国辐射"的趋势正变得更为明显，西部地区的培训体系逐渐形成。

（一）培训内容：以加强组织能力建设为导向

从培训主题所涉及的领域看，2012 年公益培训主要涵盖公益组织能力建设、社会创新、社会企业、社会工作、社区建设与治理、志愿服务、环保、儿童、性别、青年、医疗、残障等领域。据不完全统计，其中以提升公益组织管理者与普通从业者能力的公益组织能力建设培训为 71 项，约占全部培训活动的 62%，比其他主题的培训总和多出 28 项（见图 4 - 4）。由此可以发现，2012 年中国公益行业在职人才培养仍然以公益组织综合能力提升和形成专业化运作模式为主要目标，反映出中国公益行业仍处于规范组织管理、组织专业化发展的初级阶段。

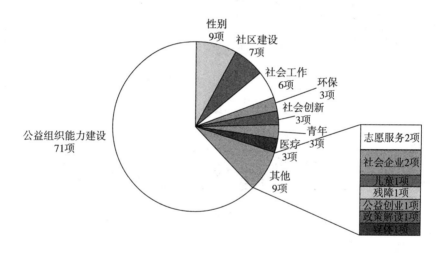

图 4 - 4   2012 ~ 2013 年公益行业培训的领域分布

2012 年，行业培训机构、研究机构等针对公益组织不同方面的需求，开展了 50 项专题性的能力建设培训。根据我们对公益组织能力建设培训的专题分析，公益组织能力建设内容可以概括为三类：一是内部管理能力；二是外部资源开拓能力与传播能力；三是创新能力（参见表 4 - 5）。

在内部管理能力建设的培训中，以财务管理（9 次）、领导力（9 次）、项目设计与管理（5 次）、传播策略（5 次）为主题的专项培训最多（见图 4 - 5）。这反映出随着公益事业的发展，对公益组织规范运作提出了更高的要求，

表 4 - 5 公益组织能力建设内容

单位：次

No	培训类别	培训内容	培训活动数量
1	内部管理能力建设	战略管理	2
		项目设计与项目管理（包括政府购买的项目设计项目执行）	5
		财务管理（财务与审计）	9
		志愿者管理（与志愿者协作）	1
		自我评估	1
		信息披露	1
		领导力	9
		法律能力	2
		协作能力	1
	小计		31
2	外部资源开拓能力与传播能力建设	筹资与资源发展能力	4
		传播策略	5
		沟通能力	1
		对外合作关系（与企业、与政府）	1
		倡导能力	2
	小计		13
3	创新能力建设	信息化、电脑技能、媒体技术等的技术能力	4
		社会创新能力	2
	小计		6
4	综合能力建设	以上各种能力综合培训	21
	总　计		71

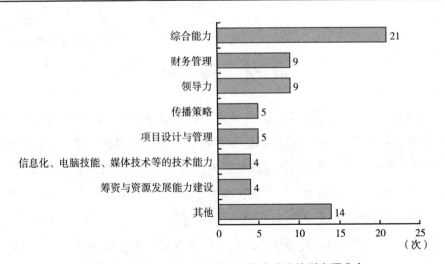

图 4 - 5 2012～2013 年公益组织能力建设培训主题分布

而资金使用的规范管理是公益界认为迫切需要提升的，它是赢得社会公信力的关键。领导力建设培训的重点在于公益组织管理层的决策、激励、管理能力提升，通过管理者个人能力的加强来带动整个组织的发展，培训也逐渐关注普通公益组织从业者的领导能力。项目设计与管理涉及的培训内容包括了项目目标设定、规划设计、项目书撰写、过程评估。鉴于越来越多的地方开始实施政府购买公益组织服务，一些孵化及培训机构充当公益组织能力培养及公益组织与政府间沟通的桥梁，促进公益组织与社会服务需求的对接。2012 年，恩派对北京市公益组织开展《政府购买社会组织服务项目书撰写与执行要点辅导》培训，以帮助更多的公益组织成功申请政府购买的服务项目。上海映绿公益事业发展中心则针对在浦东新区社会公益招标项目实施过程中存在的问题，开展非常具体的资料收集与归档及有效沟通等主题的培训，以巩固项目成效。

在社会化媒体时代，信息核聚变式传递，对公益组织的传播策略、与媒体沟通能力和危机处理能力提出新考验。中华少年儿童慈善救助基金会"小数点"事件暴露出公益组织普遍存在的危机处理意识与能力薄弱。在这种背景下，以培训方式来提升公益组织的传播能力、搭建公益组织与媒体互动的平台，十分应景。2012 年，有 5 项公益培训是针对提升公益组织传播能力展开的。如中国国际民间组织合作促进会为江苏公益组织开展的"NGO 媒体技能培训"，通过让公益组织学习新闻媒体知识，掌握与媒体沟通技巧，提高运作媒体传播的能力。而中国公益研究院举办的四期"公益组织战略传播"高级研修课程，在组织传播战略、媒体管理技巧、舆论危机处理和公益项目营销四个课程模块上，结合对行业热点事件的深度剖析，帮助公益组织掌握专业化沟通传播工具与技巧，建立战略传播体系和制度，加强品牌管理建设，提升危机应对能力。

公益组织传播能力的提升，离不开对现代媒体技术的掌握。微博等新媒体技术的迅速普及，使公益组织认识到必须充分掌握和恰当使用这些技术，才能发挥其品牌与机构建设的助力功能。2012 年，中国公益行业开展了 4 次信息化与媒体技术等技术能力的建设培训，包括微博运营、影像视频制作、网站建设等内容。中国公益 2.0 的"草根 NGO 互联网研习班"在四川、湖南等地开展，帮助这些地区的公益组织掌握社会媒体传播、网上协作知识管理、网络营销、网络筹款、视频制作与宣传、电子简报、数据视觉化、云储存等方面的技术。

除了应公益组织管理者或从业人员的某一方面需求开展的专题性能力建设培训外，行业内还大量开展综合性培训，以促进公益组织乃至行业的整体能力建设。此类培训活动有 20 项。

（二）培训对象：着力挖掘青年公益领袖

从培训对象来看，在我们考察的 114 项公益培训中，有 54 项公益培训是面向 NGO 从业者的，包括向组织的财务人员或项目官员等专门开展。这与培训主题以公益组织能力建设为主相吻合，表明 NGO 从业者为 2012 年公益培训最大的目标群体，也反映了公益行业发展，必须立足于从业者的专业水平与能力提升。同时，专门针对 NGO 领导人的培训共计 14 项，在所有培训对象中约占 12% 。

公益培训在培训在职从业者的同时，也着力培养未来的从业者，在培训 NGO 现任管理者的同时，也在挖掘一批潜力领袖。114 项公益培训中的 14 项面向青年人，他们主要是高校学生，尤其是高校的公益积极分子、性别平等倡导者、志愿者骨干等青年领袖。在 14 项针对 NGO 领导人培训中，有 2 项是面向 NGO 中层管理者与 NGO 潜力领导者的（见图 4 - 6）。这些培训不仅为公益行业储备人才，同时也将有助于在高校中传播公益行业知识，有助于公益参与社会氛围的营造。

2012 年公益青年领袖培养的一个亮点项目是 "中国公益慈善人才培养计划"。该人才培养项目由民政部指导，中民慈善捐助信息中心和安利公益基金会联合发起。项目为期三年，安利公益基金会出资 1000 万元，由中民慈善捐助信息中心整合公益行业实践与学术资源，通过实战培训、专家指导、机构资助、海外考察交流、专业论坛与行业课题研究等形式，满足公益慈善人才需求，维护公益慈善领军人物成长，探索公益慈善人才培养新模式①。

---

① 中国公益慈善人才培养计划介绍，http：//www. donation. gov. cn/fsm/sites/charityleader/preview1. jsp？ColumnID = 821&TID = 20121206104826985467385，最后访问时间：2013 年 3 月 11 日。

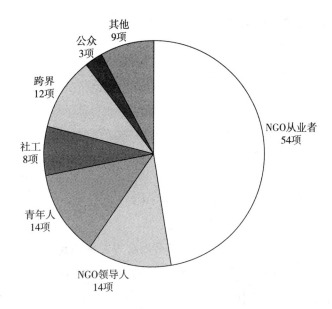

图4－6　2012年公益培训对象分布

　　"中国公益慈善人才培养计划"是一个青年领袖培训和机构支持兼顾，以项目申请为准入门槛的人才培养项目（其流程见图4－7）。

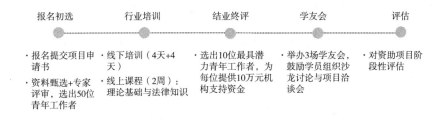

图4－7　中国公益慈善人才培养计划流程

　　从培养对象与筛选机制上看，培训将目标群体锁定为具备公益行业从业经验和项目设计与执行能力的公益慈善青年领袖。具体地，培养计划面向的是具有3年以上公益实践经验和3人以上执行团队的公益慈善青年领导者。报名者需要提交一份公益项目申请书，项目申请书将会作为培养计划准入评估的主要依据。每年将有50名公益慈善青年入选培养计划。

　　培训并非单纯针对学员个人，也将会着力于学员所在机构的建设。入选培训的学员将接受为期 1 个月的培训，包括开训前后各 4 天的课堂培训与 2 周的理论基础与法律知识线上培训。培养计划将会选出 10 位最具潜力青年工作者，拨付每人 10 万元的机构发展金，用于其所在机构的项目探索、研发及内部建设等。

（三）培训主体：跨界别、国际化培养机制建立

在以公益组织为主要培训主体的国内培训主流中，中国公益行业培训逐渐走出行业圈子，走出国界，跨界合作与跨国学习成为培训的一个重要模式。在战略传播与媒体参与、企业参与、社会创新、社会企业等方面，不仅由公益组织同媒体、企业、政府等合作举办，还采用跨界对话或跨国经验分享的方式，将企业、国内公益组织、媒体、公益学者同时纳入公益组织发展这一场域，增进多方的互动，建立合作伙伴关系，不再是公益组织的自说自话（见图 4 - 8）。如商务社会责任国际协会（BSR）与英特尔公司"芯世界"公益创新计划开展的"企业 - NGO 合作伙伴关系"培训，使公益组织了解如何与企业合作，从而最大限度地获取资金和其他资源以实现自身使命。中国公益研究院开展了两期"公益慈善捐赠专题研修班"，邀请媒体从业者、基金会、企业公关传媒及企业社会责任（CSR）负责人参与，在系统解读慈善捐赠政策与现状、分析企业捐赠行为的基础上，搭建传媒与公益组织、公益学者、企业社会责任部门之间的互动交流平台。

公益全球化的到来，要求中国公益发展必须融入国际社会大环境中，因此，公益组织必须具备国际视野；同时，国际公益慈善行业的领先发展，为中国公益行业发展提供丰富的经验。基于这种共识，公益培训也逐渐纳入国际视野。2012 年，美国哈佛大学首次开设"哈佛公民与社会创新种子班"（SEED），招收对公民社会建设和公益创业表现强烈兴趣的在美中国留学生，通过系列公民社会理论课程、与社会组织领袖的实践经验聆听和对话及组织和领导训练等活动，在他们中间"倡导公民意识、社会责任和慈善、启发多元化的社会创新、塑造未来中国公民社会领袖的培训项目"。友成大学为哈佛大学在中国的合作机构，在北京开设 SEED 远程试验班，选拔在华学员，通过网络视频直播 SEED 班课程，在国内传播公民社会理念，同步培养公民社会领袖。

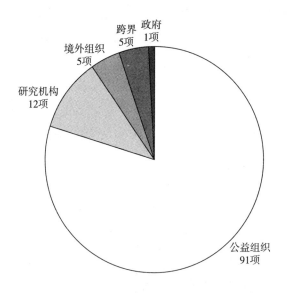

图4-8 2012公益培训主体分布

（四）培训地点：西部公益培训体系初步建立

从培训地点分布来看，2012年公益培训仍然保持着集中以"北上广"为中心城市的整体格局。114项培训活动中，在东部地区开展的共75项培训。但可以发现的是，随着我国公益事业发展的需要，中西部地区公益组织得以迅速发展，对于公益人才的需求大大提升。在中西部地区的培训有30项，在中西部地区均有开展的培训有6项（见图4-9）。公益培训在2011年呈现的"公益慈善先行、从发达地区向全国辐射"的趋势更为明显。汶川地震后，西南地区逐渐形成了一个以成都为中心的公益培训体系。公益组织在西北地区，同样正在形成以西安、银川为中心的培训体系。中国国际民间组织合作促进会在陕甘宁地区开展社会倡导工作技能和社会组织管理培训，在新疆开展领导能力与性别平等的培训。北京惠泽人向青甘宁三省公益组织开展"西北NGO能力建设项目"，不仅在能力建设、专业志愿者管理、跨界合作、领导人培养等方面对西北公益组织开展全面的培训，还协助西北民间公益组织搭建区域合作平台与资源共享网络，推动西北地区公益行业的整体前进。2012年在西北本土的公益组织陕西妇源汇性别发展培训中心（简称"妇源汇"），开展针对西北公益组织的机构开发、中层管理者领导力、财务管理、项目设计与管理、女性领导力等培训。同时，妇源汇还成立了西北公益组织学习网，为陕西、青海、宁夏和新疆四个省、自治区的316个公益组织，搭建区域学习网络与资源共享平台。妇源汇逐步成为西北地区的公益组织能力提升的培训机构与资源协调机构，发挥行业建设平台的功能。

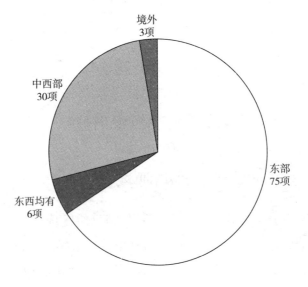

图4-9 公益培训地区分布

四 中国公益网校建立普惠型公益学习社区

公益慈善事业的现代化转型，需要快速实现公益慈善的专业化发展与公益知识在公众中的普及。但当前，我国公益高等教育及公益组织内开展的培训，基本是在面向高校学生与公益行业内人才，受益范围小，知识传播比较封闭，需要一种开放型、普惠型的公益知识生产与传播方式。为此，北京师范大学中国公益研究院联合其他热心公益慈善事业的企业和个人发起"公益网校"（www. gywx. org）。这是中国第一家公益教育网站。

网校以"一个平台、两个体系"为发展战略。"一个平台"指搭建面向全球开放的公益教育资源平台。"两个体系"指"课程体系"，让学生系统、便捷、全面学习公益慈善知识和技能；"证书体系"，多样化的证书和认证让每个学习者有机会获得专业认可，最终目标是加快公益行业职业化进程。

（一）全开放知识社区

公益网校是一个面向全社会的网站，准入门槛低。公益网校以公益慈善主题讲座视频为公开课主要呈现形式。任何进入网站的非注册学员，都可以观看网站共享的视频课程，浏览互动问答与材料及其他用户基本信息，并可按关键词检索信息。任何人也可以通过简单的注册程序提交注册成为网站学员。注册学员除拥有非注册学员的浏览权限外，还能进行提问与回答、上传视频、建立自己的学习库，以及参与对网站课程和资料的评价。这种全开放的知识社区将公益慈善课程的受众扩大到原来的数十倍以上，大大提升课程的社会价值，也为公众建立了一个便利有效的获取公益知识的资源平台。

（二）系统化教育学校

公益网校提供"两个体系"的系统化公益慈善教育，而不是简单的课程堆砌。

1. 建立价值观、知识和技能三大课程体系。公益网校以"传播公益理念，传递公益知识，推动行业专业化发展"为最终目标。因此，网校面向大众与行业从业者，开设人文社会通识与公益价值观课程，公益基础知识与公益专业知识课程，社会基础技能、非营利管理技能和社会服务技能课程（见图 4 - 10）。从而激发和培养公众的公益慈善意识与潜力，创新社会参与方式，推动行业的职业化、专业化发展。

2. 一站式学习。公益网校将以专题为单位，将公益行业的知识体系化。网校联合公益行业内某专题的专业权威机构，围绕这一专题制订课程框架，邀请行业权威进行授课，并录制成系列视频课程。学员通过该系列视频的学习，

公益常识	非营利管理	社会服务
·公益理念	·领导力	·防灾救灾
·企业CSR	·运营管理	·养老
·NGO	·战略规划	·早期教育
·基金会	·通用技能	·特殊教育
·捐赠	·项目管理	·儿童权利
·志愿者	·筹款	·社会工作基础
·行业概览	·财务	
·社会企业	·人力资源	
	·法律	
	·营销与品牌建设	
	·监督治理	

图 4 – 10　公益网校课程目录

即可基本掌握该专题的全部知识。如网校将开设"大学生公益"专题课程，它会在大学生公益理念培养、志愿服务、捐赠、参与公益活动、发起社团等涉及大学生公益意识培养与公益参与等方面开展系统化课程，为大学生公益参与提供一站式培训。

除了课程体系，网校还致力于打造公益认证体系。网校计划根据学员的学习程度，开辟三类认证：单项课程证书、专业能力认证和学历认证。网校通过认证制度提升学员的学习动力与效果。

（三）交互式学习平台

公益网校是一个交互学习平台，学员采用"参与和共享"方式开展学习。注册学员不仅可以浏览课程视频，还能上传视频与学习材料进行分享，可对课程进行留言提问或对问题进行解答，并在网校上建立自己的学习档案，记录学习过程。这是一个主动学习与双向学习的机制，不仅获取知识，而且可以传播知识。

网校还建立激励机制，促进学员持续学习。网校系统会对学员的学习情况进行自动记录，从课程量、活跃度、理解力、传播力四个维度对注册学员进行定期综合考核。优秀学员将获得参与线下活动的机会，如被邀参加公益活动、与公益领袖面对面交流或国外访学。

五 小结

2012 年，我国公益人才培养整体进展较快、突破较大。社会工作人才作为社会服务人才主体的地位更加明确，社工人才队伍建设获得了在中央在政策上的支持和规划，各地也将其作为一项重要工作予以积极推进，社工人才专业化建设步伐将逐渐加快。未来除了扩大社工人才规模、取得"增量"发展外，还应注重"存量"发展，鼓励和创造条件为社会工作者进入公益组织就业。一要打破公益组织与社工组织的切割，使政府垄断的社工组织真正成为民间公益组织，促进组织专业化与资金来源多元化。二要提升行业薪资水平、扩展职业发展空间，让社会服务成为爱心、尊严和"面包"兼得的职业，才能增强行业的吸引力，留住与流进人才。

2012 年，公益高等教育在各个学历教育层次都取得进展。无论是对公益慈善专业本科教育具有里程碑意义的北师大公益慈善人才培养计划，还是南京大学在硕博点上增设公益慈善学科，平衡南北公益慈善高等人才教育格局，抑或是在 MPA 教育上"百人计划"与北师大四个专业方向的EMPA，都对中国公益慈善高等教育的发展具有重要的推动作用。我们期待中国公益高等教育培养的人才数量有更快的发展，尤其是全日制的本科与硕士、博士研究生培养能得到普及，以及公益慈善课程能走进每一所学府的公共课课堂。

2012 年，众多培训项目共同推进公益事业在职人才培养，并在培训内容与方式、资源整合、地区均衡上均有亮点。公益培训虽仍然着力于公益组织领导与从业者的能力建设，但力量更加集中；一些培训机构确立了稳定的培训体系与机制模式。中国第一代公益领袖逐渐退休，青年领袖队伍的培养将避免公益组织领导人青黄不接的尴尬。"中国公益慈善人才培养计划"兼顾青年领袖培训和机构建设，实现培训的落地化。跨国跨界的合作培训，将促进资源在全球企业、公益、政府、媒体间的流动，将拓宽公益行业发展路径和创新公益模式。西部地区公益人才培养力量的壮大，对于公益欠发达地区的自我力量提升和中国公益慈善行业的整体发展具有重大意义。

2012 年，公益网校创建了一个公众公益学习互动平台，有助于我国社会公益养成教育。公益事业的健康发展离不开社会认同与支持的环境。因此，公益养成教育，普及公益理念与知识，应是公益培训与教育更为注重的内容。

下　篇

第五章
老年公益事业：
养老服务体系整体升级

老年公益事业是指个人或社会组织基于特定的价值观念，为保障和改善老年群体物质文化生活所提供的各种设施及其有效服务的总称，具有鲜明的保障、福利、慈善、共享的特质①。2012年是我国老年公益事业的大踏步发展之年，从政策立法到舆论环境，我国养老服务与老年公益成为社会热点，无形中推动了社会养老服务体系的整体进步。

一　政策助推老年公益事业发展

（一）新修订老年人权益保障法更富人性化和挑战性

2012年12月28日，《老年人权益保障法》正式修订通过并发布，标志着

---

① 顾嘉禾、顾乐鸣：《老年共享小康生活的重要载体——南通市发展老年公益事业之浅议》，《老龄问题研究》2008年第5期。

我国老年人权益保障与相关服务发展进入新一轮有法可依时代。

新版《老年人权益保障法》亮点颇多：一是"积极老龄化"理念贯穿始终，提出以积极的行动应对人口老龄化。二是强调建立中国特色养老服务体系，尤其是在社会服务一章，规定政府和有关部门、基层群众性自治组织等，要发展城乡社区养老服务，建立适应老年人需要的各类服务设施和网点，为居家老人提供生活照料、紧急救援、医疗护理等服务。三是与旧版的《老年人权益保障法》相比，新增了老年人居环境体系建设，老年友好型城市、老年宜居社区建设、老年家庭的支持和帮助政策。四是规定国家逐步开展长期护理保障工作。目前我国失能老人接近 4000 万人，这些人都需要长期的护理服务。

新修订的《老年人权益保障法》亮点虽多，但对社区依托能力建设规定得还不够多，内容不够明确，约束性不够强。没有社区提供老年人所需的实实在在的养老服务，居家养老就变成家庭养老了。这需要政府指导养老的具体规划，由政府和社会组织形成合力，把社区养老服务从鼓励、支持转变成真正意义上的政府所必须提供的基本公共服务。应积极推行投资主体多元化和运行模式民营化，鼓励和刺激社会力量及民间资本参与养老服务业，初步形成以政府财政投入为推手、以政策扶持为导向、政府与社会力量互联互动互补、覆盖城乡的社会养老服务格局。从发达国家公益领域经验看，公益机构与企业合作是基本模式，也是中国公益事业未来的发展方向。

（二）政府加大服务购买力度，促进老龄服务业发展

政府购买服务是国际上的普遍做法，也是政府采购市场开放的必然要求。它的实质是在政府所需服务或者政府提供公共服务的供给机制中引入竞争。在政府向社会提供养老公共服务方面，目前主要集中在通过发放居家养老服务券向养老机构或公益性社会组织进行购买，由老人自行选择机构享受相应服务。政府购买服务制度的逐步确立在一定程度上推进了我国老龄事业的发展。2012年，国家及地方省市主要在扶持居家养老服务、支持民办养老机构建设以及补贴养老护理员培训等几个方面加大了政府的服务购买力度。

2012 年，北京市为促进养老（助残）餐桌和托老（残）所服务的专业化

和规范化，年度服务购买金额将近 8000 万元①。黑龙江、广东、福建、浙江分别出台了支持社会办养老机构发展的补贴办法，通过建设补贴、运营补贴等多种形式鼓励民间养老服务资本进入。2012 年 6 月，广东省财政厅公布了《2012 年省级政府向社会组织购买服务目录（第一批）》，公益性养老项目的实施与管理、政府委托的养老护理员专业资质岗位职业培训均列入该目录。9月 7 日，济南市将积极推进建立政府为老年人购买养老服务制度。这一制度的重点，在于从家庭服务业中重点发展养老服务，政府通过向家庭服务机构购买生活照料、医疗保健、专业护理、心理疏导、法律服务、紧急救护等，以较低的价格或公益的方式，为居家养老或在社区养老的老年人，提供多种形式的照料服务。根据这些地区已经出台的政策，养老服务券的资金主要来自福利彩票公益金和市区财政。据悉，从 2013 年起，民政部将会同财政部，每年安排 10亿元，连续 3 年总共安排 30 亿元中央专项彩票公益金，专项用于支持全国农村互助养老服务设施建设②。

随着人口老龄化不断加剧，加大政府购买服务的力度势在必行。而作为第三部门的公益性社会服务组织，无疑应成为政府购买相关服务的主要提供方，这也是世界上老龄化国家的通用做法。但作为世界上唯一一个老年人口超过 1亿的国家，我国服务于老年人的公益组织数量还很少，民间养老的现状还欠佳。因此，各级政府在政策层面需要对公益组织和项目进行更大的支持，引入有序竞争机制，鼓励养老服务业更快更好的发展。

（三）文化建设新意见丰富老年人精神生活

2012 年 10 月 18 日，《关于进一步加强老年文化建设的意见》（以下简称《意见》）出台。《意见》要求各级宣传文化部门和工、青、妇等群团组织要广泛开展志愿文化服务活动，为农村空巢、失能、留守老年人和老年妇女等特殊困难群体提供公益文化服务，进行精神慰藉和心理疏导。老年人精神文化方面政策的出台，为重视和推进城乡老年人的精神文化生活起到了一定的助力作

---

① 《21 世纪经济报道》，www. eastmoney. com，最后访问时间：2012 年 10 月 9 日。
② 《新快报》（广州），金羊网，www. ycwb. com，最后访问时间：2013 年 2 月 25 日。

用。《意见》要求树立积极的老年文化观，确立老年人的社会主体地位，正确对待和积极接纳老年人，尊重老年人的社会价值，扩大老年人社会参与，弘扬中华民族传统美德，营造敬老养老助老的良好社会氛围。

各种老年群体组织，特别是城乡基层老年协会是开展文化工作的得力助手和有效载体。截至2012年底，中国城乡基层老年协会已发展到近45万个，是各地基层组织的重要配套组织。他们在维护老年人权益，管理老年人事务，调解涉老纠纷，组织老年群众参与经济社会建设、社会公益活动和文体活动等方面，都在日渐成为推进基层社会稳定和发展的一支不可忽视的力量。

（四）两会宣布放开社会组织登记，促进老年服务组织发展

2013年3月10日，国务委员兼国务院秘书长马凯在发言中指出，将放开行业协会商会类、科技类、公益慈善类和城乡社区服务类等四类社会组织的登记。今后成立这些组织，可直接向民政部门依法申请登记，不再需要业务主管单位审查同意。

这是有重大意义的改革新突破，可以预测将来更多的公益组织会以新的独立身份出现。目前众多的公益组织正在期待着这个"正名"的机会，从此以后他们可以不必再通过挂靠企事业单位或者以"某某公司"的名义来做慈善工作。这将激励社会上更多的民间向善力量从事公益慈善事业，提供政府力所不及的公益性服务。

早在2012年初，广东、北京等地除特别规定、特殊领域外，实行社会组织可直接向民政部门申请成立的先行试点政策，对社会组织的登记实行松绑和放权，进一步简化了登记程序，突出"宽进"，重在培育。社会组织的放开登记将对老年组织服务社会、服务老人起到很大的推动作用。

二　老年公益项目创新与人才培育专业化

（一）老年公益项目向救助疾困老年人群体侧重

目前的老年公益项目主要涉及医疗护理、社会基本救助及综合服务等项

目，少量涉及老年人心理咨询、法律援助及老年房地产投资项目。其中医疗救助以提供免费问诊、检查或治疗机会为主，辅之以捐赠医疗设施和物资等；社会基本救助多为人文关怀，如开展节假日的老年慰问活动，以现金资助形式为主，另外也开展少量的辅助型社区文娱活动，丰富老年人文化生活。

1. 慈善医疗项目侧重偏向老年群体

慈善医疗救助是慈善事业的一项重要内容，相对于其他人群，老年人对慈善医疗救助需求更大。近年来，数量不断攀升的各类慈善组织及款物捐赠，以经济或实物支持、照护服务、提供医疗资源等形式，在帮助贫困的患病老年人方面发挥着越来越大的作用，并惠及越来越多的老年人。全国第一家综合性的慈善组织——中华慈善总会专门成立了民生养老基金、华夏养老基金、阳光基金、特罗凯慈善赠药项目、易瑞沙慈善赠药项目、慈善医疗阳光救助工程等项目，这些项目的内容均涉及对贫困老年人的医疗救助，尤其是对患有心脏病、癌症等重大疾病老年人的救助。我国还成立了专门的老龄事业发展基金会。目前，中国老龄事业发展基金会设立了多重专项基金，具有为老年人提供慈善医疗救助的功能。

中国红十字会于2011年成立事业发展中心，坚持公益性原则，不断创新机制，致力于养老公益事业发展，探索政府与市场相结合的运作模式，已经兴办了"曜阳托老所"和"曜阳国际老年公寓"等机构，并在山东济南、莱芜和福建福州等地筹建试点来满足不同层面的老年人需求①。中国红十字会的模式体现了公益性服务和市场化运作相结合的新兴公益探索道路，力求实现传统的公益资金捐赠向公益资金保值增值的模式转变，变"输血功能"为"造血功能"。从2013年起，福建省红十字会针对在新农合、城镇医保、商业保险、民政救助等报销补偿后，仍存在医疗费用负担过重、经济陷入困境甚至无法维持治疗的包括大量老年人在内的大病救助对象，将给予进一步的救助。为解决困难群众看病难的问题，各地陆续建设了一些慈善医院。

一些成功的企业家在慈善医疗救助方面也做出了很大的贡献，李嘉诚基金

---

① 沈颢等：《湖南晚期癌症贫困患者将免费获得临终关怀》，红网，http：//hn. rednet. cn/c/2008/10/23/1617928. htm，最后访问时间：2013年4月30日。

会即是一例。1998 年，李嘉诚基金会捐资在汕头大学医学院第一附属医院创建了为贫困的癌症晚期患者提供镇痛治疗、护理心理辅导等方面免费上门服务的慈善机构——宁养院，之后在全国范围内又陆续建立了多家。截至 2012 年，全国 30 家宁养院服务患者总数达 10 万人以上，服务患者总次数将近 200 万次，极大地帮助了包括老年人在内的癌症晚期患者①。

2013 年 3 月 30 日，英皇集团主席杨受成博士再次向（中国顺平）关爱老年中心捐款 500 万元用于服务老年福利事业，这是杨博士在河北保定捐建的第 5 家社会福利机构。此前已经建立的 4 家分别是杨受成慈善基金（顺平）老年服务中心、杨受成慈善基金（雄州老年服务中心）、保定市老年公寓、保定市儿童福利院。为推动中国公益事业不遗余力，杨受成博士迄今已捐款近 4 亿元，成为国内的慈善事业的楷模。

2. "大爱无疆"行老年救助

2012 年 4 月，为改善我国贫困老年人的生活条件，中国老龄事业发展基金会举办了"大爱无疆"资助贫困老人大型公益活动，活动在山西、黑龙江、河南、湖北、海南、贵州、云南、青海、宁夏、西藏等革命老区、少数民族地区和国家级贫困县等部分城市开展，通过义展义卖、慈善晚宴等，已募集善款 300 余万元。"大爱无疆"募集到的公益基金拟资助的内容主要包括三个方面：贫困老人的生活资助、贫困老人的医疗救助和贫困地区爱心护理院的改善和建设。根据老人的经济和身体状况及护理院的基础设施情况，分等级给予不同金额的资助。"大爱无疆"公益活动共覆盖 10 个省、市、自治区 60 余县市的老年人。

"大爱无疆"公益活动的展开，对弘扬中华民族敬老、爱老、助老的传统美德，推动我国老龄慈善事业的发展具有很强的示范效应，同时呼吁社会上更多的企业、爱心人士关注、支持贫困老人，为我国老年人的幸福晚年贡献一份力量。

3. 百万失独家庭老人受关注

截至 2012 年，中国至少有 100 万个失独家庭，且每年以约 7.6 万个的数量持续增加。2012 年 10 月，雀巢在全国妇联、全国老龄工作委员会的指导下，在北京、上海、广州、长沙、成都、南京 6 个城市举办"心系老年－健

———————————

① 向东：《公益机构如何参与养老事业》，《学习时报》，2013 年 4 月 1 日，11 版。

康工程"活动，开展专注于中老年人的心血管健康普及教育，提倡营养饮食和健康生活方式。一年内，"心系老年工程"宣教活动为中老年人提供50场心脏年龄检测和咨询讲座，向中国家庭派发100万册健康教育手册，普及1000万个老年人家庭。[①]

2012年7月1日，由瑞普华老年救助基金会发起设立的专项基金"'幸福同行'—失独老人关爱工程"启动仪式在北京举行。此次活动得到众多公益媒体和机构、志愿者的支持和参与。作为"关爱工程"的品牌项目之一，旨在整合社会力量，交流实践经验，共同探讨特服人群的服务创新模式，促进失独群体帮扶深入开展，并建立长效机制。从而探索出"政府相关部门支持＋公益联盟对接＋社会力量参与"帮扶计划为特殊群体安享晚年的成功模式，形成公益行业创新模式和品牌。

（二）老年公益服务人才培养专业化

1. 国家鼓励养老护理员职业发展，完善职称评定与人才培育机制

2011年，国家人社部颁发《养老护理员国家职业技能标准（2011年修订）》，进一步加强了养老护理员队伍的专业化和规范化建设。《民政事业发展第十二个五年规划》中指出：要努力推进民政技能人才队伍建设，在民政职业院校中大力推行学历证书和职业资格证书并重的"双证书"制度。加大继续教育力度，依托骨干民政企事业单位、民政职业院校和培训机构，建立一批民政行业特有职业（工种）技能人才培训基地，鼓励技能人才参加学历教育和职业培训，大力开展养老护理员职业技能鉴定。《国家中长期人才发展规划纲要（2010－2020年）》指出：完善以企业为主体、职业院校为基础，学校教育与企业培养紧密联系、政府推动与社会支持相结合的高技能人才培养培训体系。加强职业培训，统筹职业教育发展，整合利用现有各类职业教育培训资源，依托大型骨干企业（集团）、重点职业院校和培训机构，建设一批示范性国家级高技能人才培养基地和公共实训基地。2012年，民政部在全国建立了

---

① 邱春燕：《全国1000万老人家庭免费获心脏年龄检测》，《新快报》，2012年10月19日，C17版。

26个养老护理员职业技能鉴定培训基地，用于各地养老护理员的培训和资格认证工作。还在全国100多所高等院校设置养老护理或老年服务管理专业，用于培养养老护理员队伍。2012年6月，教育部批复建立以现有广播电视大学为基础的国家开放大学，开展非学历教育和学历教育，其中老年护理专业成为建设重点，进一步体现了相关人才需求与供应的紧迫性。

2. 老年志愿服务的规范化

2012年，浙江省政府出台《浙江省老龄事业发展"十二五"规划》（下简称《老龄规划》），首次明确建立"时间银行"制度，进行志愿服务储蓄，促进助老志愿服务持续健康发展。志愿者可以将参与公益服务的时间存进"时间银行"，当自己遭遇困难时就可以从中支取"被服务时间"。"时间银行"重点服务对象为老人。当前老年人大部分选择社区居家养老服务，社区的老年志愿者们也可以把自己提供给别人的无私帮助，以计时的形式存入"时间银行"，自己需要别人帮助时则可以"兑现"别的志愿者为自己提供帮助。

这种创新性服务形式便于弘扬尊老爱老敬老传统，激励激发志愿者服务热情，并对慈善服务给予应有的回馈。建立"时间银行"储蓄制度，既解决了老人的需求，又减轻了家庭和社会的负担，以其灵活、自愿、规范、专业、爱心公益的方式为老年人提供服务，弥补了政府和市场不足，是养老服务模式的一种有利探索。

"时间银行"推广最困难之处在于存取是否通畅。作为推广者，必须要看到会员的潜在需求，而会员的数量也会影响到"时间银行"的成功与否。每人都有自己的需求，必须打破单方面志愿者的施舍和赠予，变成双方互换，这种供需互动的形成，促进社会资本的累积，"时间银行"方能成功，老年志愿者的队伍也会越来越庞大。

三　老年公益事业投资主体多元化

（一）涉老基金会推动老年公益活动与项目增多

截至2012年，在全国近3000家基金会中，直接关注或涉足于老年人服务领域的有 167 家，其中公募基金会 67 家，非公募基金会 100 家；全国性涉老基金会 12 家，地方性涉老基金会 155 家（见表 5 – 1）。从省份分布来看，东部沿海发达省份如江苏、浙江、广东和福建，相较其他地区拥有更多的老年服务基金会，其数量均在 13 家以上，并依托当地雄厚的经济力量，基金会资金充足，保证了高质量项目的开展；而山西、宁夏、西藏、海南、江西还未设立相应规模的养老基金会（见图 5 –1）。从具体项目开展来看，每个基金会根据其服务资助兴趣点的不同，可大致分为生活救助类、医疗护理类、设施修筑类和文娱活动组织类。我国各省份老年基金会的资助重点还集中于帮扶城乡困难老人，进一步提高老年人的物质生活水平方面。公募基金会中有少数成立了专项基金，大多数公募基金会通过开展老年活动的形式开展公益活动。

表 5 –1　截至 2012 年我国老年基金会情况统计

省市	数量(个)	省市	数量(个)	省市	数量(个)	类别	数量(个)
全国性	12	上海	8	湖南	4	（全国性）	
北 京	4	江苏	26	广东	15	公募	7
天 津	3	浙江	22	广西	2	非公募	5
河 北	6	福建	14	海南	1	（地方性）	
山 西	0	山东	5	重庆	2	公募	60
内蒙古	1	安徽	1	四川	2	非公募	95
辽 宁	4	江西	0	贵州	2		
吉 林	3	河南	6	云南	3		
黑龙江	4	湖北	1	西藏	0		
青 海	1	甘肃	1	陕西	8		
宁 夏	0	新疆	6	总计	167		

资料来源：中国公益研究院养老研究中心数据库。

2012 年全国新增老年服务基金会 2 家，其中公募基金会 1 家，非公募基金会 1 家。从已知数据来看，这些新增的基金会初始资金充足，为基金会的初始运行提供了坚实的物质保障。

涉老服务基金会中，有不少基金会把目光投向了养老机构的投资建设和养老房地产的开发、公办与民间资本相结合、兴建养老机构与养老社区上。例如

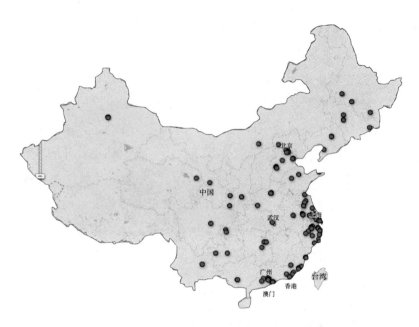

图 5-1　老年人服务领域基金会（中国大陆）分布图

陕西九九老龄事业基金会坚持"公益为主导，市场化运作"的原则，投资兴建了西安九九老年公寓和珠海颐阳九九疗养院等养老服务机构。

另外一个由老年基金会发起的典型项目是中慈园老年健康养护项目。该项目在全国老龄委、中华慈善总会、中国老龄基金会、卫生部人才交流服务中心等机构的支持下，由享誉美国的健康护理公司 Ensign 公司（NASDAQ：ENSG）负责管理，引进美国先进的健康护理技术，为老人提供高档优质的短期老年健康护理服务。在未来 6～12 个月内启动和经营世界一流的美式护理院，为在北京住院后老年人的护理服务作一个卓越的典范；在未来 3～5 年内，在北京、上海和广州开办另外 8 家高级护理院；同时，筹建一个服务中心为上述 9 家护理院提供发展所需的资源和支持，并为国内有意投资老年护理服务行业的第三方提供管理和咨询服务。这些服务包括法律、财务、人力资源、信息技术、设施设计、市场研究、管理支持和培训支持；最后，服务中心将为在全国推广这种模式的特许经营建立相关机制。中慈园养老产业计划分成三大项目，分别是中慈园养老敬老健康度假联盟俱乐部（9-36-108 联盟计划），中慈园为老服务职业培训基地（九大健康养老社区样板工程），中慈园国际健康护理院

（9－72－N 计划）。在全国各省市布局，分成九大核心区域，81 处样板工程，养老产业形态定格为由中慈园健康城、老年康复护理院、尊老敬老健康度假联盟三大类别组成，并形成 10 年战略规划：一期规划为沿海发达城市，二期规划为中等发展中城市，三期为全国整体规划。筹资及融资方式是在全国老龄委、民政部、卫生部等政府机构倡导和支持下，由中慈园（北京）国际投资顾问有限公司策划并共同整合资源，引入国内外致力于养老产业发展的战略投资者，联合各地方政府，共同以市场方式运作。中慈华夏养老基金在建项目有鄂尔多斯中慈·华夏九九城项目、邯郸中慈·太极九九城项目、天津枫林湾项目、山东东营项目、温州苍南龙港镇中慈园项目、广东江门中慈五邑华侨养生城项目、上海中慈国际交流大厦项目等。

目前我国涉老基金会发展存在着一些问题。首先，167 家涉老基金会主要分布在集中于东部及东南沿海地区，为江浙及闽南一带，中部及西部的涉老基金会多为省市地区公募基金会，基金会的服务范围非常广泛，因而服务项目难以细致入微，难以做到专业性和可持续性。其次，在涉老基金会的筹款透明度上还未做到透明公开。据基金会中心网，2012 年仅中国老龄事业发展基金会和厦门市老年基金会两家公布筹款数目，其余涉老基金会并未对外公开筹款数目，因此国际经验做法值得借鉴。美国的社区基金会分布更为均匀，遍及各州各地区的大小社区，以特定社区为募资和服务对象，专业性和持续性较强，覆盖面广。香港基金会多为私募基金会，企业和个人捐赠额较大且持续性强，为开展涉老项目提供充足资金。

在未来 5 年里，我国各类老年基金会的发展重点集中在内外两个方面。对内主要是开拓基金会的资金筹措来源，并且加强其财务公开，设立相应的规范制度，提高社会大众对基金会的信任度；对外则是开展更多的帮扶项目，并注重其项目的质量监督，使老年人的物质精神水平得到真正的提高。

（二）企业参与老年公益事业，履行社会责任

企业是社会的组成部分，理所当然地应肩负起社会责任。目前，越来越多的企业开始接受社会责任理念，积极参与各项社会责任实践。比如，中央企业积极参与社会公益事业，来自国务院国有资产监督管理委员会的数据显示：

2011 年 1 ~ 9 月有 92 家中央企业发生对外捐赠支出，累计支出总金额为 169028.6 万元，其中公益性捐赠 97645.8 万元，约占 57.8%。在老年公益方面，一些医疗企业表现尤为突出。

近年来，强生（中国）医疗器材有限公司投身到以关注改善妇女儿童健康、提高医疗人员专业水平、开展志愿者活动以及提高社区医疗水平等方面的工作中，为了提高人们的生活水平，为了自己所关爱的社区而努力奋斗。2010 年 10 月 17 日，中国红十字基金会与强生（中国）医疗器材有限公司携手在北京启动了首支专注关怀老年人的公益基金——强生·中国老年人关爱基金。该基金由强生医疗首期捐款 100 万元人民币建立，立足于资助老年公益事业的长远发展，支持改善老年人身、心、灵三个维度的健康，即基本身体健康、心理健康和生活健康。在身体健康方面，将长期开展社区老人健康知识教育大讲堂、社区医院医疗卫生条件改善、医疗健康用品募集捐赠等；在心理健康方面，将支持老年人免费心理咨询热线"爱心传递热线"，并开展老年人心理咨询师培训；在生活健康方面，将致力于鼓励老人与社会积极互动，组织老年人社区交友活动、老年大学、老年志愿服务队等系列活动。

（三）福彩公益金强有力支持养老服务发展

继 2012 年 2 月民政部发布《关于开展"社会养老服务体系建设推进年"活动暨启动"敬老爱老助老工程"的意见》（以下简称《开展意见》），明确了福彩公益金在社会养老服务体系建设方面的投入比例之后，2012 年 7 月，青岛试行长期医疗护理保险制度，启动资金和每年财政拨付资金均从福彩公益金中划拨。8 月，天津、济南两市先后公布彩票公益金的筹集分配情况和预算明细，福彩公益金分配使用逐渐透明化，公益金在推动老龄事业发展方面作用凸显。

为应对"未富先老"、加快社会养老服务体系建设，民政部提出，"十二五"期间，民政部和地方各级要将福利彩票公益金每年留存部分按不低于 50% 的比例集中适用于社会养老服务体系建设。按照现行政策，发行福利彩票所筹集的公益金，50% 上缴中央财政，在社会保障金、专项资金、民政部和国家体育总局之间按 60%、30%、5%、5% 的比例分配；其余 50% 属地方留存部分。若以彩票公益金为基数，民政部分配比例为2.5%，地方留存比例为50%（见图5-2），按照民政部和地方留存部分每年50%的比例推算，彩票公益金中至少26.25%的比例用于养老建设。据民政部最新统计，2012年福利彩票全年销售规模有望超过1500亿元，筹集公益金450亿元。以此提取比例和2012年现有公益金额计算，本年度至少有118.3亿元用于老龄事业发展。

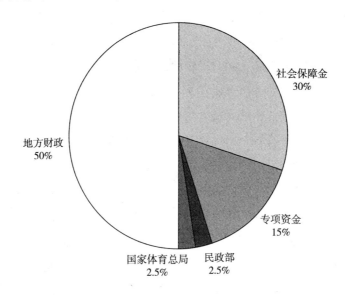

图5-2　以彩票公益金为基数各部分所占比例

2012年，民政部已从福利彩票公益金中拨出3000万元用于培训养老护理员，从2010年的1500万元，到2011年的2000万元再到今年陆续拿出6500万元开展一系列针对养老护理员的培训，举办各级养老护理员的培训，包括高端培训、院长培训，以及初级、高级的职称培训。2015年，我国养老护理员将全面实现持证上岗。[①]

政府正加大公共财政对老年公益事业的投入，提高老年事业拨款在整个财政总盘子中的比重。正制订一系列的优惠政策，从土地出让、地段选定、银行信贷、税费减免等方面给予优惠，引导和鼓励民间资本兴办各类老年公益事

[①]　胡占莉：《三千万元培训养老护理员 民政部要求2015年全面实现持证上岗》，《法制晚报》，2012年10月14日。

业。民政福利彩票公益留成金和慈善事业基金都在充分考虑加大对老年公益事业的投入。

（四）外资及国外专业化服务进驻国内养老市场

我国在鼓励国内社会资本进入养老服务市场的同时，也在鼓励国外、境外的资金投入。我国是世界上唯一一个老年人口过一亿的国家，庞大的老年人服务市场吸引着国内外的投资商。例如，国外成熟的居家养老服务企业开始进驻我国养老服务市场，并结合我国国情探索出一套适合中国消费特色的养老服务模式，形成先进的专业居家照护体系。典型代表是美国居家养老连锁企业仁爱华，以专业护理人员上门服务和社区服务为主要形式，为居家老人提供专业的社会化服务。2011 年，仁爱华中国被北京慈爱嘉养老服务有限公司引进我国，已为数百个家庭提供了包括陪伴和生活照料、个人护理、专业护士、陪同就医、特殊护理等服务内容。2012 年 7 月，仁爱华中国宣布在四川、湖北、浙江和吉林的仁爱华服务团队正式建立，队伍逐步壮大。宜康爱生雅（上海）健康管理有限公司是上海第一家外资居家养老企业，也于2012 年开展为老人提供上门健康护理服务。该企业投资方为瑞士知名的跨国卫生用品企业和新加坡知名的医疗护理企业，旨在向中国内地推广成熟的上门健康护理服务。

由于这些居家养老服务机构有专业的护理团队，能根据老人的身体特征量身定制适合老人的康复和护理计划，既能解决居家养老日常需求问题又能提供专业化的医疗护理，因此发展潜力巨大，刺激着国内专业化养老服务市场的发展。

四　媒体与舆论环境提升老年公益热度

（一）媒体系列报道助阵养老事业

2012 年 8 月，以央视财经频道为首的媒体界开始播出系列养老节目，引发了全社会对养老问题的强烈关注。

央视财经频道播出的"明天我们如何养老"系列栏目，从人口老龄化挑战、社区居家养老服务机构赢利难、民营养老机构困境、困难老人养老难等一系列问题入手进行了专题报道，将老龄化与养老服务开展提升至重要热点话题。采访中，北师大中国公益研究院院长王振耀就民营养老机构发展难问题指出：一要加强养老机构用地规划，二要加快金融支持政策研究，三要加快护理服务人才体系建设等观点。

经过一年多时间筹备，上海广播电视台纪实频道与上海市老年基金会亲和善孝基金联合制作的中老年养老节目《年轮》开播。主题是为观众介绍"有故事、有看点"的中老年朋友，推介老年明星，讲述名人们的退休生活，聊聊现在的日子。节目也回顾了老年人心中有着深刻记忆的事件、现象、地标，挖掘它们在新时代的作用与意义，以及调查分析目前老人生活中的焦点问题。湖南卫视完美释放节目则聚焦"失独老人"等特殊老人群体，祖露失独老人内心的伤痛和孤独，倾诉压在心头多年的心结，为特殊老人与外界沟通搭起一座桥梁。

通过媒体宣传社会养老的责任和义务，大力宣传实业家和爱心人士关注、涉足、投资养老服务的典型，为社会养老服务事业的培育发展营造了一个良好的环境。

（二）养老研究机构和涉老网站增多

随着老龄化程度的加深，开展养老咨询的研究机构也开始增多。目前，国内数十家专业研究咨询机构重点针对老龄政策和老年学进行理论研究和应用研究，以及开展政府、企业有关养老的咨询实务研究。同时，有关养老问题的50余个网站和至少25家网络媒体、老年类报纸等定期对养老动态进行实时监测。北京师范大学中国公益研究院养老研究中心从2011年开始推出每周养老动态、全国养老服务业走势月度分析等定期监测产品，为养老行业的动态发展提供即时的跟踪和分析，搭建一个良好的信息平台。

五 老年公益事业面临战略选择

我国养老服务业发展潜力巨大。老龄服务业具有产业链长、带动性强等特点，涉及医疗护理、康复、金融、旅游、文化等行业，发展前景可观。据预测，2015 年我国老年人护理服务和生活照料的潜在市场规模超过 4500 亿元。[1]然而，养老服务经验和资质不足，是现阶段老龄服务业发展中非常突出的问题。目前我国养老服务的管理体系还相当薄弱。老年事业与公益事业还处于基本脱节状态，公益资金投向养老事业十分有限，参加老年服务的志愿者也尚未较好开发。全国各地养老服务类别的基金会不到 200 个，公益资金流向老年服务业的渠道还不畅通。而照料老年人的服务还停留在学雷锋、做好事的层面，缺乏专业的志愿服务体系。

老年公益与产业化的平衡问题成为社会关注重点。在养老产业化的同时要重视养老的公益性，避免养老重蹈教育医疗产业化覆辙。近年来，医疗教育之所以丧失了其公共产品的本质，其根源在于医疗和教育的过度市场化和产业化，把公共产品和准公共产品的运作托付给市场机制，从而导致制度失灵和监管失灵。政府必须提供养老安全等最为基本的公共产品，应该成为社会公正和公共利益的守护者。对于非营利性或者慈善组织兴办的养老机构和养老服务组织，采用足够的政府支持和部分补贴的方式。需要加强社会管理体系建设，培育更多民间组织进入养老服务行业。从国际经验来看，英国约有 20% 的老年人参加了各类志愿者组织。英国各个社区经常举办各种联谊会，提出带老年人到乡间去郊游的口号；人们自愿组织起来和孤老交朋友，利用休息日和他们谈心等，为老年人的生活增添乐趣。[2]地方政府每年还帮助 3.6 万名老年人外出度假。欧美老年协会组织活跃，如美国的老年协会会员有 4000 万，每年交 20 美元会费，即可提供一定的服务。[3]美国已经建立了包括养老院、老年公寓、护理院、老年服务中心、托老所等不同性质、不同服务项目的养老机构 2 万多家，而其老年人公共服务设施发达，服务也极其细微，且与公益慈善捐赠等事业联系紧密。

整体而言，我国老年公益事业发展面临如下战略选择。

---

① 《我国老年人口已经超过 1 亿》，《新华每日电讯》，2011 年 12 月 28 日。
② 杨蓓蕾：《英国的社区照顾：一种新型的养老模式》，《探索与争鸣》2000 年第 12 期。
③ 王振耀：《银发服务与公益》，中国公益研究院网站，http://www.bnu1.org/provide/library/112.html，最后访问时间：2013 年 5 月 1 日。

（一）明确政府责任，调整专项政策

在总体格局上，政府应该承担起养老服务业的引导和监管责任，做好规则制定者和裁判员的角色。通过规划、投入和政策扶持，设计规范化、专业化、个性化、人性化的生活照料、健康管理、医疗护理、文化娱乐、临终关怀等养老服务项目及标准，而具体实施可通过兴办各种专业养老产业和养老服务机构来实现。对养老机构实行分类管理，如公办的养老机构应以公益性为主，集中向贫困、失能半失能老人提供服务，民营养老机构可根据需求适当开展中高档养老服务。

确立按比例增长的财政投入制度，加强老年产业的投资引导。据世界经济论坛发布的公报，发达国家之长期照护支出占 GDP 比率，2005 年平均约为1%，预估至 2050 年将增至 2%~4%。①我国政府的养老服务投入仍然没有明确的重大投资规划，这是老年产业发展的一大体制缺陷。而如果按照国务院批准的规划，在我国建成社会养老服务体系，初步实现"9073"的养老格局，"十二五"期间的养老服务项目约需上万亿元的投入。面对如此强烈的需求，除加大政府投入之外，特别需要政府与民间形成积极互动，运用政府投资带动民间投资，调整有关政策以引导民间投资。

从国际经验看，美国政府采取提供资金、技术、政策等一系列优惠措施来鼓励社会力量兴办养老机构，且政府来负责进行监督和考核。为保证公益性，政府会利用价格杠杆控制养老机构利润水平不超过 15%。在日本，国家经营的福利设施仅占 20% 左右，民间社会福利法人依照《社会福利事业法》成立以经营社会福利为目的的团体，成立时均需经都道府县知事的批准和厚生大臣的认可经营。国家和地方政府通过委托、招标的形式，让民间社会福利法人经营和管理，政府给予财政补贴和税金优惠，同时进行考核、指导和监督。我国鼓励民间资本进入养老服务业可以采取公私合作形式，公私合作主要形式包括：公设民营、民办公助、委托管理、合资合作、购买服务等。现在大多地方采用公办民营和委托管理的办法。在公私合作方面，政府需要在完善公办民营

---

① 中国公益研究院养老研究中心：《关于促进我国养老服务业发展的建议》，民政部网站，http：//fss. mca. gov. cn/article/llyj/201304/20130400444835. shtml，最后访问时间：2013 年 5 月 1 日。

的相关配套措施，明确公办机构和民办机构双方的责权，设定非营利性机构会计准则，等等。

养老地产业是民办养老机构发展的主要渠道，我国养老地产行业还处于相当零散且不规范的发展状态。当前，民间养老企业融资困难，土地难以获取，税收优惠政策较少，部分地方补贴养老机构的政策也不易落实，客观上存在多方面的体制性障碍。政府需要出台养老用地、行政许可等专项政策，搭建养老产业融资平台，支持民间养老产业的发展。

（二）加强政府购买服务机制完善，鼓励社会组织进入

社区及居家养老服务存在着巨大的需求，鼓励社会组织参与是养老服务业发展的重要途径。这也需要建立社会力量的准入机制，吸引更多社会组织从事养老服务业，并不断提高养老服务的质量和效率。

为加强老年服务事业的社会管理，从中国的现实需要出发，应该在弘扬传统孝道文化的同时，大力发展三类老年公益组织：一类是各类老年服务的社会组织，一类是基金会，一类是为老年服务的社会企业。在社会组织方面，既要鼓励老年人建立自身的服务组织，类似美国的老年协会，让老年人通过组织的形式开展自我服务，还要发展专业的志愿服务组织，使为老服务达到体制化、专业化。

近年来，一些地方特别是国际的经验显示，养老服务领域的社会企业是解决养老服务问题的重要力量。社会企业的特点是灵活性高、反应快速，而且可以运用民间智慧、创意及资源，常能做到一些大机构也未必能办到的事情。我们应该在养老服务领域积极支持社会企业的发展，使公益与商业机制实现有机结合，直接造福于老年服务事业。养老服务业的社会管理，还是要借鉴经济组织管理的经验，确立行业化特别是联盟化的组织结构，促成养老服务类的各类组织建立行业指导和服务体系，从而保证行业的健康和有序发展。

香港经验显示，政府资助始终是香港 NGO 生存发展的最重要资金来源，尤其是"整笔拨款资助计划"施行后给予了 NGO 更大的发展自由。据统计，在香港社会服务团体主要收入来源中，来自社会福利署和其他政府部门的占47%；2011～2012 年，政府对 NGO 的补助达 90 亿元；2012～2013 年，政府

对 NGO 合约服务的津贴达 113.6 亿元，占整体社会福利开支的 26%。①

香港公益基金会以及各类 NGO、NPO 或公司企业参与养老服务提供较为广泛，私募基金会在养老方面的项目逐渐向大陆拓展，且多捐资援建基础设施、安养院、卫生院、医疗站等，项目持续时间长。不同的基金会侧重于针对不同的老年细分群体提供服务项目，例如张学良公益基金会近来策划的三大养老公寓项目就较为关注中产阶级老年人，而应善良等基金会更专注贫困老年人福利改善等。居家养老服务方面，通过院舍照顾、社区支援等完善实现居家养老，大约 50% 院舍照顾由慈善支柱的非营利机构提供。应该多借鉴香港或欧洲政府机构向民营养老院购买床位的经验来制定相应的投资政策，同时应取消对机构的财政拨款，从补供方调整为补需方，对特殊人群制定统一的补贴标准，由老人选择服务，形成公平、市场化运营的健康环境，达到良性循环。

（三）加快专业化老年公益人才队伍建设

在工作力量上，除了专业的养老护理员队伍外，高素质的社工和志愿者是协助政府进行社会管理的一支重要队伍，在老年公益领域同样重要。在香港，社工一职已发展到非常专业化和职业化的程度，职业分类中，将专门从事社区服务或社会服务的职业称为"社会工作"。从事该项工作的专业工作人员必须经过系统的专业训练，获得专业文凭，领取专业工作证书，才能就业上岗。

日本的社区服务者专业人士必须接受专门的业务培训，并要持有家庭服务的资格证书，才能由社会服务机构负责推荐给服务需要者。但是，我国社区养老服务起步晚，起点低，不仅老年服务的基础设施薄弱，从事社区养老服务的专业人才也严重短缺。目前我国社区服务的工作人员大都没有接受过专业训练，一般凭经验去解决问题，专业素质较低。社区养老服务只是在表面的层次上发展，缺少专业的社工人员运用社会工作的理念，去帮助那些需要帮助的老人。所以，为了提高社区对老年人的服务水平，我国必须尽快建立专业的老年社工人才队伍。一方面要尽快建立健全科学合理的社会工作人才培养体系、评价体系和完善的使用机制、有效的激励机制；另一方面，对已确定的社会工作

---

① 王晔：《从志愿服务组织看香港 NGO 服务管理模式》，《社团管理研究》2012 年第 10 期。

岗位，应研究其职业标准、资格标准及继续教育标准，扩展其工作内容，明确其职权和责任，提高职业化水平。

扩大社区志愿者队伍。在社区养老服务中，志愿者的作用相当重要。一方面，志愿者的加入可以降低社区照顾的成本；另一方面，受到帮助的人感受到人性的温暖，也会加入到社区志愿者队伍中来，从而形成一种良性循环。英国每年有约48%的人参加志愿活动，美国18岁以上的人参加过志愿者服务活动的大约有一半，在日本也约有一半的国民参加过社区志愿服务活动。但是，我国的社区服务志愿者人数偏少，参与度不高。所以，政府要动员社会所有成员参与社区志愿者服务，对表现突出的志愿者不仅要给予奖励，还要在新闻媒体上大力宣传，使社会形成一种参加志愿者服务光荣的新风尚。此外，大学院校、用人单位等也要把参加志愿者服务的情况当作选拔人才的标准之一，鼓励人们从事社区志愿者服务。

第六章
儿童公益事业：儿童福利服务走向专业化

一 儿童视角推动儿童公益发展

2012 年对于中国的儿童福利而言是极不寻常的一年。一方面，是贵州 5 名儿童因在垃圾箱烤火死亡、河南兰考 7 名寄养儿童因火灾死亡等悲剧的持续发生，冲击着人们的道德良知和社会底线；另一方面，是社会公众的高度关注和对中国儿童福利制度的考问，媒体密集报道的持续发酵，和几乎是全社会参与的制度反思、法制呼唤乃至对社会文化伦理的深度探究，聚集着儿童权利的社会正能量。正是这正反两方面的冲击和反应，引发了对中国儿童生存状况的全民忧思，强化了看待社会问题的儿童视角。

（一）儿童权利视角营造有利于儿童福利建设氛围

2012 年 12 月 20 日，是中国加入联合国儿童权利公约 20 周年的纪念日，这一天，北京有两场比较大的纪念活动：一场是官方活动，较为平静地总结了 20 年来中国儿童权利的进展与成就；另一场是在北京师范大学国际学术交流中心，北师大中国公益研究院发布了《儿童权利公约在中国 20 年——民间组织的视角》的报告，由于三天前刚刚发生贵州毕节 5 名儿童死亡事件，会场的氛围格外的沉重，讨论者的语气也格外慷慨激昂。从网易评选的 2012 年度十大儿童权利事件来看，除夹杂少数进步性事件外，多数属于悲剧或负面事件，而贵州 5 名儿童在垃圾箱死亡事件赫然列于榜首。一段时间以来，从一系列儿童权利的悲剧性事件中，公众由关切和悲愤到反思呐喊，爆发出强烈的儿童权利意识，呼唤儿童福利政策的进步，推动儿童福利服务的发展。

媒体在关注儿童领域中发挥的作用也日趋强大，已成为促进儿童福利制度建设的重要传播与倡导力量，是整合疏通政府与民间公益力量的桥梁。媒体深度参与公益，履行社会责任，"代言儿童需求"，"推动透明慈善进程"。

正如一位中国学者所说："除非有尊重儿童权利的思想，否则不会有真正符合儿童利益的福利体制。"儿童权利的视角是完善中国儿童福利制度的价值基础，这方面的社会共识有助于目标的达成。

（二）儿童需求视角推动儿童公益向专业化发展

完善的儿童福利制度来源于对儿童需求的全面了解及有针对性的制度设计。中国人口中 0~14 岁的有 2.22 亿，0~18 岁的超过 3 亿人，占全国人口 23%。儿童对社会福利服务有着巨大的需求：一方面儿童贫困和权利受侵害状况经媒体曝光后，引发了公众对儿童福利制度缺失的高度关注，由此使儿童未被满足的福利服务需求突显；另一方面经济社会发展到今天，国家和社会有能力、更有责任来发现和重视儿童需求，因为准确了解儿童的需求，是为儿童提供最优质服务的前提。

2012 年 2 月 27 日，联合国儿童基金会发布《2012 年世界儿童状况报告——城市化世界中的儿童》（SOWC）。报告主要关注城市化进程中儿童权益受到忽视的现象，号召各国将儿童权益保护置于城市决策的首位。报告尤其关注那些生活在城市边缘的儿童弱势群体，例如城市中的流浪儿童，移民子女，还有生活在贫民窟及其他恶劣环境下的贫困儿童，等等。城市化进程中不断扩大的贫富差距的影响，无法享受到生存、教育、医疗、营养等诸多权利，而他们权利缺失也很少受到关注。

需求视角也被中国的儿童福利研究者所采用。受中国儿童少年基金会委托，北京师范大学社会发展与公共政策学院发布了《中国儿童慈善需求研究报告（2012）》。报告认为，儿童群体存在多元化和需求多样性等特点，对儿童公益服务事业的专业性提出了更高的要求。从需求层次来看，有贫困儿童的基本生存需求、困境儿童的特殊权益保护，以及所有儿童都具有的发展需求；从需求领域来看，有营养、医疗卫生、大病、心理发展、品德教育、体育教育、艺术教育等；从弱势儿童群体类别来看，有留守儿童、流动儿童、流浪儿童、受艾滋病影响的儿童、服刑人员子女；等等，他们分别面临着不同的困难，并且随着社会环境的发展变化，这些需求也在变化着。如何能够实现对各类儿童群体的多元化需求的准确分析和把握，更加有针对性地设计和实施项目，是众多公益组织面临的重要课题。

（三）全民参与儿童福利推动公共政策制定

2012年儿童福利领域一个突出现象是全民关注和参与，民间和政府的良性互动，大大推动着儿童福利制度的快速进步。当今社会，面对着层出不穷的全新命题，社会的改革和发展，更加需要创新力量的推动，针对具体问题，提出思路和样本。从"免费午餐"项目到《农村义务教育学生营养改善计划》的出台，从"微博打拐"到"全国联合打拐专项行动"的深化，从"小悦悦事件"到《儿童伤害系列技术干预指南》的颁布，儿童福利领域逐渐形成了专家、公众、民间、政府积极互动的良性模式。社会参与和创新的灵感与实践在处处破土，试炼公益精神。

（四）典型案例分析：贵州五儿童死亡事件与儿童保护体系问题

2012年12月，贵州省毕节市5名10岁左右的男孩在垃圾箱取暖致死事件，引发社会舆论对我国儿童保护体系质疑的声音不断升级。当地对该事件调查后通报称，5名儿童已于事发前3周离家未归，并且生前多次在家长或教师不知情的情况下外出玩耍，曾被当地警方多次从外地送回家，教师也多次到家中走访；同时，这5名孩子的父母大都外出务工或忙于农事。从事件中儿童生活与成长的环境来看，这5名儿童面临的主要问题：一是父母监护职责缺失；二是流浪儿童救助方式单一，留守儿童关爱举措不足；三是缺乏社区专业化儿童社工服务与儿童友好型设施建设。上述儿童保护体系问题除事发地区贵州省毕节市以外，全国其他地区亦同样普遍存在。在父母监护职责方面，我国通过《未成年人保护法》规定："父母因外出务工或者其他原因不能履行对未成年人监护职责的，应当委托有监护能力的其他成年人代为监护。""父母或者其他监护人不履行监护职责或者侵害被监护的未成年人的合法权益，经教育不改的，人民法院可以根据有关人员或者有关单位的申请，撤销其监护人的资格，依法另行指定监护人。被撤销监护资格的父母应当依法继续负担抚养费用。"

我国目前对流浪儿童的救助主要依靠救助管理站或流浪儿童救助保护中心两类机构，但在实际工作中由于缺乏实施保障等原因，并不能及时彻底地解决儿童缺失有效监护的情况。

二 儿童公益组织专业化探索新领域

（一）新型公益组织层出不穷

1. 嫣然天使儿童医院：中国首家民办非营利性儿童综合医院

2012年7月1日，历经两年半的筹备之后，由李亚鹏等人发起的北京嫣然天使儿童医院正式开业。嫣然天使基金在中国红十字基金会的支持和管理下设立的专项公益基金，旨在救助家庭贫困的唇腭裂儿童。该项目源于2006年启动的嫣然天使基金，2011年底已通过全国9家定点医院及合作医院，累计为8036名唇腭裂患者实施免费手术。作为中国第一家民办非营利性儿童综合医院，北京嫣然天使儿童医院无疑是儿童公益创新的一个鲜活案例。

2. 爱佑和康儿童康复中心：探索社会企业运行模式

2012年9月15日，国内首家非公募基金会爱佑慈善基金会在深圳市成立爱佑和康儿童康复中心的活动正式启动，这是在对中国慈善公益事业新领域与新模式的又一探索。该项目以社会企业模式运行，项目成熟之后在全国一线城市复制推广，建立连锁康复机构，以期推动国内残障儿童康复行业的发展。爱佑也将依托此项目，发起、运营社会企业，探索中国慈善公益事业新领域，积极推动中国孤贫患儿医疗救助及康复事业的发展。爱佑和康儿童康复中心为民办非企业，致力于整合各方资源，包括政府机构如深圳市民政局、深圳市残联，以及社会资源（公益机构、慈善团体、基金会），通过"政府补贴一部分、社会赞助一部分、家庭承担一部分"的形式，全社会共同行动，帮助残障儿童和他们的家庭尽早走出生命困境。

3. 春晖博爱基金会：协助全国福利院孤残儿童抚育工作

2012年9月，春晖博爱基金会成立。作为一家独立的私募基金会，春晖将依托其姐妹组织半边天基金会在中国15年的成功项目，学习其帮助孤残儿童的工作经验，通过专业发展和成熟的项目，来改善孤残儿童的生活。半边天基金会与民政部合作，为 0~18 岁孤残儿童创建了卓有成效的教育抚育项目。除了直接为孤残儿童提供帮助以为，春晖还将在儿童福利系统对儿童护理员提供专业培训。其尖端的课程，包括从西方和东方的儿童发展专家的最新研究成果，已成为国家标准，可以丰富弱势儿童的生活。春晖的成立标志着中国慈善事业走向高效透明的一个新时代。春晖将像半边天基金会一样，采用最高标准的财务体系，操作透明，并且将采用特有的渠道定期与捐赠者沟通。

（二）系统化组织化公益行动开展

1. 关注自闭症和脑瘫儿童需求

2012 年 8 月，壹基金海洋天堂计划在贵州成立其规模最大的自闭症儿童康复机构——贵阳南明区爱心家园儿童特殊教育康复训练中心，并获得西南地区的枢纽机构资格。早在 2011 年，壹基金在全国 26 个省市区联合 103 家民间机构，为 1 万人次特殊类型残障儿童提供了康复补助、生活补助等不同类型的救助。2012 年，壹基金提供 100 万元的善款，对西南五省（区、市）的 15 个社会自闭症服务组织给予支持，对 150 名 18 岁以下的贫困自闭症儿童给予康复训练费的支持，降低贫困自闭症儿童家庭的经济负担，使这些儿童能有平等接受康复教育的机会；推动 15 家自闭症服务机构组织能力建设和领导人培训。2012 年，壹基金共扶植了 23 家脑瘫康复机构，直接援助了 480 名贫困脑瘫儿童，帮助 2150 名脑瘫儿童进行社会融入活动，投入资金超过 300 万元。在开展救治资助的同时，壹基金进一步倡议政府将脑瘫儿童的康复医疗费用全部纳入政府医疗保险，同时推进《特殊教育法》的立法工作，保障脑瘫儿童及其他残疾儿童进入公立学校接受教育，并呼吁社会消除对于脑瘫儿童的歧视和排斥。

2. 专业化、组织化公益行动升级

对机构有不信任感在儿童领域也较为突出，一些人更相信直捐，即直接面向具体受益人进行捐赠或提供服务。如果能准确了解受益人需求及联系方式，而且对受益人受捐财务收支情况清楚，受益个人处境完全可以因直捐而改善。而且直捐意味着中间成本低，不失为一种公益创新方式。当然，直捐只是公益的一类，还有很多情况，是直捐解决不了的。

3. 自闭症儿童个案获民间支持

2012 年 9 月，深圳发生两起自闭症儿童事件，一是某公立小学 19 名家长联名写信，请愿将 15 岁随班就读的自闭症学生龙龙赶出校门；二是 9 岁自闭儿因与同学发生矛盾，被校方建议回家休养，在家中试图从逃生窗钻出去上学，不幸坠楼身亡。两起事件发生后，自闭症儿童到普通学校接受融合教育的问题引发社会的关注，所有的质疑声和指责声，都直指教育部门及教育体制。尽管早在 1994 年国家教委已明确规定"让自闭症患儿群体随班就读"，但由于缺乏配套措施和执行方案，时至今日，"教育公平"对自闭症患儿依然奢侈。事件发生后，民间公益组织的迅速介入并积极推动，显示出民间力量的参与和成效。2012 年 9 月 16 日，深圳壹基金向教育部提交的一份呼吁保障自闭症儿童受教育权利的《建议书》：在实践和调研的基础上，提出了包括制定《特殊教育法》、设立普通学校特教班、发放自闭症学生教育券等十条具体建议。同时，积极联络各方力量，通过与深圳教育主管部门、深圳市社会工作者协会、自闭症服务机构等共同协商，迅速制定出推进自闭症儿童龙龙入学的《龙龙随班就读联合支持实验方案》。

（三）民间力量先行，探索社会创新模式

1. 中国乡村儿童大病医保公益基金项目启动

中国乡村儿童大病医保公益基金是由邓飞、王振耀、陈朝华、张泉灵、赵普、凌红江、邱启明等媒体和公益人士发起，托管于中华少年儿童慈善救助基金会并获得公募资格，旨在为中国乡村儿童提供免费医疗保险的公益项目。项目以筹集善款、购买商业保险的运作模式，为试点地区儿童争取医疗资金和公平的医疗机会。同时，项目希望通过积累充分的医疗数据，测算合理的保障成本，建立问题解决机制，完善稳定有效且可复制的大病医保模式，为国家全面推行大病医保的政策提供试点样本，降低地方政府政策落实的经验成本。目前，该项目已在湖北鹤峰、湖南古丈、云南漾濞、浙江开化四个地点启动，其中湖北鹤峰时间最早，目前已经开始进入理赔阶段。这是继"免费午餐"以后又一个期望开国家福利制度先河的探索性公益项目，具有试点和引导公共政策的强大使命意义。

2. 中国儿童福利示范区项目推进儿童社会工作专业化

由民政部、联合国儿童基金会与北京师范大学中国公益研究院共同启动的中国儿童福利示范区项目框架，以搭建项目一线的专业社工队伍——儿童福利主任为核心，致力于儿童社会工作专业化的推动。2012年，该项目从儿童福利教材开发与培训为切入点，推出《基层儿童社会工作读本（试读本）》《特殊儿童成长手册·健康快乐的我》等项目成果，并同时开展针对项目一线工作者的教材与实务培训。教材开发涉及儿童社会工作价值伦理、内容与发展、儿童个案工作，以及儿童团体与社区工作等主要内容，并设计出儿童社工个案与经典游戏等案例。2012年12月，该项目组织示范区一线的社会工作者，由专家组围绕教材开展了为期六天的理论培训；并结合教材理论，组织到香港儿童福利服务机构的实地培训，集中了解和学习香港如何开展防止虐待儿童及儿童保护，如何实施遭受家庭暴力的儿童及青少年进行个案服务，以及如何等待永久家庭领养的幼婴及儿童照料等儿童社会工作的技能与方法。这种直接面向一线的儿童社会工作者开展教材与实务培训的做法，将对基层专业化儿童社工队伍的建立带来实质性的推进。

3. 企业/行业规范为儿童公益专业化加码

当下无论是传统还是新兴的儿童产业，都同儿童群体本身一样备受公众与业界的高度关注。不断致力于儿童权利的倡导，亦对现阶段儿童产业的行业标准与规范提出新的要求。这方面有三项行业标准对发展儿童公益服务有着重要意义：一是《机动车儿童乘员用约束系统》国家标准7月1日起正式实施。该标准是我国第一部关于机动车儿童座椅约束装置的强制性标准。2012年7月18日，中国汽车技术研究中心主办的儿童安全座椅发展研讨会在上海新国际博中心举行，会议同时宣布启动儿童安全座椅公益推广项目。标准明确规定，生产企业所有在产车型上必须安装安全座椅接口及安全锁等。尽管是否为儿童采用安全座椅最终仍取决于家长，但标准的出台使家长和社会对儿童乘车安全的意识正在逐渐加强。二是《儿童家具通用技术条件》将于8月1日起正式实施。《儿童家具通用技术条件》是家具行业标准中为数不多的强制性国家标准之一，填补了国内儿童家具通用技术要求的空白。该标准将对家具生产和流通领域的质量监管起到技术支撑，规范儿童家具的加工生产环节；同时引导消费者提高对儿童家具产品质量的认识。三是新版《儿童国家纺织产品基本安全技术规范》将于 8 月 1 日强制实施。该新标准最大亮点之一是新增加一种禁用偶氮"4－氨基偶氮苯"的检测。至此，纺织品禁用偶氮的检测从 23 种增加到 24 种，从更大程度上解决由于面料、辅料质量而导致的儿童服装产品质量问题。

三　政策创新增进儿童福利

（一）从公益项目到福利制度：农村义务教育学生营养改善计划

农村义务教育学生营养改善计划于 2011 年 10 月国务院常务会议决定启动，随后下发具体的实施意见、成立计划领导小组办公室并制定工作制度，于 2011 年秋季学期正式开始，以分布于 21 个省、市、自治区集中连片特殊困难地区的 680 个县（市）作为国家试点，启动实施每生每天 3 元标准的学生营养改善计划，中央财政预计投入 160 亿，2600 万在校生受益；在该计划启动实施半年后，随即建立营养健康状况监测评估制度与工作方案，制定专项资金管理办法，并部署学校食堂建设工作。

2012 年 5 月 3 日，全国学生营养办通过《全国农村义务教育学生营养改善计划国家试点省份受益学生数》和《全国农村义务教育学生营养改善计划国家试点省份监督举报电话和邮箱》两份表格详细公布了中西部各国家试点省份营养改善计划受益学生人数和监督举报电话、邮箱，数据信息精确到个位数。根据公布的信息显示，2012 年，营养改善计划覆盖 22 个国家试点省份的 699 个县级单位（含新疆生产建设兵团 19 个团场）的 2542.4 万余名农村义务教育学生。其中，西部地区学生约 1635.5 万名，中部地区学生约 906.9 万名，中央财政将据此核拨营养膳食补助资金。同时，全国学生营养办要求，各地要以食品安全和资金安全为重点，确保营养改善计划顺利推进；凡发现虚报冒领、挤占挪用中央补助资金的行为和食品安全方面的问题，均可通过举报电话、邮箱予以反映。

2012 年，该项目国家与地方试点工作齐头并进。从全国层面来看，2012

年度，学生营养改善计划完成 699 个国家试点地区的启动实施工作，中央共下拨 150.53 亿元财政资金全额支持营养膳食补助（其中含地方试点奖补资金 15.41 亿）；同时对试点地区学生食堂新建或改扩建按 5∶5 的比例予以奖补，共计下拨 93.76 亿，该计划按照预计目标惠及 2600 余万学生。在无国家试点县的省份，以上海、江苏、浙江、福建、山东和海南 6 大省市为代表，以高于国家试点膳食补助的标准，也于 2012 年度安排地方财政资金，积极启动实施学生营养改善计划的地方试点工作。

学生营养改善计划是民间与政府良性互动的成功典范，该计划由政府主导、民间推动。在政府下拨资金启动计划之后，来自民间的免费午餐基金公募计划、安利公益基金会"春苗营养厨房"计划、"盛满爱·建好厨房吃好饭"筹款月活动、中国扶贫基金会爱加餐项目，以及中国青少年发展基金会希望厨房项目等的公益力量，源源不断地加入我国学生营养的改善计划。学生营养改善计划的实施情况表明如下几点。

第一，儿童营养的重要性，已提上我国儿童福利体系的建设日程，顺应了国际上重视儿童健康的主流趋势。如英国早于 1934 年的《牛奶法案（Milk Act）》，确定了对学生午餐与牛奶的供应，使儿童每天享有一餐营养膳食，在有益于儿童健康的同时，并培养儿童好的饮食习惯和餐点礼貌。

第二，按照现行的营养改善试点标准进行推算，我国义务教育阶段在校生人数约为 1.5 亿，全国普及学生营养改善计划约需 900 亿元。

第三，学生营养改善计划在民间推动与政府主导的互动模式下，若能逐步实现从农村连片贫困地区向所有农村地区，再从农村向城市不断拓展，将有望成为下一项普惠型儿童福利制度。

（二）残疾人教育条例修订草案公开征求意见，融合教育成主流

为保障残疾人受教育的权利，我国根据《中华人民共和国残疾人保障法》和国家有关教育的法律，于 1994 年 8 月制定并颁布了《残疾人教育条例》（第 161 号国务院令），该条例的颁布对当时残疾人教育事业的发展起到了积极的推动作用。但随着经济、社会和法治等主客观环境的变化，针对已有条例与目前残疾人教育事业发展需要的不适应性，我国于 2010 年启动《残疾人教

育条例》的修订工作。该条例的修订草案于 2012 年 3 月正式全文发布，并在 2013 年 3 月向社会各界公开征求意见。

新修订的条例草案呈现如下两大主要变化：一是在体例上，修订后的条例草案不再按照学前教育、义务教育、职业教育、普通高级中等以上教育及成人教育等四大阶段作为划分条例内容的主要纬度，而是从普通学校教育与特殊机构教育两大方面出发，对原条例内容进行修订。二是新修订后的条例草案，针对普通学校教育以强调"融合教育"为特征，针对特殊机构教育则以强调机构与教师"专业化"为特征。

具体分析来看，在融合教育方面，新的条例草案首先明确了"面向所有残疾人，坚持融合教育"的原则，并要求"地方各级人民政府应当逐步提高普通幼儿园、学校接收残疾学生的能力，推广融合教育，保障残疾人进入普通幼儿园、学校接受教育"，尤其强调对于接受残疾儿童的普通幼儿园在实施融合教育的同时，应当"为就读的残疾儿童提供适当的教育与康复训练"。在专业化方面，新修订的条例草案一方面强调机构设施的专业化，提出"幼儿园、学校的教育教学设施、设备应当符合无障碍标准，并应当根据需要配备康复、生活技能等专用设备，为残疾学生提供无障碍校园环境"的要求；另一方面则强调特教师资的专业化，明确将实行"特殊教育教师专业证书制度"，关于专业证书制度实施的具体步骤、条件和办法，规定由国务院教育行政部门制定。

此外，民政部还明确表示将推进儿童福利立法进程，已完成《儿童福利条例》初稿的草拟工作，将加快出台时间。

（三）五部门发文：留守儿童将享受"三个优先"待遇

2013 年 1 月 10 日，教育部、全国妇联、中央综治办、共青团中央和中国关工委联合下发《关于加强义务教育阶段农村留守儿童关爱和教育工作的意见》。根据意见，留守儿童在基础设施、营养改善和交通需求方面将享受"三个优先"待遇。意见规定，要通过科学规划建设农村寄宿制学校，优先满足留守儿童寄宿需求，确保每名寄宿生有一个标准床位；在国家组织实施的农村义务教育学生营养改善计划和地方组织实施的营养改善项目地区，要建立留守儿童用餐登记台账和营养状况档案，优先保障留守儿童用餐需求；要充分考虑留守儿童数量和分布状况等因素，合理设置学校或教学点，优先保障留守儿童能够就近走读入学，对于公共交通难以满足的地区，要创造条件提供校车服务，保障留守儿童优先乘坐。意见提出，要全面建立留守儿童档案，将父母外出务工情况和监护人变化情况逐一进行登记并及时更新；认真选择有意愿、负责任的家庭，采取全托管或半托管的形式照料留守儿童。还将建立16岁以下学龄留守儿童登记制度，以保证将其纳入教育等基本公共服务体系。

（四）地方儿童福利政策持续创新

1. 重庆：首设事实无人抚养儿童津贴

重庆市民政局、财政局下发《建立事实无人抚养困境儿童生活补贴制度的通知》（渝民发，［2012］116号），在全国率先建立起针对事实无人抚养儿童的基本生活津贴制度，于2012年10月1日正式启动实施。重庆市将受益儿童界定为四类事实无人抚养儿童：一是父母双方均失踪、服刑或重残，且家庭困难的儿童；二是父母一方死亡，另一方服刑、失踪或重残，且家庭困难的儿童；三是父母一方失踪，另一方服刑或重残，且家庭困难的儿童；四是父母一方服刑，另一方重残且家庭困难的儿童。对符合条件的困境儿童，重庆市按照每人每月600元的标准发放生活补贴。2010年重庆市在全国较快落实孤儿基本生活费发放制度，确定津贴标准为儿童福利机构集中养育孤儿每人每月700元、社会散居孤儿每人每月600元。继孤儿津贴实施一段时间后，各地与孤儿有着同样特殊需求、但尚未纳入津贴覆盖范围的儿童群体不断受到关注，各地亦随即展开针对该儿童群体，即事实无人抚养儿童的排查，预计其数量与孤儿相当。重庆市正式建立事实无人抚养儿童津贴制度，是重庆在儿童养育领域继落实孤儿津贴后的重要政策调整。我国儿童基本生活津贴制度从孤儿入手，逐步向更多有特殊需要儿童覆盖，重庆市的此项举措无疑带来政策性突破，未来实现国家层面的事实无人抚养儿童补贴制度成为必然趋势。

2. 江西："两病"救治工作成绩显著

自2010年8月，江西省开展全省的儿童白血病、先天性心脏病的免费救治工作。截止到2011年底，累计收治白血病患儿363例、先心病患儿4061例。2012年江西省完成180例儿童白血病和2400例先天性心脏病免费救治任

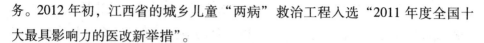

务。2012 年初，江西省的城乡儿童"两病"救治工程入选"2011 年度全国十大最具影响力的医改新举措"。

3. 安徽：计划建立儿童医疗救治网

2012 年 7 月 9 日，安徽省出台《"十二五"儿童医疗救治体系建设指导意见》（以下简称《指导意见》），《指导意见》提出在"十二五"时期建立"可持续发展的儿童医疗救治网络体系"的目标，是地方政府首次从构建"网络体系"的角度推进儿童医疗救助；并提出四大实施策略与措施：一是建立省、市、县三级儿童医疗机构网；二是建立多层次儿科人才培养和培训体系；三是建立儿童医疗救治信息网络；四是建设省级儿童医疗救治中心。《指导意见》同时给出建立省、市、县三级儿童医疗救治体系急救与监护病房的设施、设备以及人员标准。

4. 无锡：以"残健融合"模式实现自闭症儿童入园

2012 年 10 月，无锡出现的首例自闭症儿童以签署"残健融合"协议模式入读普通幼儿园的事例，是继该事件后民间公益力量推动儿童福利制度建设实效的显现。无锡自闭症儿童入园，是以"残健融合"的模式展开，强调在就读的普通学校内，把特殊需要儿童纳入科学性和专业性的教育体系，让这些孩子能够得到全面发展。该模式区别于以往特殊需要儿童仅实现"随班就读"的方式，而主动探索特殊需要儿童如何融入现有教育体制的问题。这是全国先例为特殊需要儿童融入正常教育体制提供可借鉴样本的有益尝试。

四 政府支持儿童类社会组织服务渐成规模

政府购买社会组织服务是近年来重视和支持社会组织发展的重要举措，它起步于上海、深圳等沿海发达地区，目前正呈现从东部向中西部地区、从个别领域向众多服务领域拓展的趋势。目前，在北京、广东等政府购买社会服务的先行地区，政府已连续几年投入上亿元的资金购买内容丰富的各类社会组织服务项目，其中很大一部分是儿童类公益服务项目，并且还出台了相关的政策法规，对政府采购的项目内容及招标采购程序进行了规范。2012 年最大的亮点，是中央政府开始列出预算对社会组织服务进行集中采购，这具有很大的示范效应，完全有可能带来政府购买社会组织服务从金额到规模上的大发展。

（一）地方财政购买儿童类社会组织服务：沪粤京三地领跑

中国政府购买服务，最早的探索 1995 年出现于上海。当时，浦东新区社会发展局兴建了罗山市民休闲中心后，交由上海基督教青年会管理；并于 1998 年时，将政府养老服务一并委托，政府购买服务由此进入实践。此后，其他省市也陆续展开探索，政府购买服务的内容和范围逐渐扩大到儿童服务、教育、医疗卫生、计划生育等领域。同时，作为改革前沿的广东省，在 2009 年开始的新一轮机构改革中，政府将三大类 17 项职能通过授权、委托及其他方式转移给社会组织，初步建立起政府向社会组织购买服务制度。北京作为政府购买服务的积极探索城市之一，十分注重对儿童类公益服务的支持。

1. 上海：特殊儿童群体受关注，但占项目总体比例偏低

2012 年，上海政府采购规模为 433.2 亿元。据不完全的调查统计，2010 年上海市本级财政预算中政府采购服务类项目资金超过 14 亿元；18 个区（县）2008～2010 年政府购买公共服务支出分别约为 36 亿、46 亿和 60 亿元。以上海静安区为例，2012 年该区推出了 179 个购买服务项目，涉及资金 4500 多万元。在 179 个项目中，关于儿童类的社会服务，仅有 10 项，约占总项目数的 5.6%（见表 6－1）。

表 6－1　上海静安区 2012 年政府购买社会组织公共服务评审通过的儿童类项目表

编号	申报部门	项目名称（项目内容）	项目类别	服务对象
10	静安寺街道	社区亲子节 & 低碳我最行	社区服务	儿童
41	曹家渡街道	青少年服务（青少年托管、课业辅导等）	社会事务	儿童
43	曹家渡街道	早教服务项目(0～3 岁婴幼儿科学育儿指导)	公共管理	0～3 岁早教
53	江宁路街道	社区青少年课外教育服务项目	社会事务	青少年
57	江宁路街道	塑爱心：促成长之青少年公益活动	公共管理	青少年
61	江宁路街道	沃奶奶儿童健康服务	公共管理	儿童
86	南京西路街道	暑托班	公共管理	青少年学生
111	团区委	"乐活静安,关爱进城务工青年及其子女"系列活动	社区服务	务工子女
176	人口计生委	生育关怀项目	社区服务	孕产妇
177	人口计生委	科学孕育服务项目	社区服务	孕产妇

资料来源：静安区人民政府网 http://www.jingan.gov.cn/newscenter/bmdt/qsjb/201202/t20120202_100028.htm，最后访问时间：2012 年 2 月 2 日。

2. 广东：初建制度体系，扶持儿童专业化社工组织

作为改革前沿的广东省，在 2009 年开始的新一轮机构改革中，政府通过授权、委托及其他方式转移给社会组织，主要包括原由事业单位承担的技术鉴定等辅助性、一般事务性工作。到 2011 年，广东明确交给社会组织或事业单位的政府职能已经达到 130 余项。在此基础上，广东省计划于 2012 年出台《广东省推进政府向社会组织购买服务工作暂行办法》和《省级政府向社会组织购买服务目录》，使这一改革走向制度化。广东 2012 年采购规模 1232.69 亿元。2011 年广东政府采购规模首次突破 1000 亿元，达到 1040.54 亿元，占当年全国政府采购规模约 1/10，并与江苏一起，成为了全国范围内两个政府采购规模率先超千亿元的省份。

2012 年，广东省各级财政部门将把本级政府应负担的社工专业人才队伍建设经费纳入同级财政预算，省市县各级全面推进政府购买社工服务机制。2012 年 2 月，罗定义工联合《南方农村报》小草行动开展"朝阳行动·情暖山区学子"公益志愿活动，走进罗定市留守儿童重镇新乐镇，为 6 名贫困留守儿童送上书包、台灯等学习用具及慰问金。整个活动共花费 5000 元，资金来源于省财政志愿服务专项资金。

这是一个地方政府向民间公益组织购买儿童服务的小案例。2012 年底，省财政志愿服务专项资金再拨 195 万元支持"朝阳行动"，全省共有 92 个社会志愿者组织获得活动经费，它们分布于全省各地，如罗定义工长期关注留守儿童。它们整合了各种社会资源，希望能为留守儿童提供最实际的帮助。

3. 北京：发挥社会组织自主性，儿童公益服务需求高

北京市政府向社会组织购买服务的试验已持续了四年，2009 年时，该市确立了社会建设专项资金，当年投入 1.5 亿元购买服务，并探索建立政府购买公共服务机制。据统计，2009 年北京市各级行政部门大力推进政府职能转移，共投入资金 4.77 亿元，购买社会组织服务 5335 项。

截至 2010 年 7 月底，全市社会组织 1846 个共申报项目 2706 个，筹集社会资金 22.98 亿元，组织动员社会组织工作人员、会员和志愿者近 50 万人，较好地发挥了社会组织载体的作用，形成社会组织与政府之间、社会组织之间，资源共享、优势互补、相互促进、共同发展的良好局面。2010年初，《北京市2010年在直接关系群众生活方面拟办的重要实事》提出购买社会组织公益服务项目。共有2753个社会组织申报3225个民生服务项目，排在前三位的是文体科普、扶老助残和支教助学领域，涉及的儿童类公益在其中占有相当比重（见表6-2）。

表6-2　北京市2010年政府购买社会服务领域总体情况统计表

单位：个

类　别	项目总数量	社会组织总数	类　　别	项目总数量	社会组织总数
扶贫救助	211	194	妇幼保护	138	122
扶老助残	396	352	服务三农	262	238
支教助学	368	313	法律援助	66	62
文体科普	649	526	促进就业	257	238
医疗卫生	347	266	其　　他	297	241
生态环境	234	201			

数据来源：《建立政府购买组织公益服务长效机制充分发挥社会组织在服务民生行动中的作用》的附件《已申报项目服务领域总体情况统计表》，北京市社会组织公共服务平台，2011年7月14日。

（二）中央财政购买儿童类社会组织服务：资金投入近6000万

2012年中央财政首次对社会组织进行专项支持，总共拨出2亿元，专门用于支持社会组织参与社会服务，共立项377个，带动社会资金3.2亿元，185万左右的低收入家庭成员、灾区群众、大病重病患者、老年人、儿童、残疾人等群众直接受益，1.77万名社会组织负责人和登记管理机关干部接受了培训。2012年底，民政部再次发布了2013年中央财政将预算2亿元专项用于支持社会组织发展的通知。

在2012年获得中央财政支持的377个社会组织服务项目中，儿童类项目102个，约占总数量的27%。而所有项目实际的财政资金投入总量约为1.94亿元，其中，儿童类项目获得的资金支持约为0.57亿元，约占整体资金规模的29%（见表6-3、图6-1）。

表6-3　2012年中央财政支持社会服务中儿童类项目数量和金额情况

项目类别	项目数(个)		项目资金(万元)	
	儿童	总数	儿童	总数
发展示范项目(A类)	42	152	1279	4725
承接社会服务试点项目(B类)	24	102	1615	6680
社会工作服务示范项目(C类)	36	86	2831	6650
人员培训示范项目(D类)	0	37	0	1369
合　计	102	377	5725	19424

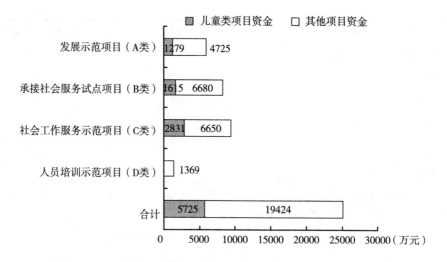

图6-1　2012年中央财政支持社会服务中儿童类项目金额情况

1. 成都：关爱青少年，预防儿童犯罪

成都市武侯区青少年犯罪预防研究中心的青少年关爱之家项目获30万元资金，预防社区内的青少年犯罪。2001~2004年，武侯区未成年人犯罪案件，以每年超过25%的速度增长。面对未成年人犯罪率连年上升的严峻形势，2005年全省首家拥有正式编制的青少年犯罪刑事检察科在武侯区检察院成立，专门办理未成年人和在校学生犯罪案件。2005年春，该院发起成立了四川省政法系统首个预防和研究青少年犯罪的公益性社会团体组织——成都市武侯区青少年犯罪预防研究中心，通过深入社区、深入学校开展公益性活动，提供专业的法律咨询、法律援助等服务，联合社会各界力量，积极参与综合治理，做好社区、学校和青少年的思想道德工作，增强其法制观念，有效预防和减少违

法犯罪情况的发生。未成年人犯罪保持下降趋势，下降幅度为12%，预防未成年人犯罪工作成效显著。

2. 西安：儿童虐待的预防与救助

西安博爱儿童虐待预防救助中心的儿童虐待预防与救助项目获28万元资金，建立儿童虐待的预防与救助模式。作为中国大陆唯一专为受虐儿童提供免费诊断、治疗的机构，中心旨在防止虐待儿童，为遭受虐待的儿童提供治疗与康复服务；为遭受虐待与忽视儿童的家庭提供心理辅导、家庭干预、法律援助等后续服务。同时，中心还进行儿童虐待与忽视防治领域的调查研究、防止儿童虐待的宣传教育、师资培训等工作。包括对警察、医生、社工等相关专业人士进行有关儿童虐待的预防、上报、诊断、鉴别、治疗等方面的培训。通过开发的教材对老师、父母、儿童进行有关儿童性虐待的预防培训，提高儿童预防性虐待的技能。

3. 兰州：支援自闭症儿童家长

兰州欣雨星儿童心理发展中心，作为甘肃省首家登记注册的孤独症儿童支援机构，其申请的孤独症儿童及其家长支援项目获35万元资金。项目资金用于救助全省18岁以下的孤独症患者，特别是针对患儿家长的支援，包括成立孤独症儿童家长支援中心、校园朋辈支持计划、举办家长支援活动、开展志愿者培训、开展全省首期孤独症儿童服务研讨及经验交流会、开通孤独症儿童家长服务热线等服务。通过心理和艺术的结合治疗，开发障碍儿童的潜能、调适其身心、培养娱乐及职业技能使他们能够更好地融入社会。

4. 北京：支持罕见病儿童自立生活

北京瓷娃娃罕见病关爱中心的扶助瓷娃娃罕见病自立生活项目获50万元资金，为罕见病群体在没有有效药物和治疗方式的情况下，改善其生活质量、提升自立生活的能力。项目在全国范围针对以脆骨病群体为主的罕见病群体制定针对个人的个性化康复方案。康复方案包括康复评估、指导、辅具发放、矫形手术等，对其肢体康复、心理支持、自立生活能力进行全方位的整体性干预。所谓的整体性干预，即指不仅提供康复方法，还关注患者的生活质量及其家庭，积极鼓励、支持病友融入社会。该项目与意大利专业康复机构OVCI及国内最顶尖级的康复器械专家和厂家合作。在针对脆骨病群体的支持活动成功开展以后，针对结节性硬化症（TSC）病友的支持活动也陆续开始，并取得了较好的反响。

5. 广州：关注智障儿童的社区托养服务

广州市慧灵弱智成人托养中心的智障人士社区居住试点项目获40万元资金。该中心创办于1990年，主要为弱智弱能人士提供服务。作为一家典型的自下而上的民办非营利机构，已从最初的慧灵弱智青年训练中心发展成为拥有幼儿园、学校、职业训练中心、托养中心、自闭症训练站和家庭服务的综合服务机构，吸收了不同年龄、不同类别的智障弱能人士，形成了多元化一条龙社区服务模式。广州市慧灵弱智成人托养中心，地处成熟的住宅小区天鸿花园，毗邻慧灵一校，学校设施齐备，为学员的生活、康复训练提供良好的条件。主要为18岁以上中重度智障成人提供至其终生的服务。充分利用社区现有的资源，提供真实的环境，提高学员各方面的生活品质。如学员日后生活自理能力衰退丧失，将提供护理服务以及临终服务以解决家庭的后顾之忧。

（三）政府购买儿童类社会组织服务的效益分析

政府购买儿童公共福利服务，大大加速了儿童公益事业的专业化和规范化发展。儿童公共福利服务，属于政府公共服务的重要组成部分。完全由政府提供的福利服务，范围和对象毕竟有限，如特殊儿童的救助、教育、矫治、康复等，而大量儿童公共福利服务，事实上由社会组织、私人企业或儿童家庭来承担，而且也更适合由民间和社会组织来承担。政府购买儿童公共服务的发展壮大，提升了我国儿童福利服务的质量与范围，树立了国家主导、民间共治的理念，积极培育了社会非营利组织的发展，最终提高了儿童享受到的公共服务的专业化水平。

五　总结与展望：儿童公益的使命

总结2012年以来的儿童福利服务发展以及公益力量深度参与儿童福利制度建设的轨迹，呈现如下几个非常鲜明的特征。

1. 2012年是中国儿童权利意识全面觉醒的一年。在一系列悲剧性儿童事件的激发下，儿童的境遇受到全民关注，引起了广泛的讨论和制度反思。联合国儿童权利公约阐述的一系列儿童权利，不仅成为政府构建儿童福利体系的国际准则和基本理念，而且经由业界和学者们的倡导传播而深入人心，引起了全社会的广泛认知和重视。儿童权利的视角意味着儿童作为权利和福利的主体，正在纳入国家制度体系构建的框架之中。满足儿童的多层次福利需求，成为国家福利与民间公益行动共同遵循的出发点。

2. 初步形成了全民共建儿童福利服务体系的良性格局。政府将社会福利纳入了社会建设的重要内容，特别是十八大以后，社会体制改革迎来了一个新的发展时期，儿童福利发展呈现加速迹象，如将艾滋病患儿纳入国家保障，贫困地区学生营养改善计划覆盖面扩大，儿童立法列入重要议事日程等。儿童类NGO加速发展，公益组织、公益项目和公益行动成为儿童福利服务发展的先导力量，一方面积极倡导推动公共政策与国家福利；另一方面促使民间各种资源开始向儿童福利聚集，使儿童福利服务的增量供应持续扩大。

3. 儿童公益在构建专业化服务体系方面开始做出巨大探索和努力。地方政府多年来积极探索购买社会组织服务的努力，得到了中央政府的积极回应，中央从2012年开始每年拿出2亿元购买社会组织服务，其中购买儿童类社会组织服务成为重要组成部分。这标志着中央政府对社会组织提供社会服务功能的认可和重视，再加上放宽社会组织登记条件等政策信号，这些说明一个有利于社会组织发展的宽松局面正在形成。儿童公益行业秉承使命，在专业化建设方面付出了艰辛努力，在加强公益组织能力建设以及公信力和透明度建设的同时，加强了与政府、媒体、学界与公众的沟通，积极探索引进国际化的行业服务标准，开发新的适应中国儿童需求的公益项目，使中国儿童服务领域进一步拓宽，服务水平不断提高。

在取得上述进步的同时，也必须看到中国的儿童福利制度建设还处于起步阶段，儿童福利法和专门行政机构仍然缺位，政府购买社会服务的规模金额过小，儿童服务组织数量稀缺，资金、人才、技术短缺，专业化服务水平严重不足，大量困境儿童仍在水深火热之中，普惠制的儿童福利也只是刚刚开始。"让儿童优先成为国家战略"仍然是没有实现的愿景。因此，儿童公益任重道远，业界和学界不能有丝毫松懈。展望2013年，儿童公益界需要在以下几方面继续努力。

1. 要制订发展儿童公益组织的战略规划。抓住十八大以后社会建设将迎来高潮的重大战略机遇期，构建儿童公益的支持体系、行业孵化体系、交流发展平台，在政府和公众的支持下不遗余力地发展、壮大儿童公益组织。公益组织必须重视行业建设和机构自身建设，打通与政府、企业和社会公众的沟通与合作渠道，进一步形成有利于儿童福利发展的格局。当务之急是扩大儿童公益组织的数量、规模与服务范围，以改变儿童公益组织数量过少、规模过小、服务单一的局面，尽快满足中国儿童福利服务急迫的和潜在的巨大需求。

2. 始终将专业化作为儿童公益组织的努力目标。由于儿童群体的多元化和需求的多样性，专业化是儿童服务的方向。儿童服务组织必须依照专业化要求确定战略重点，引进专业化的人才和服务标准，提供特定儿童群体所需要的服务，有针对性地开发项目和确定服务流程、方式。专业化建设一定要走国际化的路子。社会服务在西方发达国家已发展多年，有着成熟的体系，必须重视国际经验的引进，在服务组织、项目、标准、技术、流程等方面要全面学习，并在实践中探索本土化的模式。

3. 高度重视儿童公益社会服务的递送机制建设。针对儿童需求提供细腻的人性化的服务，是公益组织最大的优势和特长，必须充分发挥。当前中国儿童福利的递送机制不畅，儿童风险未被全面准确地评估和掌控，儿童福利服务需要克服"最后一公里"的障碍，增加服务的可及性。必须普及专业的社区型的儿童福利机构和设施，从源头上保证儿童安全，发现和防范儿童安全风险，预防儿童安全事件的发生；保证专业的儿童养育和照料等福利服务技能能够最快速地向一线传递，使每个儿童及其家庭都能享有更便捷的基本儿童福利服务。

第七章
宗教慈善：传统社会服务力量
迎来现代转型

2012 年，在中国宗教慈善发展史上绝对是一个具有里程碑意义的年份。2 月，国家宗教事务局、中央统战部、国家发展改革委、民政部、财政部、税务总局中央六部门发布了《关于鼓励和规范宗教界从事公益慈善活动的意见》，首次从中央层面明确提出支持鼓励、引导规范宗教界参与慈善事业，统一各界对于宗教慈善的认识，为宗教慈善事业的快速发展创造良好的政策环境。

9 月 17 日至 23 日，五大宗教在全国范围内掀起了一场以"慈爱人间，五教同行"为主题的"宗教慈善周"活动，点燃了久聚于宗教界的慈善热情，宗教组织纷纷投入到筹款资助、关怀服务与宣传倡导活动中。"宗教慈善周"为宗教界内部提供交流机会，也吸引了政府部门、公益组织、学界、企业等社会各界的广泛参与，宗教慈善步入社会主流。

宗教力量是我国传统的慈善力量，但在很长一段时间内其功能没有得到有效发挥，随着国家鼓励政策的出台，宗教慈善有望成为我国社会服务的主要载体之一。同时，在我国宗教慈善领域，已经涌现出一批优秀的宗教慈善组织。它们正通过不断地创新，使服务更贴近社会需求和现代慈善的发展趋势，成为中国宗教慈善事业的引领者，推动行业发展。

一 中央政策推动宗教慈善迎来新的发展机遇

改革开放后，随着我国社会经济建设的全面推进，宗教对现代社会建设的功能逐渐显现，宗教的角色定位被逐渐提上国家政策日程。中央相继提出"积极引导宗教与社会主义社会相适应"和"积极发挥宗教在在建设和谐社会、经济社会文化发展中的作用"的两大命题，从国家政策层面肯定了宗教作为我国社会主义社会经济建设的重要力量，对社会各界形成对宗教的正确认识和宗教参与社会经济建设等都具有引导意义。但是，目前宗教参与社会建设还缺乏一个有效的途径和载体。

2012 年，中央六部门出台《关于鼓励和规范宗教界从事公益慈善活动的意见》，第一次从中央层面明确提出支持鼓励、引导规范宗教界参与慈善事业，并在宗教界从事公益慈善活动的主要范围、基本形式、可以享受的扶持与优惠政策、应当遵守的基本原则和相关部门的职责分工等方面进行规定。

（一）两大命题阐释宗教的社会经济地位

尊重与维护宗教信仰自由是中国的一项基本国策。但宗教长期以来处于我国社会的一个边缘位置，宗教对社会发展的作用没有得到充分的认识，在国家政策中也未得到明确的定位。

1982 年，中共中央 19 号文件提出"使全体信教和不信教的群众联合起来，把他们的意志和力量集中到建设现代化的社会主义强国这个共同目标上来"，将宗教视作社会主义建设的力量，首次提出了宗教参与"社会服务"的概念。

1993 年，江泽民在全国统战工作会议讲话中，提出"积极引导宗教与社会主义社会相适应"的命题，指出信教群众也是建设中国特色社会主义的积极力量，开创了中国宗教发展新局面，宗教的社会服务作为各级党政部门引导宗教与社会主义社会相适应的一个实现方式逐渐得以开展。

2006 年以来，中央在建设社会主义和谐社会、社会管理等国家战略中，又提出了"积极发挥宗教在建设和谐社会、经济社会文化发展中的作用"的命题，更加明确宗教的社会经济地位，肯定宗教的积极作用。十六届六中全会第一次提出要发挥宗教在促进社会和谐建设中的积极作用。十七大把发挥宗教的积极作用写入党章。胡锦涛在十七届第二次政治局集体学习会议上明确提出，要鼓励宗教界从事社会公益事业和社会慈善事业，第一次提出了要正向引导宗教开展慈善事业。2011 年，十七届六中全会进一步指出，要发挥信教群众和宗教界人士在促进文化发展中的积极作用。

（二）国家宗教事务局出台意见，鼓励规范宗教慈善发展

关于宗教发展的两大命题等一系列政策，为宗教参与社会各项事业创造了一个积极正向的政策环境，但宗教参与慈善事业却没有一个专门的规范性文件。随着宗教慈善作为中国慈善事业的重要内容，尤其在 2008 年汶川地震后，宗教界在捐赠、服务、心灵抚慰方面展现巨大能量，对宗教慈善的规范化发展提出了更迫切的需求。

基于此，国家宗教事务局于 2008 年初步制定了《关于鼓励和规范宗教界从事公益慈善活动的意见》，并协调中央政府各部委召开协调会。但我国整个社会宗教氛围淡薄，大部分政府部门对宗教参与社会事务比较陌生，对宗教慈善认识并不深刻，存在戒备心理。为此，国家宗教事务局特意组织参与制定意见的民政部、财政部、税务局的相关负责人到北京市仁爱基金会实地考察体验慈善项目，与宗教慈善人士开展对话，身临其境地接触宗教开展的慈善活动，体会宗教慈善的理念与价值。

该意见从起意到制定出台，花了整整五年时间。2012 年 2 月，国家宗教事务局会同中央统战部、国家发展改革委、民政部、财政部、税务总局中央六部门发布了《关于鼓励和规范宗教界从事公益慈善活动的意见》，这是我国第一个专门针对宗教从事慈善事业作出规定的中央政府文件。

该意见强调了鼓励和规范宗教界从事公益慈善活动的积极意义，明确了宗教界从事公益慈善活动的主要范围、基本形式、可以享受的扶持和优惠政策、应当遵守的基本原则，并对相关部门的职责和分工提出了要求。

从内容上看，该意见都是对散落于现有法规政策的宗教慈善组织管理、免税优惠等方面政策的整合，并没有特别的新增规定，但该意见对于我国整个社会宗教慈善和宗教事业的发展具有重大意义：一是明确态度、统一思想。该意见对宗教界从事公益慈善活动予以明确的定位，宗教界从事公益慈善活动"是促进我国公益慈善事业健康发展的有益补充"。意见的态度十分明确：支持鼓励、引导规范，在中央层面统一思想，有助于宗教慈善获得社会各方的认同，并被纳入现行的法律法规制度体系。二是解除顾虑、规范发展。长期以来，虽然宗教界基于自身教义，积极参与助学、助医、养老、扶弱、赈灾、扶贫等公益慈善事业，

取得良好效果，但由于中国社会缺乏对宗教的普遍认同，宗教界开展活动小心谨慎，各界对宗教从事慈善事业的支持也有所顾虑。同时，宗教力量从事公益慈善活动的政策不明确，宗教慈善组织登记困难、优惠政策难以落实，造成宗教开展慈善活动规模小、不规范等问题。该意见对宗教界开展慈善事业的鼓励、规范态度，有助于鼓舞宗教界士气，打消社会各界支持宗教慈善的顾虑，也让宗教界更清晰详细地了解登记、优惠等政策，促进宗教慈善的规范化发展。

二 宗教慈善周：宗教慈善主流化开端

2012 年 9 月 17 日，在湖北武汉举办的"宗教界从事公益慈善活动经验交流会暨宗教慈善周"启动仪式上，我国五大宗教（佛教、道教、伊斯兰教、基督教和天主教）发出了《关于开展"宗教慈善周"活动的共同倡议》，拉开了中国第一个"宗教慈善周"序幕。在接下来一周（9 月 17 日至 23 日）以"慈爱人间，五教同行"为主题的"宗教慈善周"中，五大宗教联合在全国范围内掀起了一场慈善活动热潮。

（一）宗教慈善周活动内容：募款与交流、倡导同步

宗教慈善周的活动内容包括四大类：募款资助、宗教关怀服务、宣传倡导（评奖表彰）与经验交流。

1. 募款资助

各宗教团体通过设立慈善周专用捐款箱、"慈善一日（周）捐"、开办文艺晚会、义拍义演、书画展等方式筹措善款。福州市九仙宫等 10 家道观共同设立"大手牵小手，慈善一起走"专用捐款箱。云南、河北、上海、安徽、湖南和陕西等地针对不久前发生的彝良地震捐款捐物，支援灾区建设①。在宗教慈善周期间，全国宗教界共募集善款 2.6 亿多元，其中道教募集 3000 多万元②。

2. 关怀活动

五大宗教均开展了多种社会关怀活动，主要包括关怀老人、助医义诊、助

---

① 《关于在全国宗教界开展"宗教慈善周"活动的总结》，国家宗教事务局，http：//www. sara. gov. cn//ztzz/2013gzhy/kywj_ 2013gzky/19025. htm，最后访问时间：2013 年 2 月 16 日。

② 陈杰：《善行善举爱洒人间——道教界参与宗教慈善周活动回眸》，《中国道教》2012 年第 6 期。

孤助残、扶贫济困、捐资助学、救灾等，但各略有侧重。

佛教、伊斯兰教界重点关注老人。佛教界明确以"敬老爱老，知恩报恩"为"宗教慈善周"的主题，倡议佛教四众弟子聚焦于老年人关怀，践行佛教慈悲大爱。伊斯兰教发起"斋月尊老敬老爱心行动"。中国伊斯兰教协会和中国经学院共同举行了"斋月尊老敬老爱心行动"捐款活动，各地穆斯林为养老院筹集善款300多万元；8月19日，中国伊斯兰教协会举行"欢度开斋佳节暨尊老敬老爱心行动"主题茶话会，对响应"宗教慈善周"号召而开展的系列活动进行了总结与汇报。

道教团体主要关注儿童与助学。中国道教协会捐赠110万元用于支持在京玉树地震灾区孤儿救助，并启动"点亮心灯·光明行动——慈善助医活动"，依托首届中国道家艺术名人书画展，组织名家作品进行慈善拍卖，救助贫困家庭的少幼儿眼疾患者的道教团体参与了"宗教慈善周"活动。福建省道教界举行"慈爱人间、五教同行、道教先行、千万工程"签约仪式，由福建省道教协会和福建省石竹慈善基金会捐资1000万元用于贫困地区10所中小学教学楼建设。

基督教更关注助困、助医与助残。中国基督教两会在全国开展"光照人间，盐撒大地——宗教慈善周系列活动"之时，尤为关注贫困地区群众的生活，在云南开展"扶贫援助综合项目"，并向困难群众代表发放了救助物资，还组织医务人员为群众提供义诊并发放药物。在以助医赠药为"宗教慈善周"活动主要内容的福建省，福建基督教两会组织福州、莆田和泉州的三个义诊队分赴福州、福鼎以及龙岩的边远山区和民族村进行义诊，为当地百姓送医赠药。甘肃、安徽省基督教两会分别向两省残疾人捐赠轮椅500辆和1100辆。

3. 慈善倡导

各宗教还通过"宗教慈善周"启动仪式、艺术展览、音乐会演、经法讲座、评选表彰"慈善之星"和"慈善人物"等方式，吸引僧众与公众参与，增强"宗教慈善周"社会影响，树立先进典型，塑造宗教慈善社会氛围。如上海等16省区市举行了"宗教慈善周"启动仪式。北京市道协举办"太和清音"道教文化音乐展，吸引了2600人参加。

4. 经验交流

"宗教慈善周"是五大宗教集体开展慈善活动的契机，也是五大宗教充分开展经验交流的场所。各地纷纷开展了由各类宗教团体共同参与的慈善事业经验交流暨表彰会，通过分享在慈善事业中的成功实践经验，促进了宗教间的交流与合作，推动慈善事业的创新发展。

（二）宗教慈善周特点：各大宗教与政府共同配合参与

"宗教慈善周"是我国宗教界第一次集体开展慈善活动，在参与范围、各方角色及机制建设方面均有其独特特征。

1. 反应迅速、广泛参与

自国家宗教事务局7月发布开展宗教慈善周活动通知后，各大宗教分别在本宗教内部提前动员部署。伊斯兰教协会在7月下旬便向全国穆斯林发出《关于开展斋月尊老敬老爱心行动的倡议书》；佛教在8月17日发出了《关于在全国佛教界深入开展"宗教慈善周"活动的通知》；基督教全国两会提前召开中国基督教公益慈善事业经验交流暨先进表彰会。五大宗教集结于"宗教慈善周"，在全国范围内发动各地宗教团体与信众广泛参与到公益慈善活动中。据不完全统计，全国22个省级行政区的佛教团体和20个省市区的道教团体，开展多种多样的公益慈善活动。宗教界参与者数以万计，受益群众数以百万计。

2. 政府支持、宗教配合

"宗教慈善周"是由中央政府发起和推动的。2012年2月，国家宗教事务局等政府部门发布了《关于鼓励和规范宗教界从事公益慈善活动的意见》，释放出政府积极发展宗教慈善的信号。7月，国家宗教事务局经商全国性宗教团体，发出在全国宗教界开展"宗教慈善周"活动的通知。在整个慈善周过程中，由国家宗教事务局统筹部署，各地负责宗教工作的政府部门具体推动、组织、监督活动的开展。宗教慈善周是政府鼓励宗教慈善发展的首次练兵，也得到全国宗教界的积极响应，是宗教界与政府的首次大规模合作。

3. 集中行动、长效突破

宗教慈善周活动集中开展的时间并不长，活动多为即时服务与关怀，活动的方式与领域仍比较传统，集中于助学、助老和助医等领域，简单的给予物质、资金的援助。但在短期活动的过程中，宗教界也在主动追求建立宗教慈善的长期机制。如江苏省在慈善周的筹备和实施阶段成立一批宗教慈善组织，未来将形成有 10 个组织的宗教慈善格局。浙江省提出"四个相结合"，即坚持政府引导与宗教界主体相结合，坚持临时救助与长效帮扶相结合，坚持物质救助与精神慰藉相结合，坚持载体创新与规范管理相结合。福建将宗教界开展公益慈善活动情况纳入创建和谐寺观教堂活动评价考核体系，明确了"四个支持"的政策，即支持和鼓励宗教界为公益慈善事业捐款捐物、支持设立公益慈善项目、支持建立公益慈善组织、支持落实扶持和优惠政策，提高宗教界从事公益慈善活动的积极性。

五大宗教共同参与，在全国各地广泛开展，获得政府的全力支持，从而探索出一条宗教从事慈善事业的长期机制。"宗教慈善会周"是中国宗教界首次在全国范围内联合开展的公益慈善活动，在中国宗教与慈善事业发展历史上前所未有。如果说在汶川地震中的赈灾工作是宗教慈善走进公众视线的开端，那么"宗教慈善周"便是宗教慈善主流化的开端，具有划时代的意义。因此，2012 被称作中国宗教公益慈善元年。

三　宗教慈善整体发展：组织化发展与捐赠潜力巨大

当前，我国宗教类慈善规模还比较小，全国宗教类社会组织仅占所有社会组织的 1.05%（见表 7 - 1）。汶川地震后的 5 年间，宗教界向社会贡献捐赠30 亿元，宗教界接收的慈善捐赠额度偏少。但从宗教慈善发展的整体趋势来看，宗教慈善在组织化以及规模化方面都有巨大的发展空间。

表 7 - 1　中国大陆宗教社会组织概况

	社会团体	民办非企业单位	基金会	总计
宗教类组织（家）	4650	169	36	4855
全国社会组织（家）	254969	204388	3081	462438
宗教类组织占比（%）	1.82	0.08	1.17	1.05

　　注：基金会数据为截至 2013 年 3 月 29 日，其他数据截至 2011 年底。

　　数据来源：中华人民共和国民政部编《中国民政统计年鉴 2012》，中国统计出版社，2012，第 155 页，第 607 页，第 625 页。

　　《大陆宗教背景基金会概况》，基金会中心网，www.FoundationCenter.org.cn，最后访问时间：2013年 2 月 18 日。

（一）组织化宗教慈善空间广阔

我国宗教类社会组织总体来看规模较小，约有5500个。截至2011年底，全国共有宗教类社会团体4650个，民办非企业单位169个。至2013年3月29日，全国共有宗教类基金会36个（见表7-2）。宗教类社会组织仅占全国社会组织的1.05%，与社会组织网统计的2009年的1.03%（见图7-1）相比[①]，略有提升。还有一些尚未在民政部门注册的宗教社会组织。就各宗教而言，据天主教研究机构河北信德文化研究所不完全统计，截至2009年末，天主教系统内共开办422个慈善公益文化组织，其中有220多所诊所、81家养老院、44所幼儿园、22家残婴院或康复中心和35个区域性或教区性的社会服务机构[②]。截至2006年6月，在民政部门正式登记注册的各级佛教慈善团体有60多家，其中省级机构10余家，地市县级机构40余家[③]。根据基督教全国两会的统计，至2012年7月，基督教界在全国范围内共开办医院和诊所37家、康复机构10家、戒毒中心4家、敬老院180家、孤儿院9家，援建各类学校129间[④]。

表7-2　中国大陆宗教背景基金会信息表

序号	基金会名称	成立时间	基金会类型	地域	宗教类型
1	爱德基金会	1985	公募	江苏	基督教
2	湖南省基督教信德基金会	1991	非公募	湖南	基督教
3	山西省佛教文化基金会	1994	公募	山西	佛教
4	四川圣爱特殊儿童援助基金会	1994	非公募	四川	基督教
5	甘肃省藏传佛教文化基金会	1996	公募	甘肃	佛教
6	深圳市弘法寺慈善功德基金会	2000	非公募	广东	佛教
7	湖南省佛慈基金会	2000	公募	湖南	佛教

---

① 资料来源：2009年度分地区社会组织统计数据，社会组织网，http：//www.chinanpo.gov.cn/2201/48277/yjzlkindex.html，最后访问时间：2013年2月18日。

② 宁二：《五大宗教的公益化冲动》，《南方窗》2010年第7期，第51页。

③ 宁二：《五大宗教的公益化冲动》，《南方窗》2010年第7期，第51页。

④ 基督教全国两会：《中国基督教公益慈善事业回顾与展望》，《中国宗教》2012年第7期。

续表

序号	基金会名称	成立时间	基金会类型	地域	宗教类型
8	无锡灵山慈善基金会	2004	公募	江苏	佛教
9	青海省格萨尔公益基金会	2004	非公募	青海	佛教
10	天津市佛教慈善功德基金会	2005	公募	天津	佛教
11	海南三亚南山功德基金会	2005	非公募	海南	佛教
12	江西省庐山东林净土文化基金会	2006	非公募	江西	佛教
13	重庆市华岩文教基金会	2006	公募	重庆	佛教
14	北京市仁爱慈善基金会	2006	非公募	北京	佛教
15	金陵大报恩寺塔文化发展基金会	2007	公募	江苏	佛教
16	重庆缙云山养生慈爱基金会	2007	非公募	重庆	道教
17	慈济慈善事业基金会	2008	非公募	江苏	佛教
18	河南中原大佛基金会	2008	公募	河南	佛教
19	浙江省华福慈善基金会	2008	非公募	浙江	基督教
20	海南省宗教慈善基金会	2009	公募	海南	其他
21	陕西法门寺慈善基金会	2009	公募	陕西	佛教
22	甘肃省世恩慈善基金会	2009	非公募	甘肃	佛教
23	维宗博爱基金会	2010	非公募	宁夏	伊斯兰教
24	厦门观音寺慈善基金会	2010	非公募	福建	佛教
25	河北慈氏基金会	2010	非公募	河北	宗教类
26	浙江光盐爱心基金会	2010	非公募	浙江	基督教
27	北京云居寺慈善基金会	2011	非公募	北京	佛教
28	河北进德公益基金会	2011	非公募	河北	天主教
29	青海佛教慈善基金会	2011	公募	青海	佛教
30	苏州和合文化基金会	2011	非公募	江苏	佛教
31	河北省佛教慈善基金会	2012	非公募	河北	佛教
32	陕西福智慈善基金会	2012	非公募	陕西	佛教
33	湖南省长沙洗心禅寺慈善基金会	2012	非公募	湖南	佛教
34	广东省广济慈善基金会	2012	非公募	广东	佛教
35	浙江雪窦慈光慈善基金会	2012	非公募	浙江	佛教
36	福建省同心慈善基金会	2012	非公募	福建	佛教

数据来源：基金会中心网，www.FoundationCenter.org.cn，最后访问时间：2013 年 2 月 18 日。

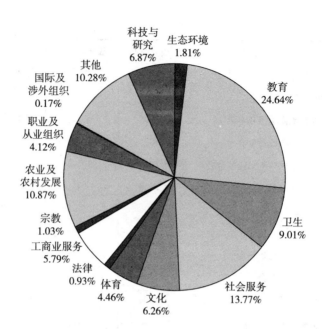

图 7 - 1　2009 年中国社会组织领域分布

资料来源: 2009 年度分地区社会组织统计数据, 社会组织网, http://www.chinanpo.gov.cn/2201/48277/yjzlkindex.html, 最后访问时间: 2013 年 2 月 18 日。

(二) 宗教慈善捐赠潜力巨大

宗教团体对慈善的参与, 以往采取的是默默无闻、分散式的模式。从在汶川地震中积极赈灾开始, 中国宗教界迸发出了强大的能量, 从宗教界捐赠额的增长便可发现。据不完全统计, 近 5 年来, 我国宗教界的慈善捐款约 30 亿元人民币。其中佛教界捐款约 18.6 亿元, 道教界约 2.4 亿元, 伊斯兰教界约 1.8 亿元, 天主教界约 2.5 亿元, 基督教界约 3.5 亿元[①]。

而作为捐赠接收者来看, 社会对宗教的关注度还偏小。根据中民对 2011 年 278 亿元社会捐赠的监测, 向宗教领域的捐赠为 9963 万, 仅占全部捐赠的 0.36% (见图 7 - 2)[②], 是最大的捐赠接收领域——教育界吸纳捐赠的百分之一。

---

① 张雪梅:《开启宗教公益慈善事业的新历程——宗教界从事公益慈善活动经验交流会暨宗教慈善周启动仪式》,《中国宗教》2012 年第 10 期, 第 17 页。

② 孟志强、彭建梅、刘佑平主编《2011 中国慈善捐助报告》, 社会科学出版社, 2012, 第 165 页。

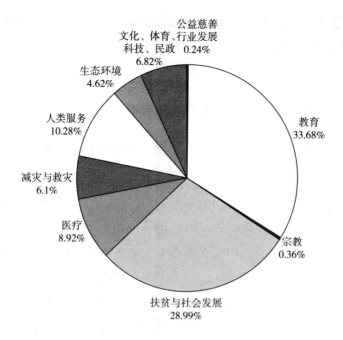

公益慈善
文化、体育、行业发展
科技、民政　0.24%
6.82%
生态环境
4.62%
人类服务
10.28%
减灾与救灾
6.1%
医疗
8.92%
扶贫与社会发展
28.99%
教育
33.68%
宗教
0.36%

图 7 - 2　2011 年中国境内捐赠领域分布

资料来源：孟志强、彭建梅、刘佑平主编《2011 中国慈善捐助报》，社会科学出版社，2012，第 165 页。

　　组织化与规模化是宗教慈善发展的必然趋势。随着国家对宗教界开展慈善事业的鼓励态度更加明朗，登记注册等支持政策更加放开完善，宗教界参与慈善则更为积极主动，宗教慈善组织的发展将有一个飞跃，宗教界所吸引的慈善资源将源源不断，显示其巨大的发展潜力。

四　典型宗教慈善组织：现代慈善的引领者

　　1985 年，我国第一个宗教背景的基金会——爱德基金会创立，拉开中国宗教慈善组织化发展的序幕。1997 年，北方进德成立，成为我国天主教第一家非营利组织。2004 年，同心慈善会在厦门成功注册，开启了佛教同心慈善志业……

　　在我国宗教慈善近 30 年的发展历程中，涌现出一批优秀的宗教慈善组织，他们不仅是我国宗教界开展社会服务的重要载体，同时，它们通过不断地探索，使服务更贴近社会需求和现代慈善的发展趋势，成为中国宗教慈善事业的引领者，推动行业发展。它们的慈善事业有着共同的显著特征：项目体系化、服务专业化、管理规范化、受益无宗教差别化。

（一）爱德基金会：做服务社会的引擎

爱德基金会成立于 1985 年 4 月，是由全国政协原副主席、中国基督教三自爱国运动委员会主席丁光训和江苏省政协原副主席韩文藻等基督教界人士发起，社会各界人士共同参与的民间团体，总部在江苏南京。爱德基金会是我国第一家有宗教背景的慈善基金会，并于 2005 年由非公募基金会转注册成为公募基金会，为爱德慈善事业的发展创造了一个更加有利的条件。2011 年，爱德基金会净资产额达到 2.19 亿元，居国内有宗教背景慈善基金会之首；年度总收入 9924 万元，公益支出达 9637 万元①，年度收支规模均排国内有宗教背景慈善基金会第二位。爱德基金会已成为我国当前最具影响力的有宗教背景的公益组织。

"爱德"的英文为 Amity，意为"爱、友善"，注定其推广爱的事业的宗旨。爱德基金会有着独特的身份：一方面，爱德基金会身上烙有基督教印记，它是由基督教徒发起成立的，其全职工作人员中有三分之一为基督教徒，从事慈善事业的大部分资金来自海内外基督教会组织；另一方面，爱德基金会不以传教为目标，而是将自己定位为推动社会发展的民间组织，通过各项社会服务，将推广爱的事业实践化为推动社会发展，超越于宗教。

爱德基金会推动社会发展在三个方面得以体现。

1. 开展广泛的慈善事业。在 28 年里，秉持"服务社会、造福人群"理念，爱德基金会在教育、社会福利、医疗卫生、社区发展与环境保护、灾害管理等领域广泛开展社会服务（见图 7 - 3），项目区域累计覆盖全国 31 个省、市、自治区，逾千万人受益，全面回应了中国社会发展最迫切的需求。

---

① 资料来源：《爱德基金会 2011 年财务报告》，http：//www.amity.org.cn/article/view.aspx？id = 5957，最后访问时间：2013 年 2 月 20 日。

| 助学助孤 | 社会福利 | 公共卫生 | 农村发展 | 环境保护 |
| 灾害管理 | 教会社会服务 | 教育与国际交流 | 社会组织培育 | 残障人士服务 |

图 7 - 3　爱德基金会慈善事业领域

2. 关注全人发展。爱德基金会所开展慈善项目，不仅为服务对象提供服务，更注重服务对象在项目过程中的自助与赋权，帮助他们提升能力来获得问题解决的长远之计。爱德面包坊便是很好的例证。设立于 2007 年的爱德面包坊，最初是爱德慈佑院下属的一个工作坊，为智障学员提供"非常真实的工作场景"，为学员提供职业实操训练，后来逐渐发展成为一个社会企业，生产并面向社会销售面包。爱德面包坊聘请香港著名烘焙大师担任技术顾问，吸纳智障学员为员工，采用市场化运作模式，将智障学员置于与智力正常人同等的社会环境中。这种服务模式不仅使智障人士获得了独立生存的技能，更重要的是积极营造社会对智障人士的尊重与认同氛围，促进智障人士的社会融入。

3. 扶持社会组织的发展。一个行业型基金会的责任不仅是提供资助或是开展服务，更重要的是能推动行业整体前进。随着在广泛慈善事业中经验的丰富和运作模式的成熟，近年来爱德基金会将视线转移至社会组织的培育，从更高层面来实现社会发展。2009 年，爱德基金会建立了爱德社会组织培育中心，向基层社会组织提供系统支持，搭建社会组织与地方政府、企业和学界的交流平台，为被培育的组织免费提供办公场地，帮助其完善组织构架，开展系列培训，提升社会组织的综合发展能力。截至 2012 年 1 月，在南京接受培育中心培育和孵化的"草根组织"累计已达 18 家，南通市、昆山市也相继成立了爱德社会组织培育中心。

在近 30 年中，爱德基金会为保障人的基本需求和促进全人类发展，不仅开展丰富的社会服务项目，而且立足于推动慈善行业整体发展和促进行业社会服务能力的提升，是一个典型的现代宗教慈善组织。

（二）河北进德公益基金会：做仁爱的笃行者

进德公益（原名北方进德）是由河北天主教两会于 1997 年成立的一家专

门从事社会服务的慈善组织，位于河北省石家庄。2006 年，该组织注册为
"河北进德公益事业服务中心"，2011 年正式注册为"河北进德公益基金会"，
属于非公募基金会。进德公益是中国第一家天主教背景的非营利民间社会服务
机构。2012 年，进德公益基金会净资产达 1166 万，捐赠收入 841 万元，支出
880.7 万，其中项目支出约 822.8 万，行政成本 55.4 万，筹资成本 2.5 万[1]。

　　1. 项目体系化。经过十多年的发展，进德公益已经发展成为一个综合型
的宗教社会服务机构，形成了以八类服务项目为主的社会服务体系，这八类服
务是：紧急人道主义援助（包括对个人家庭的紧急援助和赈灾）、社会发展、
安老服务、教育培训、助学、防艾项目、反拐卖项目、受托项目，同时旗下还
设立了两个专项基金（见图 7 - 4）。

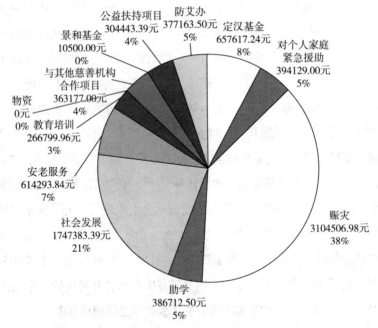

图 7 - 4　进德公益基金会 2012 项目支出分布

　　资料来源：《河北进德公益基金会 2012 年四季度报告》，河北进德公益基金会，
http：//www. jinde. org/index. php？m = content&c = index&a = show&catid = 46&id = 47，
2013 年 2 月 22 日。

---

① 《河北进德公益基金会 2012 年四季度报告》，河北进德公益基金会，http：//www. jinde. org/
index. php？m = content&c = index&a = show&catid = 46&id = 47，最后访问时间：2013 年 2 月 22 日。

2. 服务专业化。在进德公益基金会的服务体系中，以赈灾、安老服务、艾滋病防治等为主要的特色项目。这些项目以专业化为发展方向。

赈灾是进德公益基金会最大的公益慈善项目。在 2012 年进德公益基金会的项目支出中，赈灾项目支出约占 38%。赈灾是进德公益最早开展的项目。在成立伊始的 1998 年，河北张家口发生 6.2 级地震，进德公益迅速在国内募集了 80 万款物，并从海外引进 180 万善款①，这次赈灾行动使进德公益获得了政府认可与批准。赈灾也是进德公益专业服务力量的集中展现。汶川地震发生后，进德公益第一时间进入灾区，并持续在灾区服务三年，共投入 3800 多万元。进德公益在灾区开展服务有：医疗救助、赈灾物资发放，为受地震影响的偏远地区援建老人院、幼儿园、饮水工程，以及为在灾区为心灵受创的人提供心理援助。进德公益是为数不多的长久留在灾区提供灾后心理辅导的专业心理援助机构。除此以外，近年来的中国自然灾害与紧急事故，甚至包括国际自然灾害救助都有进德公益的身影。进德公益参与的国内国际赈灾项目包括玉树地震赈灾、云南盈江地震赈灾、温州动车追尾事故心理援助项目、南方水灾赈灾和日本地震海啸赈灾。

为应对老龄化社会带来的养老问题，进德公益于 2003 年开始便开展安老服务，并逐渐将业务范围从直接服务扩展到行业专业能力的提升。在直接服务方面，进德公益主要面向贫困孤寡老人，一是解决孤寡老人的生活问题，并提供精神陪伴与基本医疗护理；二是开展居家安老项目，依靠义工，为空巢与孤寡老人提供日常照料，如洗衣服务、基本饮食衣物提供。2006 年以来，进德公益还帮扶一些经济困难的老人院，并开展对护理人员及管理人员的专业培训，提升安老服务质量和老人院的管理水平。

从 2002 年开始，进德公益发起艾滋病关爱项目。除了开展艾滋病知识宣传、贫困感染者资助与探访外，还组织感染者及志愿者心理病理培训，支持与托管关爱小组，资助其活动，并提供技术辅导，提升感染者群体自我支持能力，并通过这些获得了救助的人，将服务拓展至更多的感染者。

3. 受益无宗教差别。虽然为天主教背景的慈善组织，但在"笃行仁爱、

---

① 宁二：《五大宗教的公益化冲动》，《南方窗》2010 年第 7 期，第 51 页。

践行信仰"的宗旨之下，进德公益充分发扬基督博爱精神，在社会服务过程中坚持不分民族、信仰、性别和区域的原则。进德公益曾经资助过100多位回族学生求学。进德公益是国际天主教慈善团体与中国社会的一个桥梁，在多个自然灾害中，德国、新加坡等国的天主教明爱通过进德公益的协调配合，才得以将赈灾物资与服务顺利快速送抵灾区。

进德公益基金会是中国大陆为数不多的有天主教背景的慈善组织。进德公益基金会通过系统开展专业社会服务，践行信仰，播撒基督仁爱，并推动国际国内天主教与中国慈善事业的联系，可以说是中国大陆的"明爱"。类似进德这种以受益无宗教差别的服务为行动纲领，在宗教公益组织中越来越成为服务的基本准则。

（三）同心慈善会：做心灵的养护者

同心慈善会是一个由广普法师发起成立的专业慈善社团法人。同心慈善会最初发端于广普法师对于佛法的思索与领悟，佛教的最终目标是要"拔苦与乐"。如何"拔苦"？前提是要找到"苦"，亲身感受世人的苦。如何找到"苦"？只有"实践"，才能体会世间的"苦"，才能拔"苦"。这个实践就是将佛陀慈悲转化为慈善事业，此为"愿证如来真实义"。最初的"实践"就是由广普法师带领七位在家众组成的"小蚂蚁爱心小组"开展的义工服务。2002年，在广普法师的不懈努力下，同心慈善会成功获批注册。2004年与2007年，厦门市翔安区同心儿童院和厦门市同心义工服务中心相继注册成立。同心儿童院、同心义工服务中心以及同心图书馆和同心癌友关怀构成了同心的四大服务体系。截至2012年10月31日，同心志业体净资产为323百万元。2012年1~10月，同心总收入额207万①，已经初具规模。

1. 兼顾爱心、方法与心灵养护的义工服务。义工服务一直是同心开展社会服务的特色，最初的"小蚂蚁爱心小组"便是一个义工群体。广普法师认为义工的"义"字具有深刻内涵，我们的人生都有太多时候都是在打叉'乂'，有一点'丶'爱，就会让我们的世界变得积极正向，充满意义。目前，

---

① 厦门市同安区同心慈善会：《安心：同心志业十年特刊》，2012，第49~50页。

义工已成为同心社会服务一线的主力军，义工大量从事环保、助学、长者关怀、急难救助、义卖等服务工作。

义工服务传递爱心，也需注重方法，提升专业水平。同心义工服务中心以传递"有爱心还要有方法"的义工服务理念为宗旨，开展专业化的义工培训，并向其他公益组织输送专业义工，目前经过同心三个月培训而成功在相关部门注册的义工有1800多名。借助佛教心灵照拂的优势，同心也面向社会开放，对一些企业或团体进行义工培训，获得很好的效果与社会声誉。

同心通过义工的服务践行"养护心灵、关怀生命"的理念的同时，十分注重对助人者自身的心灵养护，因此，开设心灵养护站，通过各种公益培训课程和咨询服务，为义工心灵充电，防止爱心枯竭，关爱义工身心健康与自我成长。

2. 制度化、规范化的管理模式。公益慈善事业的持续发展以及公众对公益组织公信力建设要求的日益强烈，使得公益组织的规范化发展成为必然趋势。同心慈善坚持以"行政公开化、财务透明化、制度规范化、服务专业化"原则为机构管理规范，在财务方面也已经形成了制度化、规范化的信息公开体系。同心坚持在官方网站上日行公布财务信息，公布每一项捐赠收入、会费收入，以及每一笔支出，并有月度累计与年度累计。每一项收入具体到发票号、捐赠日期、捐赠人姓名、捐赠金额、捐赠意向与捐赠方式，每笔支出均标明编号、日期、支出项目、金额、接受人与所属项目。财务的透明化，使同心更容易获得捐赠人的信任与社会的尊重，公信力大增。

3. 社会服务与资源拓展并举的战略发展。十年来，同心的社会服务越来越广泛，资源的拓展与机构管理越来越需要更高层面的统筹与规范。2012年11月，福建省同心慈善基金会在福建省民政厅登记注册。同心慈善基金会定位为资助型基金会，基金会将为同心慈善会的社会服务提供资源保障，形成一个完整的"社会服务、资源拓展"的同心志业体。同时，基金会还加强同其他慈善组织、研究机构的合作，如基金会将与北京师范大学中国公益研究院联合开展面向福建省本土慈善组织的能力建设培训，提升福建省慈善事业的整体发展水平。"未来，基金会还将针对同心志业体的员工、义工、社工、受助对象进行创业、立业支持，资金资助和创业指导并举，全程关注项目成长"①。

"关注他人的苦难，哪怕是关注他人的身苦，减轻一点点如芝麻般的心苦，都会让自己的心苦难减轻甚至完全消失"，这是同心慈善会为义工印制的记事本中的一句话。它反映了宗教慈善的一个共同的理念，即慈善为人，更为己。养护了他人的心灵，也就养护自我的心灵。因此，施者应该感恩于受助者。

五　小结

2012 年，中国宗教慈善事业迎来了发展的春天。《关于鼓励和规范宗教界从事公益慈善活动的意见》使宗教慈善获得了政策上的支持，"宗教慈善周"掀起了宗教慈善的热潮。应该看到，宗教在我国现代慈善事业的发展中日益发挥着巨大的作用：宗教所提倡的慈悲与宽容价值观是社会美德与现代慈善构成的重要基石，宗教组织发挥着现代慈善福利服务供给功能，宗教组织具备贴近社区与信众的优势，促进慈善的社区普及，推动现代慈善的养成教育。

但妥善处理宗教与现代慈善的关系，也是慈善事业发展所面临的一个重大考验。我们仍需看到，中国大陆的宗教慈善事业的现代化发展在政策环境、社会环境以及自身的专业化发展上仍旧面临巨大挑战。在政策上，宗教组织在注册登记、公募资格、获得免税等方面严于一般的慈善组织。在社会环境上，我国的文化传统中有一种潜在的意识，总认为宗教与封建迷信是等同一体的。在宗教意识形态非主流的外部环境下，宗教慈善如何获得社会认可，消除社会偏见，真正实现主流化，同样面临着严峻考验。最重要的是，宗教组织在现代慈善建设的历史进程中也需要经历一个重大的转型。当社会更进一步开放，真正需要宗教组织承担起许多社会事务的时候，专业化问题就提了出来，能力建设问题也会产生，而当前中国宗教慈善面临着整体发展水平地低，组织化、专业化不足的问题，并没有完全做好准备。

如何妥善处理宗教与现代慈善的关系，推动宗教慈善事业长足发展？整体

---

① 厦门市同安区同心慈善会：《安心：同心志业十年特刊》，2012，第 22 页。

上，我们还相当缺乏这方面的经验，需要进行多方面的探索，以便最终建成一种良性的合作机制。具体来讲，应该从政策环境、社会理念的转变与宗教组织自身的转型三方面着手。第一，未来政府应加快宗教慈善组织的直接登记，放开公募资格，扩大免税空间，以增强监管替代限制。第二，尊重宗教自由政策，营造良性的社会环境，转变社会对宗教的认识观念。宗教慈善组织也应加强倡导宣传，吸引更多的公众直接参与到慈善活动中，使之有更直观的体会，才能真正了解宗教慈善的面目与魅力。第三，宗教慈善行业与宗教慈善组织应将工作的重心放在专业性建设上，实现慈善活动的组织化，拓宽服务领域，增强管理的规范性，提升创新能力、资源获取与整合能力，加强对工作人员的专业能力建设，使宗教组织能顺利朝现代慈善组织转型，更有效回应社会服务的需求。如果能做到以上三点，相信宗教对于现代慈善将会产生更为积极的推动作用。

第八章
媒体公益：全面参与激发公众慈善热情

　　媒体作为公益传播的载体，扮演着重要的角色在公益传播方面有舆论导向的作用，能够影响社会生活中资源的重新配置，给公益事业提供新的发展动力。当前，公益报道的主体不仅包括传统的新闻媒体，也包括新兴的网络媒体，传统媒体以各大报纸和电视台为代表，新兴媒体则包括了各大网站和 web 2.0 时代的媒介工具。近年来，除了专业的公益类媒体外，大众媒体也不断投入到了对公益事业的关注中。报纸上的公益专栏、专版、专刊开始逐步增多，电视台出品的公益节目也是层出不穷，而各大主流、门户网站更是纷纷开设了自己的公益频道，投入大量资源专门报道公益资讯和跟进公益项目。

　　2012 年媒体公益的最大亮点是公益电视节目迅速发展，无论是中央电视台还是地方卫视，都推出了形式各异内容丰富的公益电视节目，公益电视节目实现了形式和内容的双重创新。与公益电视节目发展的火热相比，媒体公益报道的总量略有下降，公益报纸杂志的增长趋势也渐渐放缓，公益网站及公益频道有少许增加，这种平稳中略有下降的态势与媒体公益参与近几年一直以来快速发展并达到一个相当的水平有直接关系。

一　年度亮点：电视公益节目引领公众慈善理念

　　长期以来，电视媒体作为社会主义新闻传播体系的重要支撑力量，在信息传播、社会教育、娱乐大众等方面发挥了不可替代的作用。电视公益节目与传统意义上的民生新闻是不同的，电视公益节目所追求的公众利益也不是简单的"慈善""救助"等。当下的电视公益节目广义上说是包括所有以电视媒体作为传播媒介，以谋求社会公众利益为出发点，通过关注、支持、宣传、参与和推动公益活动、公益项目来推动公益文化事业发展和社会进步的具有公益性质的电视节目形式。电视台的公益慈善类节目，很大程度上整合了社会资源，在关注普遍社会问题的同时，试图引导社会的各方力量，共同予以解决。

2012 年，限娱令的作用仍然很明显，电视公益节目在全国范围内全面铺开，几乎每个省级卫视频道都有公益节目。这些节目的形式多样，内容也非常丰富：有传统的对好人好事的赞扬，有通过比赛帮助社区实现梦想，有通过歌唱节目为公益项目募集善款，等等。可以说，2012 年的电视公益节目不仅是公益领域无法忽视的一大亮点，更是电视节目的一个巨大的变化。

（一）电视公益节目特点：内容丰富且参与度高

1. 内容及表现形式：联系大众日常生活

慈善公益文化的丰富内涵，为电视台制作慈善节目提供丰富内容资源。目前各大电视台播出的不同类型慈善电视节目大多内容丰满，形式活泼，体现出了幕后主创人员较强的创造力。而从这些节目连续播出的期数来看，慈善电视节目具备了持续发展的后劲；从内容上看，目前的慈善公益类电视节目都以谋求社会公众利益为出发点，主题紧密关注具有鲜明时代特征的社会问题，联结社会大众的日常生活。目前荧屏上的慈善公益类电视节目有电视晚会、大型电视活动、电视访谈节目、综艺节目等多种形式。

2. 参与方式：设立透明募捐环节

慈善公益类电视节目的公开透明表现在两个方面，一是节目创作的公开透明，一是节目效果的公开透明。在慈善公益类电视节目中，没有社会公众的真诚参与，即使节目有较高的收视率也无太大的意义。因此，公开透明的节目传播效果，指的是公众的关注度和参与度。一般电视节目的传播效果几乎只能通过收视率来衡量，而慈善公益类电视节目则不是这样。目前，大部分慈善公益类电视节目都会涉及爱心捐助这一环节，既包括传统的现金及物资捐助，还包括时间、技能捐赠。节目所募集的善款、物资、志愿服务的数量都是衡量节目成功与否的重要环节。而吸引观众参与到捐助这一环节最重要的因素就是公开透明。因此，节目在进行的过程中及后续项目跟进的过程中都实现了高度的透明化，利用电视台手中的摄像机，记录每一个细节，既保证了真实、公开又提高了公众的参与积极性。

（二）2012年电视公益亮点：音乐节目展现强大募款能力

1.《梦想合唱团》①

《梦想合唱团》是CCTV-1综合频道发挥第一媒体平台的作用，全力打造的年度大型电视活动，首季节目于2011年11月至2012年1月在CCTV-1播出，赢得了广泛关注。8位当红明星回到他（她）的故乡，各自寻找20位当地居民（各行各业、不限年龄）组建一支合唱团；8支合唱团齐聚北京，经过8周的合唱比拼，不论何种音乐、何种方式，只要能打动观众的心；合唱比赛由现场所有观众投票，根据投票结果，每场淘汰一队；参与比赛的"家乡梦想合唱团"，不仅能获得荣誉，还能根据最终名次获得数额不等的公益基金，实现家乡的公益梦想。总冠军队将获得亮相春晚的机会。

从2011年底到2013年初，"梦想合唱团"已成功举办两季，两季节目在募捐上都取得了丰硕成果：首季8支队伍共获得由招商银行提供的公益资金380万元，除这380万外，在节目播出的过程中还接收到24家企业和基金会共计约1.19亿元的捐赠，用于这8个项目的具体实施。第二季募得1.4亿元，赢得"筑巢行动""爱的分贝聋儿救助""常青义教""关爱高龄孤寡空巢老人""喘息驿站""雷励中国——新青年远征""活力魔方""智障青少年职业技能培训"的资金。而在募捐成果不俗的同时，《梦想合唱团》栏目还与基金会中心网一同在网络上进行项目信息披露，包括项目收入、项目进展、财务信息、项目地图等全部公开，供公众查询，用图文结合的方式向全社会公开项目的最新进展，接收社会的监督。据节目制作方介绍，第三季节目已于2013年4月起开始前期拍摄，6月至9月在央视一套播出。

2.《天声一队》

《天声一队》是一档音乐挑战类公益节目，由湖南卫视与芒果V基金联合发

---

① 梦想合唱团项目信息披露页面，http://www.foundationcenter.org.cn/cctv1/，最后访问时间：2013年4月5日。

起，是中国第一个捐赠校车的公益项目。旨在通过湖南卫视《天声一队》栏目，由明星和草根组成搭档，用歌声募集善款，向全国各地需要校车的学校捐赠"快乐校车"，帮助解决学童上学难问题。该节目由6位明星带2支队伍进行比赛，每期进行3轮演唱比拼，场外观众为支持的队伍投票，所得作为2支队伍的募款，每队场外加场内的善款总额为其成绩，募集善款多的一方获胜。

从2012年3月30日起，到6月1日顺利收官，《天声一队》共计举办了10期节目，在这10周时间内，活动汇聚社会各界爱心力量，募集善款的总额超过了1123万元，平均每期的募款额度超过100万元，还为全国18个省市贫困地区学校累计捐赠56辆"快乐校车"。所有捐出的校车可通过网络实时监测行驶状态、车辆状况等信息，全国人民可通过网络实时了解、监督校车的使用情况。

3.《社区英雄》①

《社区英雄》是由中央电视台社会与法频道（CCTV - 12）与中国福利基金会联合主办，2013年2月10日至2月17日首播，共8期，此后重播一次，旨在推行有前景、有价值的社区志愿服务项目。节目设置"英雄基金"，由中国社会福利基金会社区发展基金募集，发放给获胜团队支持的非营利项目，用于推动社区急需的公益服务。项目征集活动从2012年7月开始，前20组"社区英雄"故事及其选手团队，经过中国社会福利基金会资助资格认定后，由中央电视台社会与法频道面试并培训，参加目录制。每期节目有2支社区团队参与挑战，他们都是为了本社区的公益项目而来，用各具创意的造型表达公益梦想，他们在演播室接受3位嘉宾的提问，200名现场观众将投票决定25万元"英雄奖励金"的归属。节目的目的并不是残酷的输赢，而是唤起全社会对这些优秀项目的关注和支持，凡是参与节目的"社区英雄"都是赢家，在后续的过程中他们将会得到更多的支持。

节目凸显了社区这个基层组织的社会价值，为社区志愿服务提供了发展的平台，促进了社区志愿服务在更广泛的范围内实现信息交流、共同进步，鼓励社区成员用团队的力量和创新的理念为社区争取更多的资源，使社区得到更好的发展。节目本身跳出了传统公益节目的限制，不再以赚人眼泪为目标，也不

---

① 社区英雄专题页面，http：//news. cntv. cn/special/sqyx2013/，最后访问时间：2013年3月13日。

仅是好人好事的呈现，而是着重关注于社区的发展，是倡导公益、促进慈善的一次良性的突破。

二 公益报道：社会组织受关注，社会企业增长快速

（一）报纸公益报道总量下降，亮点突出

通过对"中国重要报纸全文数据库"的分析，我们研究发现，国内权威媒体对公益界整体情况、公益组织整体情况的报道量都有了一定程度的下降。在权威媒体上，对公益慈善组织和公益慈善行业发展的"面"的报道量要高于具体公益慈善事件的"点"的报道量。因此我们建议权威媒体在关注高端的慈善捐赠等"大事件"的同时，也要更多的关注其他形式的公益活动，拓宽视野，加强力度，打造涵盖更广、内容更全的新闻报道。同时，在宏观层面聚焦公益事业的近况与发展之外，权威媒体还要更多深入到微观层面报道具体事件，呈现更多的事实。

在研究中，我们将预先拟定好的与公益慈善相关的关键词输入数据库内进行搜索，得到了以下的研究结果。

1. 公益慈善报道总量呈下降趋势

"公益""慈善"作为最贴近公益事业的两个关键词，2012 年在"中国重要报纸全文数据库"出现的频次分别为 1555 次和 983 次，与上一年相比，分别下降了约 15.5% 和 37.5%（见图 8 - 1）。由此可见，以公益、慈善为核心内容的报道数量略有下降，其中以慈善为核心内容的报道数量下降的幅度又略大于以公益为核心内容的报道数量。横向比较，"公益"出现频率远高于"慈善"，说明媒体的视角早已不局限于简单的捐款等善举，而是多角度全方位地报道公益事业。

与公益和慈善相似，其他一些与公益事业整体状况密切相关的词条，如"志愿""捐款"等，在主题中出现的频次与上一年相比均出现了减少的情况。这种情况的发生，主要是由于 2012 年自然灾害减少带来的救灾志愿活动和捐款活动的减少，客观上造成了媒体关注度的下降。不过，"志愿"依然是宏观层面上关注度极高的词条，在报道量上排名第四。近年来日渐活跃在大江南北的千万志愿者和不同组织力推的志愿活动，对此贡献良多。

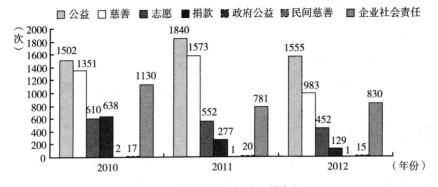

图 8 - 1　公益慈善报道总量变化

整体层面研究所选择的另一个重要词条是"企业社会责任"，这一概念促使着不同背景的企业将回馈社会的公益举动常态化。横向比较可以看出，该词条在所有宏观层面关键词报道量上连续排名第三，是公益领域备受媒体关注的概念，因此也就不难理解为何有如此多的企业会通过公益活动和慈善捐款来提升自身形象、扩大品牌宣传了。

2. 社会组织成为媒体报道的热点

公益慈善组织作为公益事业的重要主体，其发展直接影响公益事业的前途。本研究年度媒体对公益慈善类组织也进行了大量的报道。

与上一年度相比，各地推出政府购买社会组织服务政策以及推行社会组织等级制度改革的步伐加快，这一现象可以从报道数量上得到体现，在报道数量上，社会组织的报道量从 2010 年的 1565 次增长至 2012 年的 2344 次，增长了近 50% （见图 8 - 2）。

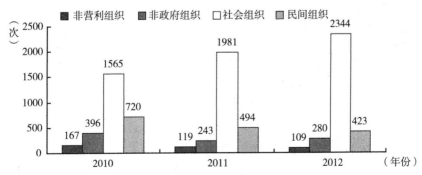

图 8 - 2　社会组织报道总量变化

与之相反,"非营利组织""民间组织"等概念的出现频率都出现了不同程度的减少。

3. 社会企业报道数量逆势增长

不同类型的公益组织在报道量的变化上也不尽相同,我们选取了"基金会""红十字会""慈善会"及"社会企业"四个关键词,虽不在同一维度但却是公益组织最重要的组成部分。

从图8-3可以很明确地看出,"基金会""红十字会"和"慈善会"的新闻报道量有不同程度的下降,其中最明显的便是"红十字会",2010年和2011年关于红十字会的各种消息层出不穷,至2012年虽然仍然是关注的焦点,但新闻报道量已经很明显的下降,从2010年的1275次降至2012年的518次。"基金会"的报道量呈现了小幅下降,但报道量始终维持在较高的区间,相比之下"慈善会"的报道量显得尤其少,连续三年都不超过30次。

此外,图8-3另一个重要的特点便是"社会企业"这一关键词的媒体报道量,在其他三个关键词呈现不同程度下降的情况下,"社会企业"的报道量逆势增长,从2010年的64次,升至2012年的160次。这些数字无疑证明,"社会企业"这一曾经的公益领域新词汇已经悄然变成了热门词汇,相信在以后的新闻中我们将会看到更多关于"社会企业"的报道。

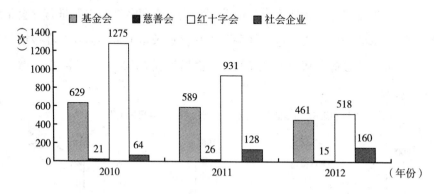

图8-3 公益慈善类组织报道总量变化

(二)公益报刊数增长趋势放缓

2001年全国第一份综合性公益类报纸《公益时报》创刊,此后的几年中

《慈善周刊》《中国扶贫》等几份公益杂志相继出现，逐步填补了中国媒体在公益领域内的空缺，然而这类公益杂志数量有限，受众也相对集中在公益行业内，并不能很好地实现媒体真正的社会价值。慈善行业作为一个受关注程度较低的领域，急需借助媒体的力量来向公众普及公益知识，倡导公益理念，宣传公益项目，鼓励公益参与，因此仅仅有这些行业性明显的报纸杂志是远远不够的。

2008 年的汶川地震给整个中国慈善公益事业带来了巨大的影响，可以说公益进入大众视野就是始于 2008 年。这场突如其来的大地震，催生了中国公益传播时代，对于媒体公益起到了极大的促进作用。在汶川地震后，公益慈善类报道的数量急剧增加，在经过了近两年的积累后，慈善公益类报纸、杂志如雨后春笋般出现，其中仅 2010 年一年便有 5 份重要的报纸杂志创刊。

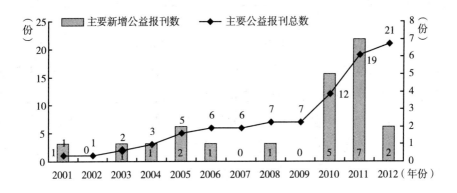

图 8-4　各年度公益慈善类报纸杂志创刊情况

由图 8-4 可以看出，在 2010 年之前，慈善公益类报刊的增长速度是极为缓慢的，有些年份甚至没有这类杂志产生，然而到了 2010 年慈善公益类报纸杂志数量呈现激增的态势，一年便有 5 份公益杂志和周刊创刊，几乎与之前几年的总量持平。到 2011 年，新增的慈善公益类杂志及报纸的数量上升到了 7 份，达到了几年来的最高值。到 2011 年底，主要报刊中的很大一部分都已经创立了慈善周刊。这直接导致到了 2012 年，只有 2 份慈善公益类报纸杂志新成立或设立专刊。

表 8-1 2010 年以后创刊的主要慈善公益类报纸杂志（不完全统计）

序号	名称	创刊时间	出版周期	发行量
01	希望工程	2010.5	月刊	/
02	京华时报·公益周刊	2010.6	周刊	80 万份
03	社会与公益	2010.7	月刊	/
04	中国慈善家	2010.12	月刊	/
05	华夏时报·慈善周刊	2010	日报	40 万份
06	天天公益	2011.1	周刊	105 万份
07	晶报·公益周刊	2011.5	周刊	100 多万份
08	南方都市报·公益周刊	2011.6	周刊	175 万份
09	云南信息报·公益周刊	2011.6	周刊	约 8.9 万份
10	东方公益周刊	2011.6	周刊	/
11	中国财富	2011.7	月刊	20 万本
12	成都日报·慈善之声专栏	2011.10	日报	20 万份
13	慈善公益报	2012.1	每周三刊	/
14	北京青年报·青公益周刊（现已停刊）	2012.6	周刊	60 余万份

由表 8-1 可以看出，仅 2010 年就有 5 份公益慈善杂志及报纸周刊诞生，在这其中，2010 年 6 月 28 日创刊的《京华时报·公益周刊》是我国首份都市报公益类刊物，《京华时报》的发行量有 80 万份之多，这为"公益周刊"带来了巨大的读者群体。在此之后《南方都市报》《晶报》《成都日报》等在当地影响巨大、发行量可观的社会类的报纸先后推出了自己的慈善或公益周刊、专栏，真正地实现了倡导公益理念、传播公益知识、鼓励公益参与的作用。除各大报纸的公益周刊、专刊外，《环球慈善》《中国慈善家》等一系列优秀的杂志也纷纷走入公众的视野。越来越多的公益报刊的出现拉近了公益与普通民众的距离，不仅使公众更加了解公益慈善，也为慈善组织、慈善项目和慈善家进行了很好的宣传，扩大了公益在人们生活中的影响力。

由上可以看出由于前两年慈善公益类报刊数量急剧增加，而 2012 年这类杂志的增速又急剧下降，因此我们对这些已有的慈善公益类报刊的发展情况和当前的生存状况就更加关注。

我们通过面对面的访谈以及电话采访发现，由于前两年慈善公益的热点频出，这类报道的受欢迎程度非常高，公众对于慈善公益的求知欲很强烈，但是

2012 年却没有能与"郭美美事件"相比较的慈善热点事件，这使得 2012 年上半年整个媒体行业缺乏热点话题，导致公众关注度明显下降，而媒体最关心的便是公众的关注度。因此，2012 年慈善公益类的报刊普遍走势缺乏力量，受关注和受欢迎的程度也有所下降。例如《京华时报》，已经将"公益周刊"的版面由 8 版缩减至 4 版。但是版面数的调整并不意味着受重视程度的下降，《京华时报》的"公益周刊"由原来的 C 版转至 A 版，对于读者来说，可以更便捷的浏览公益信息。然而，《北京青年报》的"青公益周刊"却没能得到这样的好机会，《北京青年报》"青公益周刊"自 6 月创刊以来，发行了仅不到半年，就在 2012 年底被撤销。可见，公益慈善类报刊在广泛创刊的同时更应该考虑如何可持续发展的重要问题。

1. 2012 年创刊的报刊介绍

（1）《慈善公益报》[①]

《慈善公益报》于 2012 年元旦创刊，是目前中国唯一一份，也是首份全国性、中央级慈善类专业报纸，由民政部主管、中华慈善总会主办。该报以坚持正确舆论导向、弘扬中华传统慈善文化、宣传现代慈善事业、促进慈善事业的发展为宗旨；以为热心慈善奉献的人铺设爱心桥梁，为慈善公益工作者搭建展示才智的舞台为目标。

《慈善公益报》每周三刊，对开 12 版，每周一、三、五出版，国内外公开发行。该报主要内容有：宣传慈善公益政策法规，弘扬慈善公益文化，搭建慈善公益理论平台，交流慈善公益工作经验，聚焦慈善公益热点，展示慈善公益人物风采，速递慈善公益国内动态，传播慈善公益全球资讯。

（2）《北京青年报·青公益周刊》（现已停刊）

《北京青年报》是共青团北京市委机关报，是北京地区最受欢迎的都市类报纸之一，该报是以青年视角反映时代，面向社会最活跃人群的综合性日报，平均每日出版 50 个左右的对开版面，订阅量北京第一。"青公益周刊"第一期于 2012 年 6 月 11 日公开发行。

---

① 于清凡：《中国首份全国性慈善类专业报〈慈善公益报〉明年元旦创刊》，国际在线，http：//gb. cri. cn/27824/2011/12/28/5951s3500084. htm，最后访问时间 2013 年 3 月 21 日。

"青公益周刊"每周一随《北京青年报》主报印发，共 8 版，内容主要包括：公益热线、志愿服务、公益关注、慈善助学等板块。其中的公益关注为每周一个原创话题，有对当下热点事件的讨论，有对某一慈善项目的跟踪报道等。

（三）新基金会专业平台建立，明星公益平台诞生

根据第 30 次中国互联网络发展状况统计报告的显示，截至 2012 年 6 月底，中国网民数量达到 5.38 亿，互联网普及率为 39.9%。2012 年上半年网民增量为 2450 万，普及率提升了 1.6%。2012 年上半年，中国网民人均每周上网时长由 2011 年下半年的 18.7 小时增至 19.9 小时。这些数据表明，网络媒体成为了与报纸、电视一样的信息传播的重要渠道和信息互动的主要平台。

网络媒体与传统媒体相比，具有很多无可替代的优势：一是网络媒体采用的是交互式传播方式。传统媒体只是单方面的向读者传递信息，而网络媒体的传播方式是双向的，在传播者和接收者之间网络媒体可以实现沟通互动。这对公益领域来说尤为重要，中国的慈善公益事业还没有实现由起步到成熟的转型，在这个过程中，公众慈善意识的普及尤为重要，网络媒体可以实现信息的交流，公众可以通过网络媒体与传播者及其他公众进行互动，及时分享各自的见解和观点，使公益理念更加快速的传播。二是传统媒体需要大量的现代化设备和大批具有较高水平的专业技术人员；网络媒体则不同，它的传播主体既可以是专业的机构也可以是非专业的个人，也就是说每个用户都可以是传播者，信息不再为传播媒体所独有。

综上，网络媒体不仅已经成为重要的传播工具，而且也因其独有的优势成为传媒领域发展速度最快的媒体。正因如此，网络媒体在公益传播领域扮演的角色也越来越重要。

从公益的角度来看，网络公益媒体应该分为两类。

1. 公益界自办网站。如中国发展简报、NGO 发展交流网等，这类网站由行业内专业人士或政府部门建立，起步时间较早，同时具有专业性强，公益信息数量大等特点。

2012 年 6 月 28 日，由民政部指导，中国社会组织促进会主办的中国基金

会网①在北京正式开通。中国基金会网包含数据中心、慈善地图、学习中心、捐赠中心、新闻中心、工作动态六大栏目，信息发布方由网站后台发布人员、注册用户、专家、基金会负责人、登记管理机关人员五部分组成。

中国基金会网是集信息数据、应用服务、联合劝募、培训交流、新闻资讯、社会互动等多种功能于一体的基金会网络综合服务平台。平台遵循"专业、快捷、高效"的方针，通过对行业信息进行收集、存储、整理、分析，整合行业资源，利用信息与互联网技术，为基金会、政府、社会公众、专家学者、媒体、捐赠人、受益人等广大用户提供全方位的信息服务，旨在推动以基金会为主要载体的中国现代公益慈善事业的健康有序发展。

2. 各大门户网站的公益频道。从 2006 年开始，新浪网、搜狐网、凤凰网、腾讯网等多家媒体先后开设公益频道或专门的公益网站，涵盖了公益资讯、公益人物、公益活动等多方面的内容。各大门户网站的公益频道通常有两大部分组成：一是公益资讯，也就是简单意义上的公益信息的分类报道；二是公益评论，是以专题、特约评论、人物采访等多种形式呈现的对公益领域内热点话题等方面的原创性评论。而 2012 年，两个非门户网站公益频道的成立让参与公益的媒体范围有了进一步的扩大。

（1）明星公益平台——爱奇艺公益频道②

2012 年 6 月爱奇艺公益频道上线，是网络视频行业第一个公益频道。爱奇艺公益频道主打明星公益，旨在利用网络媒体更好的互动性和视频媒体更好的展现力来推动公益传播。爱奇艺公益频道包括：明星慈善、明星环保、慈善人物和公益作品四部分。主要内容为明星参与公益活动的报道、对明星进行公益访谈以及公益视频短片和公益广告等播放。爱奇艺公益频道不仅仅进行公益报道，还亲自参与组织，调动强大的明星资源介入公益。

2012 年 4 月爱奇艺公益频道携手国务院扶贫办、中国扶贫基金会共同发起的爱心包裹项目"圆梦 2012 大型公益行动"，并邀请周笔畅成为"爱心大使"；5 月，爱奇艺与著名艺人周杰伦共同发起和宣传"爱正版、购自由"等

---

① http：//www. chinafoundation. org. cn.

② http：//gongyi. iqiyi. com/

大型公益活动。

（2）电商公益典范——京东公益频道①

2012 年 10 月，第一个电商公益频道京东商城公益频道正式上线，频道包括京东公益、公益专题、公益资讯、商家公益等 6 个板块，主要介绍与企业相关的公益咨询及公益项目。企业一直是公益行动的重要支持，历年慈善捐助中企业所占比例都遥遥领先。时下电子商务蓬勃发展，电商企业规模日益扩大，相应的企业社会责任也更加受到重视，越来越多的电商企业积极加入公益行列，通过慈善捐赠、冠名慈善项目等方式积极参与公益。在这方面，京东可以说是电商公益的典范，京东商城在我国建立首家独立公益平台，并已成功开展多项颇具影响力的公益活动。2012 年底央视公益活动"我的父亲母亲"在京东公益平台上线，引发了网友们对老年人健康问题新的思考。

三　微公益发展渐入佳境

微博在中国的第一个产品是 2007 年 5 月出现的饭否，然而真正被称为中国微博元年的是 2010，这一年，微博出现了井喷式的发展，国内微博产品达到 20 余种。不仅搜狐、腾讯、网易等门户网站相继推出微博，新华网、人民网、凤凰网以及和讯财经等多家媒体网站也推出微博。微博快速地以碎片化方式将信息渗透到社会生活的众多领域，掀起了网络信息传播的微博热。2011 年国内处于行业领先地位的腾讯微博和新浪微博先后表示其注册用户数已超过 1 亿。作为一种新兴的传播载体，微博不仅在中国社交网络中占据领先地位，更成为中国最具影响力的主流媒体之一。对于公益行业来说，以微博为代表的互动媒体平台，为汶川地震后的全民慈善热情提供了一个机会，将整个公益行业推到了"人人可公益"的阶段。就像新闻传播进入"自媒体"时代一样，微博带领我们迎来了"自公益"时代。

微公益是一种利用新媒体，将自己点点滴滴的关怀融于社会整体之中的一种公益行动。2011 年是微公益元年，记者邓飞在微博上所做的"免费午餐"行

---

① http：//gongyi.jd.com/

动，推动国家相关政策进行重大调整。表明微公益促进了整个公共政策的提升。

在微博上，微公益往往和个人品牌联系起来。不仅如此，微公益也可以使普通人创造出自己的世界级的品牌，微公益可以使人们在很短的时间内，成为中国的公益名人，微公益将会是一场革命，或者说将要改写中国公益慈善的历史，微公益会深刻影响中国人处理财富的方式。微博加个体公益，是中国人展现自己的良心、品行的一个最佳平台。

根据支付宝发布的数据：2012 年网络公益捐赠同比 2011 年增长 70%，网民单笔网络捐赠额超过 53.8 元。可见网络在公益中发挥着越来越重要和不可替代的作用。

（一）微公益慈善主体：人人可参与

区别于传统的公益形式，微公益由个人自主发起，亲身实践，参与度更高。微公益的慈善主体既不是政府部门，也不是大基金会、大慈善家，微公益也没有以"扶贫济困"作为其远大的理想抱负，而是倡导"举手之劳"，呼吁每个人用自己的微小的、轻松的行动参与到慈善公益活动中，正是这种点滴之中的慈善理念在见证着中国公民社会的发展。有句话说得好"世界的改变不是少数人做了很多，而是每个人都做了一点点"。微公益恰好完美地诠释了这句话。由互联网时代成长起来的微公益所倡导的是"重在参与、自我管理"的理念和全民参与创造价值的模式。

（二）微公益和传统公益形态对比：所依靠主体有差异

微公益利用网络异常迅速的传播速度和互联网的大众性和草根性，真正实现了公益的平民化、全民化。微公益不像传统公益那样是富人的权利，而更像是一种简单的生活方式和生活态度，它不仅推动了平民公益事业的发展，更传递了一种人人公益的理念。

微公益在很大程度上是以分散的广大网民为基础的，依赖的也是普通人的微力量。而传统的公益依赖的是企业或有较强经济实力的个人。两者依靠的主体不同但可以利用各自的优势实现互补。传统公益看重网络的巨大传播力，越来越多的公益组织也开始利用网络为公民参与公益提供渠道；但单纯利用网络进行"微公益"则缺乏规范管理，很难长期地维持公益活动。"微公益"在快速发展中面临部分质疑，这与其专业化不足的现状有密切关系。

微公益与传统公益虽有着不同的主体和形态，但也不是泾渭分明不可调和的，两者不存在你死我亡的激烈竞争，因此只有两者实现互补才能使彼此获得更长远的发展。

（三）2012微公益热点事件盘点

1. 救助白血病女孩鲁若晴

身患白血病的女孩鲁若晴自2012年4月16日开始，只要身体条件允许，她就会在新浪上发布微博，记录自己与骨癌抗争的点滴。她的事情被微博名人作业本转发后，得到广泛传播，"鲁若晴"这个网名自此家喻户晓，网友纷纷对她表达祝福。2012年5月23日，因病情恶化，鲁若晴再次来到北京协和医院治疗，经过1个多月化疗，7月中旬鲁若晴接受骨髓移植手术，并于8月1日移植成功。经过近三个月的治疗，病情缓解并于8月20日出院。但完全治愈还需时间观察，一般五年内不复发可宣布治愈。鲁若晴每天需要打针，而且每周做一次复查，目前她的精神状况尚可但体力较差。

鲁若晴面对死亡的坦然，以及积极生活的态度深深地打动着网友。正如著名歌星范玮琪和爱人陈建洲专门为鲁若晴录制了一段感人的视频中所说的："感谢你在这段过程当中，一直不断地在用那个微博，身体力行地告诉大家热爱自己的生命是多么重要。"

感受大众关怀温暖的同时，也有质疑的声音，即怀疑鲁若晴是在炒作。事件闹得很大，以至于最终央视证实鲁若晴确有其人，确有其事。从同情、赞美、质疑、骂战，再到证实、反思，对当事人是不公平的，正所谓有口难辩，但同时质疑也是合理的。在自由虚拟的网络环境下，建立起一套监管机制几乎是还原公众信任的唯一途径。

2. 小传旺与天使妈妈

2012年6月30日，山东省夏津县13岁少年小传旺被师傅陈某、赵某拿着充气泵对着肛门，导致肠穿孔等多处损伤。一条这样的微博，迅速被转发近5万次，事情发生后，天使妈妈基金对小传旺伸出了援助之手。随后，小传旺被送入北京军区总医院附属八一儿童医院，天使妈妈基金也收到大量爱心人士的捐款，善款突破 60 万。

然而此后天使妈妈基金对小传旺的救助受到一条"爆料"微博的质疑，这条微博也迅速被疯转。"网络暴力"不是个新鲜词，从谩骂到抹黑，再到人肉，网络暴力损害了对事情本身的关注，逾越了法律边界，妨碍了普通网民的知情权。一个事件发生，面对两个相对的声音，网民总会"一边倒"。由救助小传旺而起的质疑与争论，已远远偏离原本的主题。

2012 年 12 月 16 日下午，在网易亲子"抱抱行动"启动仪式暨天使妈妈 5 周年庆典现场，小传旺手术后首次露面，事件平息后，关注重新回到这个 13 岁的孩子身上。小传旺的主治医生黄柳明接受采访时表示，小传旺目前生命指征稳定，但是因为面部毁损严重，完成后续手术还需一年多，费用或达 80 万。时至今日，还是有网友在微博上关心小传旺的近况。

3. 小题大作网站①

小题大作网站是中国第一个趣味性公益问答网站，一个创新的微公益平台。企业做公益的同时推广品牌即所谓的公益营销，而网友则可以通过很简单的方式趣味参与公益。小题大作网站的创始人是三个美国伯克利大学的学生，他们中有两个甚至为了小题大作网站毅然选择了休学。小题大作网站是一个三方共赢的创新公益机制：用户每答对一定数量的趣味百科问题，就能使公益项目得到相应数额的物资捐助。捐赠物资不经过项目团队，直接由企业捐助方捐给项目。通过平台悉心建立的反馈机制，用户同时可以全面、透明地了解公益项目的执行情况。图 8 - 5 是小题大作网站的运行机制。

小题大作团队表示他们希望通过这个平台，改变以往传统公益捐赠枯燥、官僚、烦琐的印象，以一种轻松、透明、亲切的方式推广人人都可以做公益的微公益理念。在小题大作网站上，每个人都可以利用自己的片刻时间，快乐轻松地为公益出一份力。

从 2011 年 12 月小题大作网站第一个项目上线，到 2012 年 12 月底，已有

---

① http：//www.dazuoxiaoti.com/

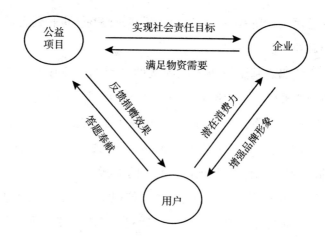

图 8 – 5　小题大作网站运行模式

超过 10 万人在小题大作网站参与了答题，累计促成了超过 4 万件物品的捐赠，这个成绩对于一个刚满一年不依靠任何其他媒体完全创新的微公益项目来说是很令人震惊的。

（四）新浪微公益平台诞生，一年获近 200 万关注

互联网第一个微公益平台——新浪微公益平台（gongyi. weibo. com）于 2012 年 2 月正式上线。该平台专门面对微博用户，求助者、爱心人士以及公益机构都可以通过微公益平台实现自己的目标，完成公益工作的各个环节。至 2012 年底，已有超过 190 万人通过微公益平台参与过捐款，转发及关注公益项目。

新浪微公益平台提供一站式救助服务，平台对公益资源和微博互动优势的有机整合大幅降低了公益门槛。不仅如此，新浪微公益平台还与中国青少年发展基金会、中华少年儿童慈善救助基金会、中国妇女发展基金会等公益组织开展深度合作，共同推动中国公益事业的发展，力促公益得更加透明和快捷。

微公益平台的两大特点如下。

1. 流程简单参与便捷

新浪微公益平台的参与流程简单，是通过便捷的参与方式降低了公益的门槛。微公益平台上的求助内容，主要分为支教助学、儿童成长、医疗救助、动

物保护、环境保护五个重点方向，每个项目都简要清晰地描述了项目介绍、发起人、捐助对象、目标金额、救助时间等信息，每一个访问该网站的人都可以快速直接地参与到公益项目中，了解公益项目、活动的详细信息，通过网上支付等方式贡献自己的爱心。同时，新浪微公益平台还提供了强大的分类搜索功能，可以按照地域或者捐款、捐物、募集志愿者等类型或项目状态如待核实、进行中、已结束等进行检索，使网页高效便捷，帮助浏览者快速选择感兴趣的公益项目。

2. 第三方监督公开透明

通过与第三方支付平台支付宝合作，全部线上求助均由支付宝支持，新浪微公益使公益变得透明化。通过新浪微公益平台，中国青少年发展基金会、中国妇女发展基金会等公益组织将监管救助金到位情况公布于众，并邀请媒体、相关机构、公益人士及热心网友线上监督项目进展。对于广大网友的求助信息，由微博爱心团在发布有效时间内进行线下审核，审核通过即可确认项目顺利进行，并开通捐款通道；如发现任何虚假信息，此项目即被关闭删除。

四 媒体参与公益事业：推动行业发展

进行公益报道是媒体参与公益事业最传统的方式，也是最便捷的方式；然而随着媒体行业发展的日益兴盛，媒体参与公益事业的方式也逐渐由单一的报道、追踪公益事件转向更加专业的角度参与公益事业，其中更以参与公益项目、成立专业公益机构最为常见。

（一）联合发起公益活动，媒体注重深度参与

媒体作为极具社会号召力的组织，可以充分发挥自身优势，与专业慈善组织联合发起大量有影响力和关注度的公益活动，通过自身强大的宣传能力为公益活动赢得更多的支持，大大提高公益活动的参与度，扩大公益活动的影响力。

2011年我国有政府背景的公益组织遭遇信任危机，经过一年的困顿后，

2012年的民间公益活动再次进行得如火如荼，其中不乏规模很大、影响范围甚广的项目。而在各种性质的活动中，都有媒体机构和媒体人活跃的身影（见表8-2）。他们在第一时间报道活动盛况，介绍活动内容及监督项目执行情况的同时，也不忘直接投身于各项活动中，为公益事业奉献自己的一点心力。

表8-2 2012年媒体机构主办或参与承办的公益活动及项目

序号	参与媒体	项目名称	合作单位	时间
01	搜狐公益	回家的希望	中华少年儿童慈善救助基金会	2012年3月
02	腾讯公益	蓝色行动	壹基金、大福基金	2012年4月
03	凤凰公益、新京报	打工子弟学校免费体检	中华社会救助基金会	2012年6月

2012年3月，中华少年儿童慈善救助基金会针对被拐儿童成功解救后所遇到的心理障碍和身体状况等一系列问题设立了"回家的希望"项目。该项目为解救的被拐儿童提供医疗救助，其中包括被拐儿童的心理辅导，对患有大病或是身体有伤残者提供必要的医疗救助等。同时，也为成功解救后的贫困儿童提供成长救助，帮助孩子回家后可以顺利进入学校继续完成学业，忘掉伤痛，开始全新的人生之路。

2012年4月2日，是第五个国际自闭症关注日，腾讯公益慈善基金会、招商银行首次在中国发起"壹基金蓝色行动——关注自闭症儿童"大型倡导活动。从3月19日至4月30日，壹基金联同103家自闭症康复机构及多方参与机构，在全国范围内通过线上线下多种形式，开展关注自闭症儿童活动的系列活动，如将各大城市地标建筑物变蓝，在淘宝商城义卖，蓝人街头快闪等，希望借此呼吁社会各界关注自闭症群体，积极主动地帮助他们融入社会，用爱温暖他们的心。

2012年6月12日，凤凰公益联合中华社会救助基金会在北京发起打工子弟学校免费体检活动。项目覆盖北京市大部分打工子弟学校，旨在让学生、学校及家庭能了解学生健康状况，及早发现病患进行治疗，同时推动更多的人关注这个群体的身心健康。体检结束后，中华社会救助基金会不仅为所有学生建立健康档案，向体检不合格的学生提供进一步检查和治疗建议，而且还将他们与大病医保等公益项目、相关公益慈善组织、社会爱心人士进行对接，对符合救治条件的患大病学生提供必要救助。

（二）成立公益组织，媒体公益参与专业化

与开辟公益专栏、专版、专刊以及专门网站相比，媒体在成立基金、基金会方面发展并不太快，毕竟不是所有的大众传媒机构都有精力和渠道来完成从筹款到项目确立再到项目执行的全过程工作。不过，在2012年，我们还是能看出媒体自发成立慈善组织的一些新动向（见表8-3）。尽管这些行动目前看来还只是星星之火，但相信不久就能起到以点带面，促进全行业发展的作用，带领媒体实现公益参与的专业化。

表8-3　2012年媒体与互联网企业参与成立慈善组织一览

序号	组织名称	参与媒体	所在地	成立时间
01	《今日资讯》关爱公益基金	河北电视台经济生活频道	河北	2012年2月
02	深商公益发展基金	《深圳商报》	深圳	2012年7月
03	阿里巴巴集团公益基金会	阿里巴巴集团	浙江	2012年2月
04	环球时报公益基金会	《环球时报》	北京	2012年11月
05	南方公益研究院	南方报业集团	广东	2012年12月

2012年2月，河北电视台经济生活频道《今日资讯》栏目在河北省少年儿童基金会下设立专项基金，对通过报道接收的社会各界热心人士及企业的善款进行专项管理。这是河北省成立的第一家媒体公益基金。

2012年7月，《深圳商报》作为发起方，在深圳市关爱行动公益基金会名下设立了专项基金——深商公益发展基金。《深圳商报》总编辑姜东南表示，《深圳商报》发起设立深商公益发展基金，旨在凝聚社会爱心力量，弘扬公益慈善精神，倡导企业社会责任，推动社会文明和谐，为此，他们将更加深入持久地开展公益慈善事业。

2012年2月，阿里巴巴集团公益基金会成立，阿里巴巴公益基金会以环境保护作为主要业务范畴，将企业平台模式及资源融入公益领域。基金会初始基金为5000万元，今后发展的资金主要来源于集团及其旗下公司的捐赠，公

益范畴包括自然灾害救助、扶贫助残等，并将工作重点放在开展环境保护宣传，支持环保类公益性组织的发展上。

2012年11月，环球时报公益基金会正式成立，该基金会由环球时报社发起设立，经北京市民政局登记注册。环球时报公益基金会的宗旨是"汇聚各界爱心，承担社会责任，促进社会和谐"。

2012年12月，在这一年即将结束的时刻，南方报业集团成立了南方公益研究院，公益研究院是一个集项目孵化、课题研究、人才培养、学术交流等多种功能为一体的综合型的平台。为进一步强化南方公益研究的功能，研究院聘请了基金会中心网总裁程刚、广东省青少年发展基金会理事长林乔林、共青团广东省委志愿者指导中心主任蒋巍、广东狮子会第一副会长蔡力、天涯社区公益总监梁树新、广东省千禾社区公益基金会秘书长胡小军等8位专家学者、公益达人，作为南方公益研究院的顾问。

（三）媒体从业者深度参与投身公益

由于和公益行业接触较多，很多媒体从业人员有志于推动中国公益事业的发展，他们的加入为公益行业增加了新鲜的血液，直接推动了行业的发展。

1. 崔永元[①]

（1）崔永元公益基金

2007年9月，崔永元和中国红十字基金会共同发起成立了"崔永元公益基金"，并将基金的长期目标定为乡村教师培训和口述历史——非物质文化遗产收集保护。崔永元公益基金的设立宗旨是倡导社会慈善和公益行为，创造社会和谐环境，造福人类。

（2）乡村教师培训项目

定向培训乡村教师，帮助他们开阔视野，更新观念，提升能力，让他们变成蒲公英，为偏远山区的孩子们播撒让梦飞翔的种子。截至2011年9月底，已经独立完成了共五期500名乡村教师的培训，遍布甘肃、四川、新疆、湖

---

① 国际在线专稿：《中国红十字基金会崔永元公益基金的由来》，国际在线，http://edu.sina.com.cn/zxx/2011 - 09 - 07/1540312208.shtml，最后访问时间：2013年3月25日。

南、广西、山西、贵州、云南、黑龙江等近十个中西部欠发达省区、数百家乡村学校；并与相关公益组织合作，成功举办了一期云南"朗天乡村教师培训"。

2012 年 6 月，当面对湖南教育厅"不反对、不支持、不参与"该基金会开展的乡村教师培训项目时，崔永元以"不努力、不作为、不要脸！"进行了有力回应。8 月 10 日下午，崔永元公益基金会与腾讯公益慈善基金会、我们的自由天空等六家机构主办的第六期"爱飞翔·乡村教师培训班"正式在京开班。此次参加培训班的老师有 111 名，分别来自湖南省凤凰县、涟源市等13 个县市。在为期 10 天的培训班上，受训的老师收获颇丰，既参加了各类名师的讲座，又参观了重点学校的校园和北京的名胜古迹，便于他们在日后的教育事业中把知识和感受传播给自己的学生。

2. 邓飞

（1）微博打拐

2011 年春节期间，网友们零碎的、非专业的行动，与公安部门、媒体、人大代表及政协委员等社会力量结合在一起解救被拐卖的儿童。事件起于中国社科院知名学者于建嵘教授所发的"随手拍照解救乞讨儿童"微博，该微博经热心网友不断转发，形成强大的舆论传播力量，并吸引了传统媒体的跟进与关注。

2012 年 5 月 24 日，微博打拐公益基金在北京正式启动。该基金由邓飞、薛蛮子、华楠等人发起，是中华社会救助基金会下设的具有公募性质的公益基金。

2012 年 3 月，第九、十届全国人大常委会副委员长，中华社会救助基金会理事长许嘉璐对成立"微博打拐公益基金"做出了重要批示："打拐"事关民生、社会道德、国家形象。仍要坚持我会公正、透明的一贯作风。

2012 年 5 月 16 日，中华社会救助基金会与著名调查记者邓飞签订了关于共同合作设立微博打拐公益基金的协议，并举行了签字仪式。

（2）大病医保

2012 年 2 月 3 日，由凤凰周刊记者邓飞、北京师范大学中国公益研究院院长王振耀、天使投资人薛蛮子、大成律师事务所律师吕波、泰和财富创始人周成海、中国青少年发展基金会秘书长涂猛、零点研究咨询集团董事长袁岳、搜狐网主编刘春、《华夏时报》总编辑水皮、《中国财富》总编辑余刘文等人发起的儿童大病医保公益项目经过第一次讨论会，初步确定了以商业保险的方式开展儿童大病医保项目。全新儿童大病医保公益项目将于免费午餐所在的湖南、湖北、广西三省区中的 3 个县 2 万多小学生中进行试点。这其实是免费午餐理念在医疗领域的一个延续，并将实现商业保险模式的重要创新。2012 年 7 月 18 日，邓飞联合张泉灵、邱启明、薛蛮子、马伊琍、王振耀等各界爱心人士共同启动了又一造福农村儿童的大型公益项目中国乡村儿童大病医保公益基金。

（四）公益领域媒体合作：共促公益成长

与之前几年媒体公益参与的情况相比较，2012 年各家媒体改变了之前各自为战的发展模式，转而进行行业大范围的合作，通过成立联盟等方式整合各方力量，加强彼此之间的联系，共同促进公益事业的发展。年度行业合作发展的标志性事件如下。

1. 媒体公益联盟成立①

媒体公益联盟于 2012 年 8 月正式启动，联合了中央电视台、中国网络电视台、全国各省级卫视、人民日报、经济日报、光明日报、科技日报，以及央视网、人民网、新华网、凤凰网、新浪、腾讯等多家电视、报纸、互联网媒体单位。媒体公益联盟凝合新闻真实性、时效性、聚集性、互动性和资源性等特点，形成较强的社会公信力和辐射力，搭建中国公益信息传播第一平台。对于加入的会员，一方面可以进行品牌传播，另一方面在联盟内可以进行信息共享和资源优化。而对于有媒介推广需求的主体单位，媒体公益联盟则提供全方位的传播平台，并根据其推广需求制订相应推广方案，按需宣传、及时传播。

该平台通过发挥行业优势，整合全国一线主流媒体电视、广播、报纸、期刊、网络等媒体资源，携手万余名记者编辑打造国内最具影响力的新闻营销平台；并通过五大媒体联盟进行多形式、多地域地传播信息，进行优势互补，优化传播效果。媒体公益联盟的建立，也是媒体更好地参与公益宣传的途径。但

---

① http：//1mj.com.cn/

是，媒体人只有本着公平、客观的态度，保持应有的职业精神，充分发挥各类媒体真正优势互补，真实客观地运用该联盟，才会达到"1 + 1 > 2"的宣传目的，促进中国公益事业的发展。故联盟内有必要建立公开、严谨的管理和监督制度，保证整个联盟的运行处在正确的轨道上。

2. 2012 年全球新媒体与"社会公益峰会·北京论坛"①

2012 年 9 月 24 日，第三届"全球新媒体与社会公益峰会"召开。"全球新媒体与社会公益峰会"是世界上最高级别的公益峰会之一，由联合国基金会等组织于 2010 年创立，旨在向全世界传播联合国千年发展目标，鼓励全社会通过对话和创新，促进公益事业发展。该峰会的北京论坛在清华大学举行，发起方为联合国开发计划署、联合国基金会和比尔及梅琳达·盖茨基金会，主办方则包括壹基金、爱佑慈善基金会、人人公司、腾讯公司、新浪公司、阿里巴巴集团、果壳网、百度公司等，承办方为清华大学爱泼斯坦对外传播研究中心。新华社、中国特稿社、财新网、56 网作为支持媒体参与论坛。除了论坛外，当天在腾讯微博、新浪微博及人人网上，还有众多网友参与"新媒体服务社会公益"的讨论，让听众变成论坛的主人，各抒己见。联合国亲善大使、壹基金创始人李连杰、乐施大使、著名演员海清、伦敦奥运会男子体操团体冠军、男子体操双杠冠军冯喆，新浪微博社会责任总监贝晓超，果壳网 CEO、科学松鼠会创始人姬十三等各界名人的参与，获得了网友的积极响应。

本次峰会通过卫星转播，实现纽约、北京和内罗毕三地连线对话，在这个全球分享的重要平台，让世界了解中国是如何借助社会化媒体开展公益的。这是有史以来，为了公益，"神秘"的中国新媒体在国际舞台上的首次集体亮相，向全球公众展示中国是如何运用科技和媒介手段推动公益事业发展的。实际上，中国很多案例在国际上都具有特别重要的借鉴价值。

无论是媒体公益联盟，还是新媒体与社会公益峰会，都表明在当今时代，公益已经成了为整个传媒行业所关注的重要领域。媒体公益联盟的诞生，意味着中国公益新闻传播从此有了最大的共享平台。一干权威媒体的集结，使得公

---

① 社会公益峰会·北京论坛专题页面，http://gongyi.qq.com/a/20120925/000011.htm#p = 1，最后访问时间：2013 年 3 月 26 日。

益新闻的真实性和实效性有了最大限度的保障；而联盟所计划要建立的媒体信息数据库，将为中国传媒机构之间彻底实现信息共享搭建桥梁。新媒体与社会公益峰会首次落地北京，则代表了中国的新媒体已成长为国际上不可忽视的一股网络力量。中国日益成长的网络公益平台，终于得到了与国际先进同类机构沟通与对话的舞台。一旦中外新媒体资源能够展开合作，将给中国公益事业的方方面面带来新的发展活力。这两项活动的展开，把中国媒体的公益报道和公益参与都带上了一个全新的高度。

五　小结

如上所述，媒体在公益参与领域内的成就是显而易见的。媒体在开展公益活动、执行公益项目时有着得天独厚的资源，可以获得几乎所有公益领域内的专业组织都无法具有的号召力和影响力。2012 年，我们发现几大门户网站的公益频道在专题报道数量，与前几年相比均有不同程度的下降。与此同时，对网站参与的公益项目、活动的报道量相应都有所增加。这说明，对于公益的大范围报道的高峰时期已经过去，媒体公益参与不仅仅局限于报道公益新闻的层面，而且起到了很强大的推介作用。媒体正在通过参与公益项目，联合发起公益项目，追踪公益活动全过程等方式，从更加深入的角度来参与公益。然而，众多公益媒体目前都陷入人力不足的窘境，在人力有限的情况下媒体本身信息平台的角色是否被淡化值得我们思考。媒体究竟应该在公益领域扮演何种角色更是值得公益行业与媒体行业共同讨论。

在"媒体公益与社会变革"研讨会上，天涯社区公益总监梁树新曾表示，媒体应该有自己的专业性，应该去利用自己的特点，即传播与推进公益的发展，对于公益项目则宜采取审慎的态度，不要无意识地把自己变成了一个非营利组织。

"媒体首先的职能还是做传播。"他说。表面看起来媒体做公益是有很大的优势，但从专业性和长期性来看，可能会有分裂的结果。所以，梁树新认为媒体做平台的价值会远远大于操作公益项目的价值。"这里产生的媒体价值可能是裂变式的，远远比我们自己去操作一两个项目产生满足感、成就感的价值更大。"他说，"我有三个倡导。第一，公益无国界；第二，媒体要做社会与政府对话的润滑剂；第三，媒体公益要引导和帮助公益社会的建设。"

在第三期凤凰公益沙龙上，闾丘露薇说："在公益上面，媒体在这个时期，它是不可选择的，但是它绝对是过度的角色。"同时她向《南方都市报·公益周刊》负责人龙科提问道："其实和有政府背景的慈善机构一样，媒体的垄断性也是很强的，如果是这样的话，会不会同时抑制民间自发的、非常小的团体的生长空间？"龙科的回答是："我们现在能着手做的，就是包括媒体在内的一些公益先行人，他们在这个领域不停地折腾，热场，把公益推向全民了解的状况。在这样的情况下，它会有缓慢地变化。在这样的情况下，会有更多的人进入这个行业。"

媒体投身公益活动、参与公益项目固然能够在短期内利用媒体的巨大影响力为公益领域带来极大的关注度和参与度，促进公益理念的传播和公益行业快速发展，这也是媒体社会责任的一种体现，然而我们不得不仔细的思考，过分依赖媒体的力量提升公益在全社会的受关注程度，到底是不是一种可持续发展的形式；媒体是否能够真正秉持媒体应有的原则，在公益报道和自身公益项目传播之间找到平衡点。总的来说，媒体公益参与对现阶段的公益行业来说是有极大裨益的，带动了更多的人进入公益领域，将公益的"蛋糕"越做越大。但这只是过渡性的阶段，正如一位媒体人说，媒体在公益发展的过程中起到的应该是接力棒的角色，接力棒是要传递下去，接力棒不会永远地留在媒体手里，公益媒体更多的是一个平台，传播国内外的先进公益知识和创新公益思想。

随着公益媒体声音传播得愈发广泛，媒体对于公益的裨益更加明显，越来越多的公众通过媒体获得公益新闻，了解公益知识，跟踪公益项目，参与公益活动，媒体已经通过自身的坚持不懈的努力和不遗余力的奉献，渐渐地把接力棒传递给了整个社会，使得公益成为了社会大众日常生活的一部分，使公益真正地向全民化时代迈进。

第九章
透明公益：公益行业公信力重塑之路

2012年，在经历了2011年"郭美美事件"等危机后，中国公益慈善行业开始了公信力重建的漫长道路。在政府层面，不管是监管公益事业发展的相关部委，还是地方上的主管机构，都希望通过颁布新的政策措施来促进公益组织规范运行和慈善捐助信息全面公开。在民间层面，受冲击最大的公益组织自身开始谋求变局筹划改革，外围的研究支持机构则为公益组织提供了信息公开的各种渠道与工具。全行业的共同努力，推动着中国公益慈善行业公信力的重建。

一　负面新闻不断，公益行业持续受质疑

在2011年6月的"郭美美事件"之后，中国公益慈善行业公信力跌入低谷。中国红十字会这家有百年历史的人道机构遭遇了沉重打击，至今仍在寻求渠道重塑公众形象。这次事件之后，公益界在2011年下半年又连续爆出了数起争议性新闻，包括中华慈善总会"尚德诈捐门"以及河南宋庆龄基金会"善款放贷"事件等。部分事件虽然日后被证实为一场误会，却在当时给公益慈善行业带来了又一次打击。另外，2011年国内经济形势走低。因此，2011年无论是基金会还是各级慈善会，甚至包括各级民政部门，接收的社会捐款数目均同比下降。

2012年，虽然整个公益慈善行业的信誉都已逐步提升，却依然有几起动摇行业公信力的事件发生。5月，《南方周末》报道香港教育界在四川绵阳为汶川地震中受灾学生捐资修建的紫荆民族中学被当地政府拆除，香港方面准备追回善款。报道更指出拆除学校是为了给商业开发让路。尽管当地政府随后澄

清学校只是迁址重建，为师生提供更好的教学环境，不是商业目的，但学校重建时的缺乏长远规划以及有关方面在执行重建决策过程中的不透明还是广为人所诟病。

7月，浙江慈善组织施乐会成为了舆论关注的对象。这家开创了国内网络劝募先河的民间机构所运用的"有偿社工"模式，遭到了媒体人朴抱一的质疑。施乐会从2012年3月开始推出"有偿社工"，规定参与者可以获取到不高于募捐主题金额15%的经费，作为该工作可持续的成本和对工作者劳动的报酬。这个"15%"，成为了朴抱一和众多网友质疑的焦点，他们认为社工会因为募款有偿以及承担风险，而在网络上进行疯狂募捐，对网友形成骚扰。而施乐会网站上的许多救助案例，也被质疑为"救贫"不"救急"或是夸大歪曲受助对象的困难情况。在这一事件中，网络劝募因规范性和专业性缺失而引发信任危机，体现了法律、法规在规范慈善活动中的重要性。

到了年底，有关中华少年儿童慈善救助基金会（简称"中华儿慈会"）的一系列事件让有政府背景的慈善组织回到了公众关注的视野中。12月10日，网络举报人周筱赟微博举报，中华少年儿童慈善救助基金会2011年的账目上，有一项"支付的其他与业务活动有关的现金"金额为48.4亿元，远远高于当年接受捐赠收到的现金8000多万元。周筱赟怀疑基金会可能存在洗钱行为。当晚中华儿慈会发文澄清，财务人员的重大失误将账目中一项本应为4.75亿元的金额，写成了47.5亿元。虽然最终经过第三方会计师事务所对账目的重新审计，澄清儿慈会并没有洗钱行为，但从审计结果看，中华儿慈会的确存在多处管理不专业的问题。中华儿慈会的内部管理存在着严重疏漏，突出表现在该机构的问题发现机制存在弊病。网友能够轻易发现的账目问题，却在该基金会内部流转多次后仍未得到修正。甚至连外部机构进行审计时都没有注意到问题所在，不得不让人对中华儿慈会管理机制的专业性以及第三方审计机构的责任意识产生怀疑。

以上这些事件都在拷问公益行业的公信力，我国政府对公益组织的注册成立要求极为严格，新成立基金会的注册资金门槛达到了200万元，但我们同样也应看到政府对公益组织的实际运营在某种程度上缺乏具体的管理措施，使得公益组织在运行的过程中，很容易出现细节上的失误，进而影响到全局。而慈善事业要想得到发展，不仅需要政府政策的监管，更需要行业和组织自身的高度重视，并有积极的态度和执行力来保障。要解决这个普遍存在的问题，必须实现公益组织的专业化管理，建立专业的管理人才队伍，并有专业管理技术、管理标准以及管理程序的配套。参照美国NGO，严格划分公益组织理事会、管理层人员和项目执行工作人员的权责，也是需要执行的措施。慈善事业的健康发展，并不意味一点问题都不出，而是在于能够正视和解决出现的问题。从"怎么看"走向"怎么办"，才能促成我国慈善行业的进步、慈善组织管理水平的提升。

二 中央部委出台政策严格规范公益事业运行

纵观2012年全年，在行业公信力建设方面，首先值得注意的是国家以基金会为重点，对其账目等的公开透明度提出了更高程度的要求，使整个公益行业受到的监管进一步得到加强。

（一）行业信息公开倡导型文件出台，管理办法未按期出台

2011年12月16日民政部制定的《公益慈善捐助信息公开指引》（简称《指引》）正式向社会发布，《指引》在公益慈善组织捐助信息公开的时间、内容上都提出了相应的要求标准。民政部有关负责人当时表示，这份《指引》旨在为各类公益慈善组织和机构公开信息提供指导性规范，提高公益慈善组织的社会公信力。

2012年5月11日，民政部社会福利和慈善事业促进司副司长徐建中接受《法制晚报》记者采访时透露，《慈善捐助信息公开管理办法》（以下简称《管理办法》）已经完成第一稿的起草，目前正在向专家、学者以及公益慈善组织征求意见和建议，有望于年内出台。

徐建中表示，2011年底出台的《指引》，从文件上来说，是一份倡导性、指引性的文本，而"管理办法"则带有明确的管理、强制和指定性质。

不过，徐建中也表示，民政部正在起草的这份《管理办法》，虽然带有一定的强制性，但真正能够从立法上对慈善捐助信息透明度进行刚性规范，还需

要《慈善法》的尽快出台。

目前来看，虽然慈善信息管理办法并未如民政部承诺在 2012 年底出台，但 2012 年 10 月 26 日，全国人大常委会表决通过了全国人大内务司法委员会关于十一届全国人大五次会议主席团提案审议结果的报告。制定慈善事业法已被列入国务院 2012 年立法工作计划。相信规范慈善行业信息透明度及提升行业公信力的相关政策法规完善工作必将会在新一年中有新的突破。

（二）《审计制度》与《行为规定》严格规范基金会运作

2012 年，国家对于慈善行业公信力的管理主要集中在对基金会和慈善组织的监督和审核上。就基金会来说，财政部、民政部在 2011 年底联合下发的《关于进一步加强和完善基金会注册会计师审计制度的通知》（以下简称《审计制度》）中，提出了"专项审计"概念，并规定从 2012 年 1 月 1 日起，基金会须在重大公益项目结束后接受注册会计师事务所的专项审计，审计报告须按登记管理机关的要求，向社会公布。《审计制度》特别提出了"公益审计"概念，即鼓励会计师事务所为部分确有经济困难的基金会提供公益审计服务。对管理透明、运作规范的优秀基金会，民政部门可以奖励形式，全额或部分承担审计费用。财政部、民政部特别说明，此《通知》适用于以下组织和团体：民政部门登记注册的基金会、境外基金会代表机构和其他具有公益性捐赠税前扣除资格的公益性社会团体。这就意味着，慈善会系统的救灾募捐和重大慈善项目募捐，也需接受专项审计并信息公开。2012 年 1 月 12 日，财政部、民政部有关负责人根据之前下发的《审计制度》，就进一步加强和完善基金会注册会计师审计制度答记者问时表示，今后符合条件的重大公益项目，以及公益慈善组织，如果参与处理自然灾害开展的募捐活动，都要进行专项审计，并将审计报告向社会公布。

进入 2012 年，中央政府出台了更细致的基金会管理文件。4 月，民政部拟定《关于规范基金会行为的若干规定（试行）》（以下简称《行为规定》），并在向社会公开征求意见之后，于 7 月最终发布。《行为规定》属于民政部颁布的规范性文件，是在现行法律政策基础上对基金会等公益组织运作中的一些具体行为的进一步规范。《行为规定》主要针对基金会接收和使用捐赠行为，基金会的交易、合作、保值增值行为，以及基金会的信息公开行为等三个方面进行了规范。这其中与行业公信力相关的主要有基金会的交易、合作、保值增值和基金会的信息公开两个方面。在规范了基金会的交易、合作、保值增值行为方面，《行为规定》要求基金会区分交换交易收入和非交换交易收入，明确了基金会在从事交换交易时需要遵循的原则，禁止基金会将本组织的名称、公益项目品牌等其他应当用于公益目的的无形资产用于非公益目的，禁止基金会借募捐之名帮助企业开展产品营销等活动，明确了基金会不得向个人、企业直接提供与公益活动无关的借款，限定了基金会可以用于保值增值的资产类型和具体运作方式。在加大基金会的信息披露力度方面，强调了基金会的信息公布工作必须遵循的原则；要求基金会在开展募捐前，应当事先制订募捐活动的有关标准，并将这些标准如捐赠人权利义务、资金详细使用计划、成本预算等向社会公告；要求基金会在通过募捐取得捐赠收入后，要定期在本组织网站和其他公开媒体上公布详细的收入和支出明细；保障捐赠人知情权；基金会年度工作报告的披露；基金会内部制度的披露，公募基金会制定的内部制度，应在本组织网站或其他便于社会公众查询的公开媒体上予以公开；非公募基金会制定的内部制度，应置备于本组织办公场所，接受捐赠人的查询。这一规定从公开征求意见到最终出台仅用了3个月的时间，这样高的效率让业内人士看到了国家对基金会监管的极大重视，为我国基金会日后的良性发展进一步提供了保障。

（三）《通知》要求完善救灾捐赠工作，杜绝慈善捐赠"糊涂账"

2012年12月6日，民政部在其网站公布了《民政部关于完善救灾捐赠导向机制的通知》以下简称《通知》，要求慈善组织定期公布收支明细，推动了慈善组织的规范发展。《通知》明确，各地的捐赠需求评估须根据实际，特别是对物资的需求情况，包括物资的种类、名称、规格和数量等。《通知》还要求，公益慈善组织在捐赠过程中要定期公布详细的收入和支出明细，包括捐赠收入、直接用于受助人的款物、与所开展的公益项目相关的各项直接运行费用等。在捐赠收入中列工作人员工资福利和行政办公支出的，也应同时予以公布。

从国家层面来看，无论是对于基金会还是慈善组织，提高公信力的焦点主要落在了资金的管理上。

三　地方政府积极推进公益信息公开

2012 年，慈善行业公信力问题在地方层面受到了关注，一些省市就慈善组织、募捐、信息公开等方面出现的问题提出了一系列具体要求。

（一）北京：慈善组织统一网上晒账

在北京，2012 年初政协委员、市民政局副局长陈百灵就曾在市政协会议上透露，慈善组织将统一在网上晒账，即相关的慈善公益组织，对其所有的财务状况，包括募集资金的情况在内，定期向民政部门报送。当时的计划是，北京市民政局将设立了一个专门网站，将财务状况等各类详细信息，都公布于该平台上，供公众查询。慈善导航信息平台将动态"晒"所有慈善成员组织财务账和能力账。捐赠人可根据这个网上晒账平台所公布的信息选择向哪一家慈善组织捐赠；困难人员也可通过该平台了解该向哪家组织求助。但时至今日，慈善导航信息平台方案依旧处于筹备阶段，原先计划的实现尚需时日。

除网上晒账之外，市民政局还专门聘请了专业机构，制作了包括慈善公益组织的财务状况、慈善公益组织募集资金的能力、从业人员的情况、项目执行的能力、资金的募集情况以及项目的支出等指标在内的实时量化、标准化评价体系，并由专业机构为慈善组织量化打分。目前，这一评价体系的框架和基本内容都已成型。

（二）上海：募捐条例打造"透明慈善"

2012 年 9 月，上海市正式实施《上海市募捐条例》，以求打造"透明慈善"。该条例明确：由市民政部门建立统一的募捐信息网络服务平台，为社会公众免费提供募捐信息服务，接受咨询、投诉、举报。自 9 月该信息网络服务平台建立，到 11 月底，全市有三例社会募捐活动通过该平台公布。上海还明确了以微博公募为主的社会募捐需事先在服务平台上登记，除中国红十字会、公募基金会及依法登记、以发展公益事业为宗旨、通过自主或者志愿服务等形式为社会公众提供服务的社会团体这三类组织可以依法开展募捐活动之外，其他单位和个人，若想基于公益目的开展募捐活动，必须与募捐组织协商，经其同意后才可按规定开展活动。该条例还规定，募捐组织应当在信息服务平台上，向社会公开募集财产的使用情况，每年不少于两次；募捐组织应当每年于6月30日前，在信息服务平台上向社会公开本组织上一年度的财务审计结果。该条例明确指出，国家有规定可以在募集财产中列支的，募捐、开展公益活动产生的工资、办公费用等费用，不得超过国家规定的列支比例；而对于国家没有规定列支比例的工作成本，不能超出已公布募捐方案所确定的工作成本列支项目和标准；若工作成本已在财政拨款中列支，则不得再列支于募集财产中。

正式实施的《上海市募捐条例》颇具创新性，突出体现在首创募捐方案备案制，即规定在募捐组织开展募捐活动之前须制定募捐方案，并提前十个工作日向募捐活动所在区县民政部门办理备案手续。募捐方案内容大致应包括募捐活动名称、目的、时间、期限、地域范围等。备案制的有效实施，必须以统一的募捐信息网络服务平台为依托，更体现了建立统一平台的重要性和紧迫性。

（三）长沙：慈善条例约束募捐活动

2012年4月《长沙市慈善事业促进条例》正式颁布，该条例规定，公益性社会团体和公益性非营利的事业单位应当依据有关法律、法规的规定，将其开展的慈善活动信息及时公开。该条例还规定，自然人、法人或其他组织如需对社会公众开展慈善募捐活动，应当向慈善公募活动的募捐人提出募捐申请，以便及时发布募捐活动、接受捐赠、救助、捐赠款物使用信息等。

四 公益组织提升自律意识，外部机构提供工具支持

2012年，慈善行业尽管依然暴露出一些问题，但总体来说还是在行业内部的自我规范、自我完善方面都取得了很大提升成绩。年初上百家公益组织的联合行动，充分体现了这些民间机构的决心。在2012年1月8日举行的"慈

善的力量，2011 中国慈善"年会上，中华慈善总会、中国红十字基金会、中国青少年发展基金会、中民慈善捐助信息中心等112 家公益慈善组织共同发起了"透明慈善联合行动"，呼吁行业自律，提升整个慈善行业的透明度和公信力。会上，各公益慈善组织联合制订并郑重响应了《透明慈善联合行动倡议书》，希望凭借慈善年会这样的平台，鼓励更多公益慈善组织携手共进，一同提升慈善行业的透明度和公信力，优化公益慈善的资源配置，可谓2012 年慈善行业发展的"开门红"。《透明慈善联合行动倡议书》的内容包括5 点：（1）积极响应《公益慈善捐助信息公开指引》，并以此开展公益慈善信息公开工作。（2）各慈善组织联手，共同搭建公益慈善信息化能力建设平台。（3）共同搭建公益慈善信息披露平台。（4）共同推动透明慈善评估标准的建立和实施。（5）共同营造良好的慈善文化环境。

另外，大型公益组织的带动作用也不可小视。政府背景浓厚的中华慈善总会在 2011 年底就曾承诺将定期公开所有募捐信息，并将日常接受捐赠在 15 天内通过多种渠道公示。如今，无论是在中华慈善网还是在民政部的中华慈善总会网页上，都可以看到中华慈善总会的捐赠信息。这对广大公益机构来说，是个极好的表率。

近年来中国红十字会风波不断，受到了社会的质疑和指责，2012 年，中国红十字会重整旗鼓，在提高公信力方面做出了巨大的努力。其努力主要体现在招标审计服务，打造捐赠信息平台和建立社会监督委员会这三件事上。2012 年 3 月 13 日，中国红十字会总会正式启动审计服务会计师事务所招标，旨在加强中国红十字总会财务审计，推动财务收支工作的公开和透明。2012 年 8 月 2 日，中国红十字会常务副会长赵白鸽在国务院新闻办举办的新闻发布会上宣布，中国红十字会将在 2014 年底将捐赠信息公开平台推进到县一级，这样，中国红十字会的信息公开程度将会广泛扩大；同时，北京市红十字会秘书长刘燕君也透露，北京市将于 2013 年完成捐赠信息平台与中国红十字总会的对接，这也从侧面证明了该捐赠信息平台的确正在落实中。2012 年 12 月 7 日，中国红十字会社会监督委员会成立，中国（海南）改革发展研究院院长迟福林、中央编译局副局长俞可平、北京师范大学中国公益研究院院长王振耀、中央电视台主持人白岩松等 16 人被聘为社会监督委员会委员。监督委员会的成立标志着中国红十字会对公信力建设的重视和决心。但监督委员会的成立也受到各方的质疑，12月10日中国红十字会召开发布会回应社会的质疑，这表明中国红十字会愿意接纳社会的监督，也愿意通过委员会委员的专业知识和社会影响力不断完善自身的公信力。

而作为民间公益的"先驱"，壹基金也在提升公益组织公信力方面发挥了带头作用。壹基金从年初就计划在资助NGO的同时免费为它们提供财务软件，鼓励合作伙伴公开透明；受壹基金资助的6家公益机构，作为试点率先按照壹基金联合公益组织USDO开发的《财务信息披露模板》公开披露自身财务信息，计算出透明指数，这在草根NGO信息披露的道路上可谓是前无古人；12月，"壹基金透明典范"揭晓，又为行业树立起了一批自律意识强、信息披露到位的机构典型。

在慈善组织不断努力提高透明度的同时，行业性中介机构也为公益界的公信力建设提供了诸多帮助。基金会中心网9月发布的中基透明指数FTI，便为评估基金会提供了技术层面的支持。该指数于12月获"公益行动奖"，这也体现了整个行业对透明度的可量化性和可评估性给予的充分肯定。自该指数发布后，它已逐渐成为公众尤其是捐款人在选择捐款对象时的重要参考依据。12月26日，基金会中心网发布了"中基透明指数2012排行榜"，对2213家基金会的透明情况进行了排名。排行榜显示63%的基金会信息披露不合规的事实，加速了行业内部对自身公信力和透明度的反思。与"中基透明指数2012排行榜"有异曲同工之处的是福布斯于11月29日公布的"2012年中国慈善基金榜"。但与前者得出的悲观结论不同，据这张以各家基金会信息披露情况为唯一排名标准的榜单显示，上榜基金会的年度财务信息披露情况全部优于2011年。

11月21日，IBM与上海交通大学共建的"思源公益云"在线平台在上海发布，有了该平台，公益资源可以得到便捷、透明的捐赠渠道。该平台以云计算技术作为后台数据收集分析、功能组建及扩展的支撑，可供公益组织、社会团体、个体志愿者、企事业单位进行沟通分享、宣传展示，并将帮扶公益组织提升自身的管理能力和信息化程度。此外，借助公益云平台上实现的丰富功能，IBM将与各公益组织合作，扶植大量有价值的公益项目，并实现各公益组织的协同公益。平台的建立，既方便了公益组织的信息公开，又使更多基层公益机构有了与著名跨国企业合作的可能，其现实意义不止于帮助提升行业公信力。

五　观点：适度透明与制度保障共建行业公信力

2011 年，由于"郭美美事件"等一系列负面新闻的传播，社会各界纷纷加入到对公益组织公信力的讨论当中，大众对公益行业的拷问在网络的助推下发挥出了强大的正面效应，促使以中国红十字会为代表的公益组织开始积极谋求改革，以公开透明为目标重塑机构形象。

2012 年我们可以看到，公益行业的公信力建设进入了一个新的阶段。在政府层面，无论中央国家机关还是地方民政主管单位都出台了相关政策推动公益慈善组织的透明化运行。民政部 7 月出台的《关于规范基金会行为的若干规定（试行）》辟出了专门一部分对基金会的信息公开进行了规范；年底公布的《关于完善救灾捐赠导向机制的通知》，又点出了公益组织在接收灾后捐赠时需要公布的信息内容。两部文件对于公益组织的公信力建设都有明确导向。而在地方上，以《上海市募捐条例》和《长沙市慈善事业促进条例》为代表的文件，对约束当地公益组织的活动提供了可以依循的规章。在积极面对2012 年诸多促进公开透明及行业公信力建设举措的同时，我们需要更加深思，公信力建设到底需要什么，信息的公开透明是如何界定的，公信力建设是不是仅仅需要信息公开透明。

（一）行业公开透明亦有边界

行业的公开透明被指为公益行业的边界，是公益行业公信力建设的第一步，行业透明度不再是社会各界对于公益行业各种拷问的源头之一。然而，面对行业内外人士对于行业信息公开透明的各种要求，不得不说明的是，信息公开是公信力建设的基础，但信息公开是有限度的。首先，信息公开的范围需要确定，信息的公开不能是无限度的公开，不能是无死角的公开，公益行业也存在知识产权，公益行业也存在行业秘密，更为重要的是，公益行业有捐赠人和受助者的隐私需要公益组织全面保护，不能因为公开透明的要求忽略了信息保护。总体上来说，信息公开一共包括了三个层面：第一，捐赠资金及来源透明；第二，捐赠款物去向透明；第三，对慈善信息进一步开发，形成改进建议并向社会公开。其次，信息公开需要成本，公益组织实现透明需要人力，需要技术，需要成本，需要一系列完善的规则。如果既要求公益组织实现全透明，又很严格地限制公益组织的成本，这是不可能实现的。在要求公益组织提供服务的同时，又要求慈善组织无成本或低成本运作，并实现高度的透明，那只能由政府来承担相应的支出。但政府的钱从根本上说也是来自群众，是全社会共同缴纳的税收，也不可能是无成本的。因此我们需要明确，慈善的公开透明可以实现，但同时也要承认慈善成本的概念，慈善需要管理费用是正常的，只是这一费用需要在一个适当的比例范围内。最后，信息公开的对象需要确定。肯塔基大学的校长在北京师范大学中国公益研究院演讲时曾说到该大学对于捐赠信息的公开形式，学校会面向每个捐赠人寄送材料，说明捐赠人的资金被适用于何种情况，并会向捐赠人介绍学校资金的整体使用情况。但这些信息的细节并不会向全社会公开。公益组织也是如此，在信息公开时公益组织需要通过年度报告将资金主要来源、资金使用情况等信息向全社会公布，更多的细节则需要向公益组织的捐赠人公开。

只有实现公益行业的适度透明，才能够既保障公益行业在整个社会的地位得到全社会的认可，又能够限制公益组织信息公开的成本，实现两者的平衡。

（二）优化公信力需制度保障

显而易见的，行业公信力的建设不能仅仅包括信息公开透明，信息公开仅仅是行业公信力建设的第一步。

清华大学公共管理学院王名教授认为，仅有信息公开透明不能解决慈善公信力的所有问题，还要有一系列的配套制度保障。他说：一是制度建设。健全政府相关制度法规是第一位的，保障捐赠人的权益，保障善款的正确合理使用等，因为慈善公信力一定要在制度的规制下才能持续下去。二是政府体制转型应该及时跟上来。2011年慈善事件发生后，一些人把对部分官员腐败的愤怒转嫁到了慈善组织。这对一些慈善组织来说比较委屈，这是体制带来的一些问题。因而重建慈善公信力时，这些问题也应该解决。三是信息公开。信息公开很重要，是铁规则，但也不能强调太过，因为信息公开不能解决所有问题，尤其是公信力危机时，即便慈善组织将信息公开，公众也不相信。说到这里，王名教授引用那个耳熟能详的"狼来了的故事"：一次相信你，两次相信你，再多就不会相信你了。所以必须要有规则，规则走在前面，透明走在后面。四是组织自身的治理结构。慈善组织有效的治理结构是保障公信力的一个很重要的方面，组织内部也有一个民主监督的制度机制。

因此在实现第一步适度公开透明的基础上，我们更应该注意到，慈善公益事业的公信力建设，还要有相关公示标准的制订，包括各项信息公开的时限、范围、对象等，这些标准的制订不应仅由政府来实现，而应该由相关慈善协会、慈善组织甚至整个行业来共同联合制订，在行业内形成相互监督的氛围，从而产生互信的力量并最终实现行业自律。

第十章

公益募捐：成本控制与效率之争

2012 年年中，浙江金华慈善平台施乐会成为互联网上的讨论热点。这家机构曾因仅半年便募集到善款 2300 多万元而成为了微公益领域的奇迹，并因其高效筹资和"百分百网络微慈善"的定位而受到赞誉。但真正让施乐会成为舆论焦点的，并非其募款效率，而是因为这家机构在筹资过程中所推出的"有偿社工"模式。这一模式，不仅重新掀起了公益慈善机构是否应该保持其绝对公益性的争论，而且还引起了人们对于公益组织募捐效率与成本关系问题的思考。

一 施乐会"有偿社工"模式引发筹款激励机制讨论

施乐会成立于 2007 年，初衷是建立网络公益平台，希望通过互联网的这一工具直接打通受助人与捐助者的通道，让社会各界的点滴爱心能够快速汇聚起来；同时在施乐会互联网平台上，让全部捐助和全部资金流转都能得到完整、透明的呈现。

但理想与现实存在着距离。最开始，整个施乐会只有 4 名工作人员，他们就近去寻找受助人信息并将之上传到网上，但不仅受助人信息很难规模寻找，而且捐助的人亦是寥寥无几，在项目开始的 2007 年和 2008 年，他们只募集到了 60 万的善款。在多家爱心企业的资助下方才坚持了下来。

为了拓展募捐渠道，施乐会在 2009 年展开了"义工模式"，招募了大量义工，让他们去发现并帮助受助人，以及将捐助项目发布到施乐会平台，马上使 2009 年捐款总额达到了 60 万，到 2010 年则达到了 270 万。2012 年初，施乐会秘书长方路与工作人员们商议，作出了开发"有偿社工"模式的决策。

所谓的"有偿社工"，就是经过施乐会审核通过，社工在帮助受捐人获得捐助的同时，自己也获得一定的成本补偿如差旅、食宿等，还可以获得一点补贴或资助性回报。按施乐会方面的规定，成本补偿与资助性回报金额之和不会超过社工募集善款总额的15%。施乐会领导层希望能够借这一模式提高筹款者的工作效率，发现更多有待帮助者，从而募集到更多善款。

"有偿社工"模式启动后，施乐会除超过700名的不领取任何费用和回报的"义工"外，又多了接近40名"有偿社工"。而这一模式所取得的效果，也堪称立竿见影："有偿社工"队伍建立之后，在不到40名"有偿社工"的推动下，施乐会2012年上半年募集善款2300万，超过了前几年的总和。

但这极具效率的募捐模式，在启动不到半年后即遭质疑。7月初，就有网友反映，在新浪微博的评论和私信中，收到疑似"机器粉"所发的募捐信息，虽捐助对象不尽相同，募捐方式却极其相似，而这些给网友造成困扰的垃圾信息的来源都指向施乐会。随后不久，网上便开始流传起了施乐会允许每位社工"可以从每笔捐款中最高提成15%作为报酬"的说法，引发网民对施乐会的大肆谩骂和广泛质疑。资深媒体人朴抱一马上要求施乐会公示审计报告并停止对其他微博用户的骚扰。同样开始追究此事的还有媒体，8月6日，《羊城晚报》以"有偿慈善疯狂募捐"为题，对施乐会的"有偿社工"模式进行了报道，质疑该机构"善款100%到达受助人手中"的承诺及其"社工"在完成募捐之后直接拿走余款作为报酬的做法。这是主流媒体首次对该事件进行完整的报道，使这件事的关注度不再局限于网上，引发了更大范围的讨论。而后，中国新闻网和《中国青年报》等大型媒体也先后对此事件做了报道，内容逐步细化。

8月27日，施乐会秘书长方路在接受《都市快报》记者采访时澄清，本机构"从没有明确提成比例"，捐款人在捐款时就可选择支付社工的酬劳，15%的说法有欠公允。他强调施乐会对受助者和募款信息做到了完全公开，并力挺社工有偿的合理性与合法性。在他看来，慈善本身是有成本的，这些成本不能计入到回报上，而"有偿社工"模式是经过几轮尝试之后科学而可行的慈善方式。随后又有媒体拿出了施乐会官网上现成的救助例子，但发现社工募款不足时需要自己承担与实际需求间差价的情况。

时至今日，在施乐会网页导航栏上，仍可看到有偿社工招募的启事。截至
2013 年初，在无偿志愿者和有偿社工的共同努力下，施乐会的累积募款额度
已超过了 4000 万元。

二 合理募捐成本是募捐事业规模提升前提

暂抛开需进一步完善的诸多关键细节，施乐会在开启"有偿社工"模式
前后的募款数字反差，很好地体现了对筹款者运用适当的激励机制是调动其募
款积极性，拓展组织募款渠道，最终实现组织募捐整体能力提升的重要方法。
建立这些激励机制所产生的费用，是募捐成本的一部分。从这个角度来说，在
合理范围内投入一定程度的募捐成本，并不会对公益组织完成自身使命的能力
产生影响，反而却有可能极大程度地提升公益组织的筹款能力。目前国内公益
组织募捐能力的不足，很大程度上是由于募捐成本较低以及专职募捐人员不足
的缘故。而通过对中美两国公益慈善组织的募款水平和募款成本进行研究后可
以发现，施乐会的做法，并非是募捐领域内的孤例。在国外有大量的机构会选
择在法律允许的范围内采取类似方法提高募捐效率。

（一）公益人才报告发布，中国基金会募捐人才缺口明显

2013 年 3 月，《中国公益慈善行业专业人才现状调查研究报告》（以下简
称《研究报告》）在珠海发布，该报告由北京师范大学珠海分校宋庆龄慈善教
育中心、清华大学 NGO 研究所、基金会中心网、明德公益研究中心共同完成，
是对当前国内公益人才状况的最新探索，《研究报告》中提到，专业募捐人才
的紧缺是让诸多基金会头疼的问题。

根据《研究报告》研究团队的调查，从实际拥有募捐人员的情况来看，
当前募捐人员占所有基金会工作人员的比例为 9.7%，不足总员工数的 1/10。
而认为自身急缺募捐人才的公募基金会的数量占所有基金会数量的 34.9%，
超过总数的 1/3。有意思的是，最缺少募捐人才的公募基金会，并非是资产规
模和收入规模小的基金会，而是中型及大型基金会。据《研究报告》的统计
显示，资产规模在 200 万元以上的基金会和收入规模在 500 万元以上基金会最

缺少募捐专业人才。该报告认为，出现这一情况的原因在于，中等以上规模的基金会具备大量的慈善资源无法有效地转化为善款收入，因此希望有更多的具备专业技能的募捐人才加入。而对于小型基金会来说，由于其本身不具备太多的慈善资源，少量的专业人才或兼职员工就足以应付局面。

与此同时，相比其他岗位，募捐人员工作压力大，工作负担过重且待遇并不太高。在收入情况方面，多数募捐人员的月收入集中在 3000～10000 元之间。这说明募捐人员的专业技能尚无法与预期待遇相对应。也正是这一原因，造成了国内基金会专职募捐人员的流动性较其他岗位要相对大一些。不过该报告也特别指出，这一数据可能无法反映真实情况，因为我国基金会习惯将部分员工待遇隐性地转嫁入项目管理成本。

无论数据计算会造成怎样的误差，我国基金会募捐人员不足和其待遇较低依然是公认的事实。清华大学公共管理学院博士后褚蓥通过实地调研发现，国内的大多数公益组织都没有专业的募捐团队，它们仅有的募捐人员是组织的理事长、秘书长或理事。这些组织每年就靠这些领导四处奔走所募得的善款维持运作，甚至还有个别组织只靠理事长一人去筹款。还有些组织将募捐人员与项目人员混同，让管项目的人去管筹款。于是，项目一旦出了问题，客户就将全部流失。

募捐人员的不足，会带来公益组织募捐活动效率的显著下降，美国独立智库 Blackbaud 在其 2012 年发布的《非营利行业研究报告》（State of the Nonprofit Industry）中指出，最有效的打动和维持捐赠者的方式是与他们保持私人的联系。长期稳定的交流能最大限度地避免捐赠者的流失。该机构通过研究发现，每年与捐款人联系六次以上的机构会在募捐时有更高的几率获得大量的资金支持。而在美国、荷兰以及加拿大，与潜在的捐赠人进行定期的会面也是常用的募捐方式。要完成这些工作，无疑需要公益组织拥有足够数量与质量的专业募捐人员。

实际上，不仅仅是募捐人才的现状不容乐观，而且我国公益组织在募捐方面的各项投入量都十分有限。大多数的中国公益组织在编制项目预算时，只会将预算科目分成两大类：活动开支和管理费。最多 10% 的管理费，囊括了公益组织为执行项目所需支出的一切间接成本，包括项目人员福利工资、志愿者补贴、办公水电租金等，也包括了项目的募捐成本。观察国内基金会的相关数据就可以发现，这些间接成本的不足是普遍现象。

（二）募捐成本对比：美国基金会大投入高回报

任何慈善组织，只要投入到募捐活动当中，就会产生成本。募捐的花费是全方位的：与利益相关方的来往和沟通会带来开销，信息公开和账目审计需要成本，编写年度报告劳时费力，乃至募捐网站的运营也需要资金的支持。但在不同的慈善事业发展阶段，对募捐成本的看法和投入却有可能大相径庭。中美两国的基金会的对比就能呈现出显著不同点。

1. 中国基金会：募捐成本未单列，可支取额度不足5%

同其他类型的公益组织一样，在我国的基金会支出统计中，并无单列的募捐成本。基金会的支出由公益支出、工作人员福利支出、行政办公支出和其他支出等构成，其中其他支出指的是除三项有名目的支出之外的开销。根据基金会中心网2010年对全国1763家基金会所作的统计，这些基金会的总支出为186.9亿元，其中公益支出超过176亿元，约占到了总额的95.23%；工作人员的工资福利支出约为1.83亿元，占比不到1%；而行政办公支出约为2.26亿元，占比1.22%，剩余的2.56%为其他支出（见表10-1）。

表10-1 2010年国内部分基金会支出构成

支出	总量（元）	比例（%）
公益支出	17608179652.96	95.23
工作人员工资福利支出	183215396.97	0.99
行政办公支出	225826618.04	1.22
其他支出	672691568.42	2.56
合　计	18689913236.39	100

数据来源：《2012基金会绿皮书》，社会科学文献出版社，2012，第75页。

可以看到，我国基金会2010年的支出近95%被用于了公益项目当中，剩余的支出约5%。而募捐支出，包括募捐人员的薪酬以及募捐过程中所产生的成本，就只能从这约5%的部分中支取。募捐支出的不足，势必将影响募捐工作的开展。同时，全国基金会工作人员工资福利支出的不足，也体现了基金会普遍缺少包括募款人员在内的全职员工的特点。

2008～2010年，我国基金会工资福利支出的规模分布未发生较大变化。其中，工资福利支出在1～10万元的基金会数量最多，占当年的35%左右；而工资福利支出在50万元以下的基金会则占总数的90%以上。

根据我国《基金会管理条例》第二十九条的规定，基金会工作人员工资福利和行政办公支出不得超过当年总支出的10%。不过，在2010年，一共有257家基金会在工资福利和行政办公支出方面有超支行为，其中121家为非公募基金，公募基金会超标数量则高达136家，两者约占所有参与调查的基金会数量的15%（见表10－2）。鉴于尚有1000多家基金会未披露相关信息，这一数字意味着全国范围内至多可能有超过90%的基金会靠着不足10%的行政成本在维持着运营。

表10－2 我国基金会工资福利和行政办公支出情况

单位：家

	非公募			公募		
	2010年	2009年	2008年	2010年	2009年	2008年
>10%	121	89	72	136	118	124
≤10%	716	531	391	724	591	535

数据来源：《2012基金会绿皮书》，社会科学文献出版社，2012，第85页。

中国基金会的情况，是亚洲基金会情况的一个缩影。在2011年由瑞银与欧洲工商管理学院联合发表的《亚洲家族慈善调研报告》中提到，亚洲慈善组织的行政费用基本都在可控范围之内，57%的受访者表示这部分费用不超过年度开支的10%。与全球久负盛名的大型慈善基金相比，亚洲慈善组织的管理成本相对较低。在为促进专业化而进行的投资方面，亚洲慈善组织还存在不足，仍需要利用资源进行更高效的专业化建设。

2. 美国慈善组织：一半大型慈善组织募捐成本超过10%

在美国，慈善组织在募捐方面的开销则要远高于他们的中国同行。美国慈善组织通常向公众募款的工作量很大，因此需要大量经过专门训练的有专业素质的人来从事此项工作。美国很多的慈善组织聘用募款专职人员，一些有条件的大型组织还设有募款部（有的称为资源开发部）。从 2012 年福布斯美国慈善机构榜单就可以看出，大多数的大型慈善机构收入以私人捐赠为主，对私人捐赠的依赖度极高。因此，这些组织在筹资方面也付出了不小的代价，以大量的投入换来了募款的丰硕果实。

2012 年美国慈善机构 100 强榜是福布斯第 14 次发布美国慈善机构排行榜，上榜的 100 家成员组织总计收到 350 亿美元捐赠，约占全美 120 万家非营利机构所接受 3000 亿美元捐赠中的 11.7%。大型慈善组织的募捐能力可见一斑，而观察榜单上排名前 10 的慈善组织，可以发现它们的慈善支出比例仅 2 家达到 90% 以上（见表 10 - 3）。而通过研究这些组织的筹款效率，可以发现其中有一半的组织筹款支出比例超过了所募集私人捐款额的 10%。这样的募捐支出水准，在国内的公益组织中是极其罕见的。而这些组织所募集到的巨额善款，也表明它们的大量募捐成本投入是有所回报的

表 10 - 3　2012 美国慈善组织前 10 强

排名	组织名	私人捐赠额（万美元）	总收入（万美元）	筹款效率（%）	慈善支出比例（%）	捐赠者依赖率（%）
1	联合劝募会	390300	414000	91	85	100
2	救世军组织	169800	282800	88	82	124
3	美国天主教慈善会	160700	460000	96	89	87
4	消除美国饥饿组织	114500	118500	98	87	100
5	美国国家红十字会	94600	364600	87	92	76
6	粮食济贫组织	93000	93800	97	96	101
7	美国癌症协会	89600	101400	77	72	93
8	世界宣明会	84600	105500	88	86	103
9	基督教青年会	82300	598600	86	85	68
10	善意实业国际	77800	443700	97	88	61

注1：榜单上的收入均为距 2012 年 1 月 1 日最近的一个财政年度收入额度。

注2：筹款效率 = $\dfrac{\text{基金会私人捐赠额} - \text{基金会慈善支出}}{\text{基金会私人捐赠额}}$。

注3："捐赠者依赖率" = $\dfrac{\text{基金会私人捐赠额} - (\text{基金会总收入} - \text{基金会总支出})}{\text{基金会私人捐赠额}}$。

数据来源：福布斯中文网，http://www.forbeschina.com/list/more/1971/field_ 1/0/page/1，最后访问时间：2013 年 4 月 10 日；表格中百分数为约数，下同。

表 10-3 中位于第一的联合劝募会（United Way），是一个总部设在弗吉尼亚州，由千余家依赖捐赠收入存活的独立单位组成的慈善网络。在 2011 年它们共收到约 39 亿美元私人捐赠，排在福布斯美国慈善机构 100 强榜单的榜首。据王名等人的研究，单是休斯敦一地联合劝募会年度募捐额度就达到了 6000 多万美元，而他们的 100 多名全职员工主要分布在两个部门：一是影响社区部（负责联系社区和会员慈善服务组织，评估服务项目）和资源开发部（募款部），两个部门在平常各有 30 多名全职员工。而到了年度募款季节，资源开发部还会向大企业借调劝募人员，经过专门培训后将他们分派到全市 6000 家企业及其他工作单位。在该组织内，专职募款人员就如同企业里的市场部门销售人员，是组织募款是否成功的一个重要因素[①]。

而在美国慈善导航网（Charity Navigator）公布的各项年度基金会排名中，年度支出前 10 的基金会在筹资上也大多花费不菲。入围该榜单的 10 家基金会中，有 3 家的筹资费用比例都超过了 20%，而有 7 家的项目支出比例不足 90%（见表 10-4）。这些大型的慈善机构，并不是盲目地追求将财物投入于公益项目当中。它们十分注重保持一定比例的筹资投入，从而实现资金的长期积累，为今后的项目开展打下良好的基础。

表 10-4　美国年度支出前 10 慈善组织情况

排名	慈善组织	年度总收入（美元）	年度总支出（美元）	项目支出比例(%)	行政费用比例(%)	筹资费用比例(%)	筹资效率（美元）
1	美国红十字会	3452960387	3422010386	92.2	4.0	3.7	0.12
2	消除美国饥饿组织	1185002956	1179643651	97.2	0.8	1.8	0.01
3	史密森学会	1240978409	1101404223	72.1	3.2	24.6	0.03
4	世界宣明会	1055753031	1078549155	85.6	4.6	9.6	0.09
5	达纳－法伯癌症研究所	1002464148	965097718	85.0	13.1	1.7	0.03
6	粮食济贫组织	938210756	950853360	96.2	0.7	2.9	0.02
7	美国癌症协会	934314059	943813297	71.2	6.8	21.8	0.23
8	希望之城	1015002077	898752866	79.9	17.2	2.8	0.16
9	大自然保护协会	997037763	852695208	78.8	12.4	8.6	0.11
10	圣犹大儿童研究医学中心	1012967737	841683698	70.3	9.2	20.3	0.21

注：筹资效率＝每筹集 1 美元所需花掉的筹资费用。

数据来源：Charity Navigator，http：//www. charitynavigator. org/in dex. cfm? bay = topten. detail&listid = 24，最后访问时间：2013 年 4 月 20 日。

---

① 王名等：《美国非营利组织》，社会科学文献出版社，2012，第 213 页。

当然，美国也并非没有筹资成本较低的公益组织。学者 Mark Blumberg 在研究中发现，部分由少数族裔人士和宗教团体成立的慈善组织，可以将筹资和行政成本控制在总开销的 1%～5% 之间，但这些组织的运营通常有赖于社区中无偿志愿者的工作来维持。而在这样的背景下，慈善组织的效率就变得极为捉摸不定，完全取决于志愿者自身的工作热情，从而服务质量的稳定性大打折扣①。

对比中美两国基金会的支出情况可以很清晰地看到，中国基金会更在尽可能多地将手头资金用于项目支出当中，而将其他费用支出尽可能地压低。在现实中，部分国内基金会执行项目时甚至会以"零管理费"作为卖点来吸引捐款。而在美国，基金会在支出上总会划出一定比例的资金用作筹款成本，帮助募捐工作更有效地开展，使基金会的实力进一步增强。正是这理念和工作方式上的不同，造成了两国基金会乃至两国捐赠整体情况的差异。

（三）中美个人捐赠情况对比：中国普通民众整体捐赠热情偏低

根据《慈善蓝皮书·中国慈善发展报告（2012）》所提供的数据显示，2011 年我国全年社会各界捐赠总规模为 845 亿元，社会捐赠占 2011 年国内生产总值（45.82 万亿元）的比重约为 0.18%。与之相比，根据美国慈善研究机构 Giving USA 2011 年年度报告所提供的数据，美国 2011 年的社会捐赠总额为 2867 亿美元，约占美国 2011 年国内生产总值（15.09 万亿美元）的 19%，所占比重是中国的 10 倍以上。

进一步分析两国的捐赠数据，可以发现最明显的差异出现在捐赠来源上。在中国，根据中民慈善捐助信息中心的调查，捐赠的主体是个人与企业，其中个人捐赠总额超过 99 亿元，占整体的 11.7%。从捐赠人的职业特征看，企业经营者或所有者是个人捐赠者中的主流，其捐赠额达到了 88.9 亿元，约占所有个人捐赠的 89.46%（见表 10-5）。而工薪阶层的捐赠额约为 1.8 亿元，约占个人捐赠总额的 1.86%。这意味着，除了企业家群体之外，普通民众的慈善捐赠并不积极。

---

① Blumberg, Mark："How Much Should A Canadian Charity Spend on Overhead?" http：//www. globalphilanthropy. ca/images/uploads/How_ Much_ Should_ A_ Canadian_ Charity_ Spend_ on_ Overhead_ in_ The_ Canadian_ Donor_ Guide. pdf，最后访问时间：2013 年 4 月 20 日。

表 10 - 5 国内个人捐赠来源分析

捐赠者职业特征	捐赠额(万元)	占比(%)
企业经营者或所有者	889164	89.46
工薪阶层	18441	1.86
文体明星和文化名流	19887	2.00
其他人士	66481	6.69
合　计	993973	100

资料来源：《2011 年度中国慈善捐助报告》，中国社会出版社，2012，第 118 页。

在美国，情况则完全不同，根据印第安纳大学捐赠美国（Giving USA）中心 2012 年发布的年度报告，2011 年全美范围内来自个人和遗产的捐赠总额为242.2 亿美元，占据了社会公益捐赠总额的 81%，与 2010 年时的比例完全相同。而根据 Chronicle of Philanthropy 网站的统计，年收入在 5 万到 10 万美元之间的群体年度所捐赠的善款平均为 2047 美元，占到了他们可支配收入的 6%。这一比例要高于年收入在 10 万到 20 万美元之间以及 20 万美元以上的中高收入群体的捐赠比例——后两组人的平均捐赠支出分别为 3361 美元和 14088 美元，均占其年可支配收入的 4.2%。（见图 10 - 1）作为相对不那么富裕的一个群体，年收入在 5 万到 10 万美元之间者却反而更愿意慷慨解囊。整个美国参与捐赠的个人所捐赠的平均额度达到了 2564 美元。

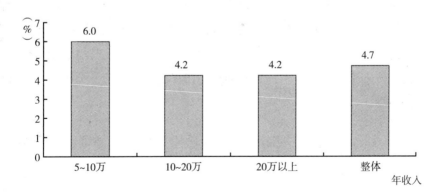

图 10 - 1 美国不同收入阶层年度捐赠占收入比例

数据来源：The Chronicle of Philanthropy，http：//philanthropy. com/article/Interactive - How - America - Gives/133709，最后访问时间：2013 年 4 月 20 日。

在 Giving USA 2012 年年度报告中还提到，根据印第安纳大学慈善学院的统计，从 2004～2008 年，尽管捐赠额度略有下降，但常年有 60% 以上的美国家庭会向慈善机构捐款，而在所有进行捐赠的家庭中，平均每个家庭的捐赠额度在接受调查的任一年度均超过了 2300 美元（见表 10-6）。

表 10-6　美国家庭捐赠情况

	2004 年	2006 年	2008 年
向慈善机构进行捐赠的家庭比例(%)	66.9	65.3	65.4
平均捐赠额度(美元)	2417	2370	2321

数据来源：Giving USA：The Annual Report on Philanthropy for the Year 2011。

一系列的数据可以反映出，中国的个人捐赠与美国相比存在着巨大的差距。这固然与两国民众在收入层次、慈善观念以及捐赠习惯的差异密切相关；但也恰好说明，在两国国内生产总值日益趋近，我国民众收入普遍增长的情况下，国人的捐赠热情并未得到最大程度的激发。

三　公益募捐行为约束：国内缺乏
对于募捐成本详细规定

无论是学界的研究还是实际的数字对比都说明，专职的募捐人员和专业化的募捐队伍，对我国公益组织加强筹款能力并提升自身实力都具有重要的意义。但与此同时，募捐者的行为也应该受到充分的规范，尤其需要专门法律法规的约束。特别是对募捐成本的控制和募捐所得款项的使用，关乎整个公益慈善行业的声誉，需要格外重视。

（一）中国公益募捐规制：以资金最大化投入公益项目为目标

我国政府对公益捐赠进行立法管理的时间并不长。1999 年全国人大常委会通过的《中华人民共和国公益事业捐赠法》是国内首次以立法形式对公益事业作出明确界定，明确了捐赠人与受赠人之间的法律关系，并界定了受赠人的范围和职责。但在该法中并没有针对募捐活动的具体相关规定。

从国家立法层面规范公益募捐主体行为的法规首推 2004 年颁布的《基金会管理条例》。正是在该条例中首次规定了"基金会组织募捐、接受捐赠，应当符合章程规定的宗旨和公益活动的业务范围"，即要求基金会公益募捐资格的获得要与其宗旨和业务范围挂钩。也是在该条例中，规定"公募基金会每年用于从事章程规定的公益事业支出，不得低于上一年度收入的 70%。而基金会工作人员工资福利和行政办公支出不得超过当年总支出的 10%"。这一规定可以看作对公益募捐成本的笼统规范。

对于施乐会所采取的激励模式，有关部门也是早有规定。2009 年民政部在下发的《关于基金会等社会组织不得提供公益捐赠回扣有关问题的通知》中强调，基金会、社会团体和民非单位接受的公益捐赠必须依照有关法律法规的规定用于公益目的，而不得在接受的公益捐赠中提取回扣返还捐赠人或帮助筹集捐赠的个人或组织。社会组织可以在接受的公益捐赠中列支公益项目成本，但项目成本必须是直接用于实施公益项目的费用。从这个角度来说，施乐会虽然在各项目募款之初就列明了募捐目标和项目成本，但有偿社工所获得的资金回报却并非实施公益项目所用的费用，似有违规之嫌。

2011 年 5 月开始实施的《湖南省募捐条例》，是我国第一部专门规范募捐的地方性法规，专条规定了公益募捐的成本问题。该条例第 25 条规定，因募集财产、开展公益活动所产生的工作成本，即使国家没有规定，但确需在募捐财产中列支工作成本的，应当控制在已经公布的募捐方案所确定的工作成本列支计划之内。

纵览我国各项与募捐相关的法律法规，其中对于公益组织的募捐成本控制并没有详细的比例规定，对公益组织所招募的募捐人员资格认定也没有一套严格的体系。概括这些法规的核心理念，其原则一直是"厉行节约，限制成本"。这样的理念可以防止公益基金被挪作他用，有助于维护捐赠人和受益人的利益，但对公益资金的再积累和公益组织的高效运营并无好处。

（二）公益募捐法规海外比较：人员管理和成本控制是主要规制内容

在国际上，各个国家的公益组织，在作为公益募捐实施主体从事募捐活动时，通常会受到一定的行为要求限制，这其中就包括了对职业劝募人和募捐合作伙伴等募捐主体的限定，以及对公益募捐成本的上限要求。观察各个国家和地区的募捐管理文件，可以发现不同地区存在不同的管理重点。

1. 国外公益募捐法规

在英美法系国家，由于职业劝募人的大量存在，政府对于这类人士的资格认定颇为看重。在美国法律中，职业劝募人（professional commercial fundraiser）主要指亲自或通过代理人和雇员，代表慈善组织实施劝募活动的人，这类主体一般亲自参与并实施公益募捐活动，亲自接受捐赠物品。

英美法系国家队公益募捐参与人实施了一些规范措施。加拿大阿尔伯塔省慈善法要求职业劝募人实施登记注册，与慈善机构签订合同，合同的条款要包括募捐之慈善目的陈述、双方责任义务、职业募捐人报酬获得数额及其确定的依据和占所募款物总额的大体比例，乃至开展募捐的方法和报酬支付的方法等细节；美国加利福尼亚州 2004 年非营利组织诚信法案规定，职业劝募人须提交一定数额的保证金，并以慈善组织名义在金融机构保存募捐资财并按承诺实施分配，提交年度报告或保存活动记录。2006 年英国慈善法则规定，职业劝募人必须表明受益慈善机构以及各自的受益份额、报酬计算基础以及申报数量等信息。

除了对职业劝募人的管理，募捐成本的控制也是一些国家注重的问题。在加拿大税务局 2012 年最新出台的慈善组织筹款指引中规定，任何慈善组织雇用的第三方募款人不得在没有知会公众的情况下，提取筹款金额的 70% 以上，否则将被视为违规行为予以制裁。该指引对慈善组织的筹款成本占收入比例也作了一定程度的限制：当一家组织的筹款成本低于 35% 时，税务局不会对该组织的活动提出任何疑义；当筹款成本达到或高于 35% 时，税务局会检查该组织的历年筹款成本记录，以确定其是否有筹款成本过高的倾向，从而决定是否进行更细致的检查；而一旦某家组织的筹款成本高过了 70%，税务局会要求该组织出示一份书面解释，以证明它们不是在进行违规募捐①。

---

① CRA：*Fundraising Guidance for Canadian Registered Charities 2012*，http：//www. cra - arc. gc. ca/chrts - gvng/chrts/plcy/cgd/fndrsng - eng. html#N103E8，最后访问时间：2013 年 4 月 20 日。

在新加坡，根据该国慈善法的要求，不同类型的公益募捐活动需要经过不同管理机构的审批，如只针对国外慈善目的的募捐活动，需要经过慈善委员会的许可；门到门或者公共街道募捐活动，需要经过社会服务国家理事会的许可；而其他形式的募捐活动，则需要经过新加坡警察局与新加坡公司与商业注册局的许可[1]。而该国慈善法 2008 年修正案中，则明确规定了募捐活动支出的上限：一个财政年度结束之时，所有与慈善组织公益募捐相关的花费，不得超过该年度所有募捐或者赞助收入总额的 30%。

2. 台湾地区募捐规制

中国台湾地区早在 1953 年就颁布了《统一募捐运动办法》（已废止），确立了社会行政机关、各事业主管单位和"行政院"对公益募捐活动的管理权。2006 年，台湾地区《公益劝募条例》及《公益劝募许可办法》又确立了"内政部"、直辖市和县政府对公益募捐活动的监管权。这些机构可以运用公益募捐许可或不许可、成本控制、募捐资料备查、随时检查、信息披露等手段来监管募捐活动。

与其他国家及地区相比，台湾的募捐支出控制规定要更为细致，其法规采取了更为科学的分层次限制：劝募所得在新台币 1000 万元以下者，募捐支出须控制在 5% 以下；劝募所得在新台币 1000 万以上未逾 1 亿元者，募捐支出上限为 150 万元新台币加超过 1000 万元部分之 8%；劝募所得超过新台币 1 亿元者，募捐支出最多为 870 万元加超过 1 亿元部分之 1%。这样的规定，基本保证了不同收入层次的公益组织都能有足够的成本投入到募捐活动当中。

从上述例子中可以看出，在不同的国家和地区，尽管对公益组织募捐成本的要求有所不同，但都会采取一定的措施予以限制。在英美，对职业劝募人和募捐合作伙伴等募捐主体的资格认定有严密而细致的规定，在亚洲，各种法律法规则强调了募捐成本的控制。这些管理规章，为我国的募捐立法提供了极好的参考。如果施乐会等慈善机构的募捐活动也能得到法律法规的详尽规制，其所遭到的争论和非议也将大大减少。

---

[1]　杨道波、李永军：《公益募捐法律规制研究》，中国社会科学出版社，2011，第 146 页。

四 观点：无成本的慈善不可持续

对施乐会的争议，反映了中外现代慈善理念的冲突，或者说是传统慈善与现代慈善的冲突。目前，公众还没有意识到，现代慈善是一个专业化的行业，需要大量专业人员来从事筹款、组织管理、传播和倡导理念。由此导致的客观结果就是不允许慈善组织专业化，不允许慈善组织与商业合作。

中国现代慈善已开始起步，现代慈善事业需要志愿者广泛参与，更需要专业从业人员的加入。吸引专业人员加入的前提就是给他们一份有尊严和体面的工作。国际经验表明，一个治理良好的慈善组织，行政成本和筹资成本都会占到相当的比例。行政成本除了被用于支付工作人员的薪酬外，还可能包括高效的物流、会计或采购系统，以及包括用于聘请专业机构进行筹款所需费用在内的筹资成本。

目前，国内还停留在公益组织行政成本是否太高的争论中。其实从国际社会来看，相较于成本控制，公众更加关心的是如何高效花钱，提高项目的执行效果。包括员工工资与筹资成本等在内的费用，虽然不直接捐赠给受益群体，却是保障公益组织健康发展，进而保证受益群体最大利益的关键成本。只要能有法律法规对这些成本以及操作的主体进行详尽规范，保证所有款项的有效利用，这些成本的投入势必产生有利于项目执行的积极效果。

对施乐会一事的广泛讨论，一方面反映出目前公众对于慈善组织信任度普遍缺失这一客观事实；另一方面，也反映了公众对于包括募捐在内的现代慈善各项活动，大多需要依托一定成本来开展这一事实的认识不清。令人欣喜的是，此次争论在网络上引起了很多不同的意见反馈，显示出现代慈善理念已在潜移默化中开始为大众所接受。随着公众对慈善事业的介入程度越来越高，观念也将不断得到更新，中国现代慈善事业的完全建立便指日可待。

附 录

一 2012 年公益大事记

一月

1. 1 月 8 日，2011 "中国慈善年会" 举办

由民政部指导、中华慈善总会、中民慈善捐助信息中心等联合主办的 "慈善的力量——2011 中国慈善年会" 在北京举办，112 家公益慈善组织携手发起慈善透明联合行动，共同承诺遵守《透明慈善行动纲领》。

2. 1 月 12 日，"2011 中国捐赠百杰榜" 发布

这份榜单由北京师范大学中国公益研究院发布，上榜人员总计捐赠 121 亿元，最高捐赠 37.49 亿元，最低入榜者捐赠 1478 万元。年度捐赠总额超过 1 亿元的有 22 人。其中，福建福耀集团董事局主席曹德旺因向河仁慈善基金会捐赠股票 3 亿股，市值 35.49 亿元，位列第一。

3. 1 月 12 日，北京益仁平中心发布首个《行政机关招录残疾人状况调查报告》

调查发现，在国家机关中招录残疾人比例最高为 0.39%，是法律规定 1.5% 的 1/4，最低为 0.02%。

4. 1 月 31 日，北京启动慈善事业立法

从北京市 2012 年民政工作会议上传出消息，《北京市慈善事业促进办法》

已纳入北京市人大立法规划，并列入市政府工作计划。未来出台《办法》将把所有在京登记的慈善公益组织都纳入监管范围，要求慈善公益组织的募捐款物信息披露必须落实到具体的慈善项目，并及时公示。

二月

1. 2月3日，儿童大病医保试点启动实现商业保险模式

2月3日上午，由北京师范大学中国公益研究院院长王振耀、《凤凰周刊》记者邓飞、天使投资人薛蛮子和《华夏时报》总编辑水皮等人联合牵头的、众多公益伙伴发起的儿童大病医保公益项目启动，并初步确定以商业保险的方式开展。

2. 2月20日，新浪微公益平台上线力推慈善透明化

该平台专门面对微博用户进行开发，无论求助者、救助者还是公益机构，均可通过简易、便捷的操作实现参与公益。平台提供一站式救助服务，大幅降低公益门槛，将推动慈善透明化。

3. 2月27日，中央六部门印发意见鼓励和规范宗教界从事公益慈善

国家宗教局联合中央统战部、国家发改委、财政部、民政部和税务总局印发《关于鼓励和规范宗教界从事公益慈善活动的意见》，为宗教界开展公益慈善活动提供政策指导。

4. 2月29日，2012第四届中国公益新闻年会召开

本届年会以"凝聚传媒力量，解读善意中国"为主题，从"新媒体与公益2.0时代""寻找中国公益的变革之力""探索中国公益的未来之路"三个层面，对2011年的中国公益进行了深刻的剖析，并对2012年乃至未来中国公益事业的发展展开了讨论。

5. 2月29日，《中国第三部门观察报告（2012）》发布

该报告由中国人民大学非营利组织研究所所长康晓光教授、公域合力管理咨询有限责任公司执行董事冯利博士等编著，重点探讨了2011年公益组织发展所受的诸多阻力，包括：强制性的行政动员募捐损伤民众公益热情；公益主体多元化，专业公益机构角色弱化，存在恶性利用公益及公益资源浪费的现象；公益组织运作方式滞后等。

三月

1. 3月1日，残疾人在北京乘坐公交车免费不受户籍限制

从3月1日起，无论来自哪个地方的残疾人，只要出示国家统一发放的残疾人证，即可以在北京免费乘坐公共电车和公共汽车，而盲人的免费范围扩大至城市轨道交通。

2. 3月11日，壹基金国内首试银行托管善款

1月，壹基金与招商银行签署公益资金保管合同；3月11日，壹基金正式把数千万善款托付给了第三方保管。今后，壹基金募集的所有善款将全部托管给招行，所有善款将统一集中到托管银行开设的专户保管。这是中国慈善组织委托金融机构对善款进行捐赠反馈、专业保管、全程监督、定期公告的开始。

3. 3月15日，中央电视台3.15晚会曝光中华学生爱眼工程用慈善掩饰牟利

据晚会报道，号称致力于保护青少年视力健康的公益组织"全国爱眼工程组委会"组织的中华学生爱眼工程，在捐赠中存有猫腻。其所谓的捐赠不是钱和实物，而是卡片，这张卡片只能到加盟的眼镜店兑换镜片，爱心捐赠卡上每副价值360元的镜片，真实的价格只要30元。捐赠卡只是一个诱饵，当学生上门后，又成了爱眼工程各类近视治疗仪的推销目标。

4. 3月19日，壹基金"蓝色行动"启动

从3月19日至4月30日，壹基金联同103家自闭症康复机构及多方参与机构在全国范围内通过线上线下多种形式开展关注自闭症儿童活动的系列活动，如各大城市地标建筑物变蓝、淘宝商城义卖、蓝人街头快闪等，希望借此呼吁社会各界关注自闭症群体，积极主动地帮助他们融入社会。

5. 3月22日，"一路有你慈善晚会"举行

由中国扶贫基金会、红杉资本中国基金、东方风行集团及旅游卫视共同打造的2012第二届"一路有你——中国扶贫基金会慈善晚会"于3月22日晚在北京举行。众多演艺明星与百余位杰出企业家代表共同携手，以慈善拍卖和现场认捐的形式筹集善款。当晚所筹善款总额达1511.01万元，其中，最终拍卖筹得善款1371万元，认捐筹得善款140.01万元。

6. 3 月 27 日，第三届中国社工年会举行

年会发布了中国社会工作年度报告，并揭晓了 2011 年度社会工作十大事件和年度中国社工人物。全国人大常委会副委员长周铁农、民政部党组成员、全国老龄办常务副主任陈传书出席年会。

7. 3 月 30 日，《美国 NGO 在华慈善活动分析报告》在京发布

中民慈善捐助信息中心在京正式发布《美国 NGO 在华慈善活动分析报告》，首次向社会全面介绍改革开放 30 多年来，美国非政府组织在我国内地开展慈善活动的状况，分析了美国在华非政府组织对中国社会带来的影响。这是我国第一份专门介绍美国非政府组织在华慈善活动整体情况的报告。

8. 3 月 30 日，审计署公布玉树地震灾后恢复重建 2011 年跟踪审计结果

审计结果显示，2.78 亿元建设资金闲置未发挥效益。审计结果公告称，审计指出上述问题后，青海省人民政府已责成相关单位整改。

9. 3 月 31 日，"地球 1 小时"活动启动

3 月 31 日"地球 1 小时"活动正式启动。全球 147 个国家和地区参与，中国 124 个城市在 20：30 关闭城市主要景观灯 1 小时。

四月

1. 4 月 5 日，福布斯发布 2012 年中国慈善榜

4 月 5 日，《福布斯》中文版第七次发布了中国慈善榜。恒大地产集团许家印、珠江投资朱孟依家族和大连万达集团王健林分别以现金捐赠额 39790 万元、30000 万元、23166 万元名列榜单前三位。

2. 4 月 8 日，免费午餐成立"监委会"

4 月 8 日，"免费午餐"基金宣布成立监督委员会，并向北师大中国公益研究院院长王振耀、北京大学公民社会研究中心执行主任师曾志等 10 位成员颁发聘书。

3. 4 月 9 日，第七届"中华慈善奖"在京揭晓

曹德旺、孙荫环等 20 人荣获"最具爱心捐赠个人"，宝钢集团有限公司、宝龙集团发展有限公司等 40 个企业荣获"最具爱心捐赠企业",崔永元、王琳达等 19 人(或团队)荣获"最具爱心慈善楷模","爱心温州·善行天下·明眸工程"、春苗营养计划等 20 个慈善项目荣获"最具影响力慈善项目"。

4. 4 月 9 日,"善行凉山"全国公益慈善联合行动在京正式启动

由中华慈善总会、中国红十字会、中国儿童少年基金会等全国 20 余家公益慈善组织、企业联合发起的"善行凉山"全国公益慈善联合行动在京正式启动。全国政协副主席、中华全国工商业联合会主席黄孟复,民政部部长李立国和副部长窦玉沛出席仪式。

5. 4 月 9 日,中国社会工作师委员成立

4 月 9 日,中国社会工作协会社会工作师委员会暨现代社会工作人才发展服务中心在人民大会堂正式成立,这标志着社会工作师从此有了行业自律组织和专业服务机构。

6. 4 月 18 日,汕头三类社会组织可直接登记

4 月 18 日,《汕头经济特区社会组织登记管理办法》正式施行,就"慈善类、公益类、服务类"三类组织放宽登记,明确培育措施。这是汕头市率先在全省乃至全国出台的一部特区规章。

7. 4 月 26 日,中国首个社工中长期规划颁布

中央 19 个部委和群团组织联合发布《社会工作专业人才队伍建设中长期规划(2011 - 2020 年)》,该规划是中国第一个关于社会工作专业人才队伍建设的中长期规划,针对社会工作专业人才队伍建设急需加强的薄弱环节,规划提出要实施好 10 项重点工程。

8. 4 月 27 日,第九届中国慈善排行榜发布

"第九届中国慈善排行榜"颁奖典礼 4 月 27 日在水立方召开。231 位慈善家、605 家企业和 100 位明星上榜。曹德旺因股捐 35.49 亿元成立河仁慈善基金会而再次荣获"中国首善"称号;世茂集团董事局主席许荣茂、中恒集团董事长许淑清等人获"2012 年度十大慈善家"。同时,作为慈善排行榜活动之一,《2011 中国慈善捐赠发展蓝皮书》发布。

五月

1. 5月1日,《广州市募捐条例》正式施行

5月1日《广州市募捐条例》正式实施,该条例按照"宽进严管"以及"阳光募捐"的思路,将有效解决"募捐工作成本高、多头超募、诺而不捐、剩余财产处理难"等广州募捐工作中存在的问题。

2. 5月2日,社会保障"十二五"规划纲要提出大力发展慈善事业

国务院总理温家宝5月2日主持召开国务院常务会议,讨论通过《社会保障"十二五"规划纲要》。会议确定了"十二五"期间社会保障体系建设的六大重点工作,其中包括"加强社会救助体系建设,大力发展社会福利和慈善事业"。

3. 5月14日,《山东省慈善事业发展指导纲要(2011—2015年)》发布

该纲要明确指出,山东省鼓励发展基层草根慈善组织,鼓励发展公募基金会,探索降低公益慈善组织准入条件,推动公益慈善组织建立和完善信息公开制度,建立第三方评估机制。

4. 5月18日,国资委成立央企社会责任指导委员会

据悉,指导委员会的主要职责包括,研究审议国资委及中央企业社会责任工作的重大问题和事项;研究制定国资委推进社会责任工作的政策措施;研究制定国资委推进中央企业社会责任工作的战略、规划和年度计划;指导中央企业建立完善社会责任工作体制和制度。

5. 5月21日,《中国民间组织报告(2011—2012)》发布

中国社会科学院发布《中国民间组织报告(2011—2012)》,将2011年定义为中国的民间公益元年,或被称为"微公益元年"。同时报告认为,中国民间组织发展步入全面突破阶段,已成为社会治理的重要主体。

6. 5月22日,北师大珠海分校成立宋庆龄公益慈善教育中心

该中心将借鉴发达国家经验设计专业课程,引进外国原版教材,聘请国际知名公益慈善教育专家任教,开设国际短期课程等,同时推进该专业领域的国际合作办学。全世界唯一开设了慈善学博士课程的美国印第安纳大学慈善中心已与该中心有合作意向。

7. 5 月 22 日，中山大学公益慈善研究中心发布公益蓝皮书

《公益蓝皮书·中国公益发展报告（2011）》按照社区、社会、政府、文化这四个层面，对 2011 年公益领域发生的事件进行总结与分析，发布了民间公益组织公信力报告、基金会调查报告、中国捐助方的评估报告以及公益法规政策研究报告等，还特别回顾了 2011 微公益的发展，介绍公益教育的发展状况和民间实践，并对过去十年的公益研究进行全面的综述。

8. 5 月 31 日，四川立法禁止擅拆捐建援建工程

针对香港政府等援建的绵阳紫荆中学被拆除事件，四川省在 5 月底高票通过了《四川省防震减灾条例》修订草案。草案专门针对捐建和援建项目的管理、使用追加了约束性条款，规定若擅自拆除援建项目，责任人或将被追究刑事责任。

六月

1. 6 月 6 日，《安徽省慈善事业发展指导纲要（2011—2015 年）》下发

该纲要明确禁止强捐、索捐和变相摊派等行为，提出未来几年，安徽省的慈善事业将扩大到保障各类困难群体的基本生活，并加强对进城务工人员和农村留守老人、妇女、儿童等群体的覆盖。纲要还要求各类慈善组织完善内部管理制度和信息披露制度，建立对慈善项目实施过程、结果和运行情况的跟踪反馈制度。

2. 6 月 7 日，上海市通过《上海市募捐条例》

《上海市募捐条例》由上海市第十三届人民代表大会常务委员会第三十四次会议于 2012 年 6 月 7 日通过，自 2012 年 9 月 1 日起施行。该条例首创募捐方案备案制。

3. 6 月 17 日，王文彪宣布将捐赠百亿

6 月 17 日，在联合国"里约+20"会议上，全国工商联副主席、亿利资源集团董事会主席王文彪荣获联合国"环境与发展奖"。在会上王文彪宣布，亿利公益基金会将用 10 年时间，投入 100 亿元人民币，为世界贡献 1 万平方公里沙漠绿洲。

4. 6 月 21 日，民政部发布 2011 年社会服务发展统计公报

6 月 21 日上午，民政部在其官方网站发布《2011 年社会服务发展统计公报》。公报显示，2011 年各地直接接收社会捐赠款物 495 亿元，其中民政部门直接接收社会各界捐款 96.6 亿元，捐赠物资折款 4.8 亿元，各类社会组织接收捐款 393.6 亿元。

5. 6 月 28 日，《2011 年度中国慈善捐助报告》核心数据发布

6 月 28 日，中民慈善捐助信息中心发布《2011 年度中国慈善捐助报告》核心数据。数据显示，2011 年全国接收国内外社会各界的款物捐赠总额约为 845 亿元，占同年我国 GDP 比例为 0.18%；人均捐款 62.7 元，占同年我国人均可支配收入的 0.33%。

6. 6 月 28 日，中国基金会网正式开通

中国基金会网由中国社会组织促进会主办，旨在打造一个及信息公开、数据查询、项目展示、学术研究、互动交流、捐赠求助于一体的专业化信息平台，从整体上提升行业形象和社会公信力。

七月

1. 7 月 1 日，北京嫣然天使儿童医院正式开门营业

嫣然天使基金开启民办非营利医院的首次探索，被公益界人士称为新中国真正意义上的第一家公益医院。

2. 7 月 6 日，中国海油海洋环境与生态保护公益基金会成立

此基金会是由中国海洋石油总公司发起，经民政部批准成立的非公募基金会，原始基金数额为 5 亿元人民币。基金会将致力于海洋环境与生态保护，推动海洋环境生态科学研究与技术开发项目，支持海洋领域的国际交流与合作活动以及其他慈善公益事业。

3. 7 月 12 日，深圳市首届慈展会在深圳会展中心举行

由国家民政部、国资委、全国工商联以及广东省人民政府和深圳市人民政府共同主办的首届中国公益慈善项目交流展示会于 7 月 12 日到 14 日在深圳会展中心举行。这是我国首次举办国家级、综合性公益慈善项目交流展示会。

4. 7 月 13 日，2012《慈善蓝皮书·中国慈善发展报告（2012）》在深圳慈展会上发布

蓝皮书分析显示，中国的民间外援预计将超出境外捐助，这标志着中国从捐赠入超国转型为出超国；国内捐款的流向领域仍存在失衡，最需要领域明显获捐不足。

5. 7 月 14 日，《中国慈善会发展报告》发布

该报告于深圳慈善会上发布。报告指出，截至 2012 年 6 月，全国共有县级以上慈善会 1923 家。过去 5 年，慈善会捐赠接收总量整体呈现上升态势。2011 年全国慈善会系统接收捐赠款物总额达 203.89 亿元。

6. 7 月 15 日，中国城市慈善榜发布

民政部与其主管的中民慈善捐助信息中心共同发布《中国城市慈善项目指数（2010～2011）》，这是我国首次独立发布城市慈善项目指数的调查数据。城市慈善项目指数共有 7 个指标总分 16 分，受调查城市平均 8.55 分，最高 16 分，最低 2.5 分。北京、南京并列第一。及格率（9 分以上 127 个城市）为 84.1%。

7. 7 月 21 日，北京特大暴雨致 37 人遇难，微博助网友自发救援

7 月 21 日至 22 日凌晨，北京迎来自 1951 年有气象记录以来的最强降雨。看到微博中的一声声求助，北京网友自发组织起爱心车队，纷纷冒雨开车前往机场免费带滞留旅客到城里换乘公共交通工具。

8. 7 月 26 日，国务院规范见义勇为权益保护，统一明确抚恤补助标准

国务院办公厅 7 月 26 日发布《关于加强见义勇为人员权益保护的意见》，这是我国首次从国家层面规范了见义勇为人员的权益保护，统一明确了见义勇为伤亡人员抚恤及补助标准。

9. 7 月 29 日，民政部印发《关于规范基金会行为的若干规定（试行）》

该规定对于规范基金会接收和使用捐赠行为，基金会的交易、合作、保值增值行为以及基金会的信息公开行为作了更为可操作性的指导。与之前的征求意见稿相比，该规定进一步明确了项目人员的工资福利应计入"工作人员工资福利和行政办公支出"和"公益事业支出"的规定。

10. 7月31日，国务院发布《关于促进红十字事业发展的指导意见》

该意见提出改革思路：理顺政府与中国红十字会的关系，积极推进中国红十字会体制机制创新，着力打造公开透明的中国红十字会，全面建立综合性监督体系。该意见还强调：各级政府加强对各级红十字事业的组织领导，并加大对各级红十字事业的财政投入。

八月

1. 8月6日，施乐会允许社工有偿慈善引争议

施乐会"每位社工可以从每笔捐款中最高提成15%作为报酬"，引发质疑与争议。"有偿社工"是施乐会在2012年3月开始实行的，意在使募款社工投入更多精力在走访工作上，扩大帮助的范围。

2. 8月20日，广东首次下放非公募基金会登记管理权限

这是广东省民政厅第一次正式发文授权地级以上市登记管理非公募基金会。

3. 8月22日，《社会组织登记管理机关行政处罚程序规定》出台

民政部令第44号公布《社会组织登记管理机关行政处罚程序规定》，依立案、取证、决定、执行和送达的环节，对社会组织行政处罚的程序进行了细致的规范。

4. 8月25日，壹基金开展"自律壹夏晒公益"活动

该活动旨在集公益行业之力，向社会展现一个公开、透明、诚信自律的民间公益行业，将有百家民间公益组织参与。参与组织通过官方网站、微博等渠道披露机构财务信息，包括捐赠收入、业务活动成本、管理成本、人员薪酬等公众普遍关注的关键数据及其所占比例。

5. 8月26日，宁夏慈善博览会举行

2012中国（宁夏）黄河善谷慈善博览会于8月26日至28日在宁夏银川市举行，由民政部和宁夏回族自治区人民政府主办。博览会在三天的会期内完成了300亿元以上的招善项目资金。

6. 8 月 27 日，第二届"中国城市公益慈善指数"发布，北京名列第一

宁夏慈善博览会期间发布了中国 321 个城市的"城市公益慈善指数"，并首次发布了中国慈善城市百强名单，其中排名前五位的城市依次为北京、上海、深圳、无锡、南京。

7. 8 月 29 日，中国公益基金会透明指数发布平均分不过半

8 月 29 日，"中基透明指数 FTI"即中国公益基金会透明指数在京发布，目前共有 1832 家基金会参与其中，在活动当日公布的数据中显示，我国基金会全行业的平均得分为 52.41 分，没有达到总分 129.40 分的一半。真爱梦想公益基金会、黑龙江省希望工程分列前两位。

8. 8 月 31 日，公益诉讼首次写入民诉法

十一届全国人大常委会第二十八次会议 8 月 31 日表决通过了《全国人民代表大会常务委员会关于修改〈中华人民共和国民事诉讼法〉的决定》，首次将公益诉讼制度写入民事诉讼法。修改决定自 2013 年 1 月 1 日起施行。

九月

1. 9 月 1 日，2012 芭莎明星慈善夜 10 周年庆典举行

21 件拍品以及明星微公益活动联合募得善款 4600 余万元。冯小刚与著名画家曾梵志跨界合作的油画《一念》以 1700 万元成为当晚的拍品王。王菲李亚鹏夫妇、成龙、王中军等人捐出的藏品也拍出了百万以上的价格。

2. 9 月 5 日，中国社会工作与社会法治创新研究中心成立

9 月 5 日，由中国社会工作协会与华北电力大学共同创建的中国社会工作与社会法治创新研究中心与中国社会工作协会会员服务基地同时挂牌成立。将建设成为集教学、研发、交流为一体的推动社会工作发展的重要基地。

3. 9 月 15 日，北京市企业家环保基金会"创绿家"项目启动在北京举行

该计划是一个专门支持民间环保公益创业团队的"天使资助"平台，计划 5 年内支持 300 个环保公益团队的创业期发展，每个团队可获得 1～20 万元不等的公益创业资金。创绿家计划是由中国最具影响力之一的环保公益基金会SEE 基金会发起，《名牌》杂志、新浪环保联合主办，旨在将商业"天使投资"的概念引入环保公益领域。

4. 9 月 17 日，全国"宗教慈善周"活动启动

9 月 17 日，以"慈爱人间，五教同行"为主题的"宗教慈善周"活动在湖北武汉启动，全国宗教界发出《关于开展"宗教慈善周"活动的共同倡议》，倡导各宗教积极投身社会公益慈善事业。

十月

1. 10 月 23 日，《志愿服务记录办法》正式印发

民政部以民函〔2012〕340 号印发《志愿服务记录办法》。该办法共 29 条，自发布之日起施行。以此促进和规范志愿服务记录工作，维护志愿者和志愿服务对象的合法权益，推动志愿服务健康有序发展。

2. 10 月 26 日，国务院正审核慈善法草案

全国人大常委会 10 月 26 日表决通过了全国人大内务司法委员会关于十一届全国人大五次会议主席团交付审议的代表提出的议案审议结果的报告。全国人大内务司法委员会在报告中建议加快社会救助法、慈善事业法等法律的立法进度。

3. 10 月 30 日，首份中国儿童慈善需求报告发布

《中国儿童慈善需求研究报告（2012）》10 月 30 日在京正式发布。该报告是由中国儿童少年基金会与北京师范大学社会发展与公共政策学院社会公益研究中心，自 2012 年 5 月至 10 月，历经 6 个月，在对全国 13 个省市 45 家儿童领域相关组织调研基础上共同完成。

十一月

1. 11 月 13 日，"2012 南方·华人慈善盛典"获奖人捐赠超 6.5 亿

11 月 13 日，"2012 南方·华人慈善盛典"在广州中山纪念堂隆重举行，来自加拿大、马来西亚、新加坡等国家和地区的 22 名慈善家出席颁奖礼，著名运动员鲍春来获慈善明星奖。国侨办副主任任启亮、广东省副省长招玉芳、广东省政协副主席汤炳权出席慈善盛典颁奖典礼，并为获奖者颁奖。

2. 11月21日，2012企业社会责任蓝皮书：中国企业6成旁观

社会科学文献出版社在京发布《企业社会责任蓝皮书·中国企业社会责任研究报告（2012）》。蓝皮书认为，2012年中国企业社会责任发展指数整体低下，六成企业仍在旁观。

3. 11月22日，深圳残友集团获英国社会企业大奖

英国社会企业联盟（Social Enterprise UK）公布了2012年度社会企业大奖的入围名单。今年新增设的"年度国际社会企业"的五家入围社企中，出现了中国社会企业的名字——深圳残友集团，并最终荣膺唯一桂冠。

4. 11月29日，《福布斯》中文版推出"2012年中国慈善基金榜"

2012年的榜单上，上海真爱梦想公益基金会蝉联第一，友成企业家扶贫基金会排名第二。首次上榜的广东省青少年发展基金会跃居第三，它在基础信息和财务信息的披露上改进明显。上榜基金会的年度财务信息披露情况全部优于去年，更多的基金会在其官网或基金会中心网及监管机构披露了审计或财务报告。

十二月

1. 12月1日，2012社会公益创新国际论坛在京召开

各界代表就中外公益理念的融合，创新公益模式，公益项目设计与执行等内容进行了深入探讨。《公益时报》社与中国社会工作协会企业公民委员会、北京师范大学中国社会发展与公益案例研究中心合编的"责任之道——企业社会责任优秀案例"系列丛书在论坛上推出。

2. 12月8日，中国红十字会成立社会监督委员会

中国红十字会成立社会监督委员会，由中国（海南）改革发展研究院院长迟福林担任社监委主任，中央编译局副局长俞可平担任副主任，王振耀、白岩松等15名各界知名人士担任委员。委员主要负责项目监督、经费监督、活动监督，并向社会公布。

3. 12 月 10 日，"中国公益慈善人才培养计划"启动

该项目由民政部指导，中民慈善捐助信息中心、安利公益基金会共同发起，十余家全国公益慈善组织共同参与，项目扶助的对象是年龄在 25～40 岁左右的公益慈善机构负责人、创始人或项目负责人，计划通过 3 年时间建立慈善人才培养体系。

4. 12 月 11 日，2013 年中央财政投入两亿元预算继续购买社会组织服务

根据民政部 12 月 11 日印发的《2013 年中央财政支持社会组织参与社会服务项目实施方案》，2013 年项目预算总资金为 2 亿元左右。2013 年的项目将资助社会组织开展社区服务、养老服务、医疗救助、受灾群众救助等领域的社会服务活动。

5. 12 月 17 日，《2012 年全民公益发展报告》发布

该报告由中国扶贫基金会、中山大学公益慈善研究中心等联合出品，报告显示：2012 年，中国公益界出现了新的思维方式，部分 NGO 和企业跨界转型，朝社会企业方向发展，作为商业组织的同时也是公益组织，其产品除了商业性外还具有公益性，从而完成公益和企业双重目标。

6. 12 月 18 日，2012 中国志愿服务博览会开幕，发布志愿服务译著

此次博览会的主题为"珍视志愿服务，共建美丽中国"，共有 120 多家来自内地及港、澳、台地区的志愿服务组织与多家国际志愿者服务组织出席。开幕式上，国内第一部志愿服务领域译著《志愿者》正式发布。

7. 12 月 21 日，"2012 年中国企业社会责任峰会"在京举行

本次峰会公布了由网民投票评选产生的"2012 年度中国企业社会责任杰出企业"和"2012 年度中国企业社会责任杰出企业家"，同时发布了《2012 年中国企业社会责任报告白皮书》。白皮书从完整性、实质性、平衡性、可比性、可读性、创新性等维度考察了 688 份中国企业社会责任报告，总结出了企业社会责任报告发展阶段性特征。

二 2012 年度中国主要公益奖项
及获奖名单

（一）第七届中华慈善奖

附表 1　第七届中华慈善奖获奖名单

名称:第七届中华慈善奖

主办方:民政部

奖项	获奖人(组织)			
最具爱心捐赠个人(20 个)	曹德旺、陈逢干、陈广川、崔根良、党彦宝、丁和木、高德康、古润金、黄如论、匡俊英、李春平、沈小平、孙荫环、唐翔千、魏朝阳、许家印、杨受成、杨卓舒、郑金池、朱奕龙			
最具爱心捐赠企业(40 个)	宝钢集团有限公司	宝龙集团发展有限公司	北京国瑞兴业地产股份有限公司	碧桂园控股有限公司
	大连万达集团股份有限公司	大同煤矿集团有限责任公司	大西南矿业股份有限公司	戴尔(中国)有限公司
	顶新国际集团	广西梧州中恒集团股份有限公司	国家电网公司	海航集团有限公司
	河南省宋河酒业股份有限公司	华阳电业有限公司	汇丰银行(中国)有限公司	江苏瑞华投资控股集团有限公司
	江苏沙钢集团有限公司	泸州老窖集团有限责任公司	美的集团	内蒙古伊泰集团有限公司
	日照钢铁控股集团有限公司	如新(中国)日用保健品有限公司	山东鲁花集团有限公司	神华集团有限责任公司
	四川西部国林林业股份有限公司	苏宁电器集团	泰安志高实业集团有限责任公司	腾讯公司
	万向集团公司	五粮液集团有限公司	新奥集团股份有限公司	雅居乐地产控股有限公司
	浙江省农村信用社联合社	真维斯国际(香港)有限公司	郑州日产汽车有限公司	中国海洋石油总公司
	中国五矿集团公司	中国衣恋集团	中国移动通信集团公司	紫金矿业集团股份有限公司
最具爱心慈善楷模(19 个)	崔永元、迪亚拉、豆红波、韩红、李荫浓/陈春琳、刘勇、65639 部队 64 分队雷锋班、天使妈妈救助团队、王德旺、王芳、王琳达、吴锦泉、武霞敏、武陟慈善志愿者服务队、夏志国陈玉珍夫妇、易解放、翟长庆、张俊兰、张倩玉			

奖项	获奖人(组织)			
最具影响力慈善项目(20个)	爱心温州·善行天下·明眸工程	"爱在慈善城　情暖夕阳红"——荥阳市困难老人帮扶项目	春苗营养计划	慈善建房项目
	点亮生命计划——贫困儿童大病救助	"呵护心灵·一路同行"贫困精神病人慈善救助项目	李嘉诚基金会·汕头大学医学院医疗扶贫行动	"梦想中心"乡村素质教育公益服务体系
	免费午餐基金	思源沼气	童缘少年儿童公益慈善资	"为了明天工程"重点青少年群体项目
	5.12地震伤员康复项目	希望厨房	"1+1"中国法律援助志愿者	《直通990》
	"治理白色垃圾保护美好家园"环保项目	中国红十字会心灵阳光工程	"中国贫困英模母亲"建设银行资助计划	祖国惦念你——全球华侨华人大型公益晚会

（二）2011"公益中国"颁奖大典

附表2　2011"公益中国"颁奖大典获奖名单

名称:2011"公益中国"颁奖大典

主办方:公益中国·慈善联盟、公益中国组委会、华娱卫视、中国红十字会凤凰基金、新浪网公益频道、《慈善家》杂志、河南电视台都市频道、江西电视台公共频道

奖项		获奖人(组织)
最佳企业家突出贡献奖	最佳慈善家——首善人物大奖	李春平
	最佳企业家社会责任大奖	古润金
	最佳企业人物爱心大奖	国茶天下秀茶业股份有限公司　何后安
	最佳企业人物善行大奖	爱晚工程(中国)投资有限公司　黄千旺
最佳企业社会责任大奖		完美(中国)有限公司
最佳公益媒体奖	最佳社会善行电视媒体大奖	华娱卫视
	最佳社会慈善电视媒体大奖	西藏卫视
	最佳社会责任电视媒体大奖	山东广播电视台齐鲁频道
	最佳公益形象电视媒体大奖	河南电视台都市频道
	最佳社会爱心电视媒体大奖	河北电视台农民频道

续表

奖项		获奖人（组织）
最佳公益项目奖	最佳公益项目社会责任大奖	中华思源工程扶贫基金会"扬帆计划"项目
	最佳公益项目社会爱心大奖	中国扶贫基金会"捐一元 献爱心 送营养"项目
最佳公募基金会社会责任大奖		中国残疾人福利基金会
最佳社会责任组织机构大奖		麦田教育基金会
		上海真爱梦想公益基金会
		中华健康快车基金会
		南京玄武九州残疾人文化艺术中心
		北京春苗儿童救助基金会
		太阳村鄱阳湖儿童救助中心
		山东武训教育基金会
		北京昌平农家女实用技能培训学校
		北京智光特殊教育培训学校
		北京市通州区关爱中心
最佳公益艺术（人物/组织）奖	最佳社会责任艺术机构大奖	中国将军书画研究院
	最佳社会责任艺术机构大奖	深圳市红荔书画馆
	最佳社会责任慈善人物大奖	黄南美
	最佳社会责任艺术家大奖	刘九洲
最佳公益明星奖	最佳公益明星社会责任大奖	濮存昕
	最佳公益明星爱心人物大奖	韩磊
	最佳公益明星形象大奖	苗圃
	最佳公益明星菩提心大奖	敬善媛
	最佳公益明星善行大奖	雷恪生
	最佳公益明星组委会大奖	任静、付笛声
	最佳公益明星爱心大奖	乌兰图雅
	最佳公益明星行动大奖	吴樾
	最佳公益明星慈善大奖	车晓
公益中国爱心形象大使		丁晓红
		雷佳
		李雨儿
		顾莉雅
		陈一凡
		1983 组合
		新七小福
		雅峰

（三）2012"责任中国"南方都市报公益盛典

附表3 2012"责任中国"《南方都市报》公益盛典获奖名单

名称:2012"责任中国"南方都市报公益盛典		
主办方:南都全媒体集群、南方都市报、中国扶贫基金会、广州广播电视台和广州市青少年发展基金会		
奖项	获奖者	获奖者
公益行动奖	北京 7.21 特大水灾公民救助	彝良地震民间联合救灾网络
	家工作营计划	达尔问环境伤害事件调查
	慈济志工社区服务	广州"全城义剪"
	拒绝"被精神病"修法行动	大学生申请公开官员工资
	反性别歧视行动	中基透明指数 FTI 发布
公益人物奖		朱明建、曾飞洋、邱建生、吉美坚赞、广州少年
公益组织奖		广东狮子会
公益思想奖		俞可平
年度致敬大奖		公益青年

（四）2012"芯世界"公益创新计划

附表4 2012"芯世界"公益创新计划获奖名单

名称:2012"芯世界"公益创新计划		
主办方:英特尔(中国)有限公司、中国扶贫基金会、南都公益基金会		
奖项类别	获奖项目	申报机构
技术应用奖 (4个)	青番茄 - 尽享书式生活	深圳市青番茄文化传媒有限公司
	钱塘江水环境公众协作互动型信息平台	绿色浙江环保组织(杭州市生态文化协会)
	"爱老"一站式社区养老服务	上海康乐家社区服务发展中心
	爱盟公益综合信息过程披露系统	北京爱盟网络科技发展有限公司
先锋倡导奖 (3个)	"乐派"老年情景剧	上海闸北星雨社区发展中心
	养老资金互助合作社探索农村金融与养老	信阳乡村建设协作者中心
	赶碳号 - 低碳乐园	上海益优青年服务中心
协同合作奖 (3个)	以 PPP 推动推动农村贫困社区应对气候变化	兰州大学西部环境与社会发展中心
	残友社会企业孵化	深圳市残友集团
	跨界合作、公益创新	上海浦东新区塘桥社会组织服务中心
企业 - NGO 合作奖(1个)	合作共建创立"莲花模式"	淮河水系生态环境科学研究中心

（五）2012 南方·华人慈善盛典

附表 5　2012 南方·华人慈善盛典获奖名单

名称:2012 南方华人慈善盛典

主办方:广东省侨办、广东南方电视台

奖项	获奖人（组织）
十大慈善人物	马伟武（香港）、卢伟硕（澳门）、刘炳光（香港）、杨秀芳（澳门）、李文达（香港）、余国春（香港）、郑国和（美国）、赵曾学韫（香港）、梁少贞（香港）、曾智明（香港）
慈善项目奖	陈戈平教育基金（中国）
慈善集体奖	香港邻舍辅导会（香港）
慈善明星奖	鲍春来（中国）

（六）"公益中国 2012" 年度评选

附表 6　公益中国 2012 年度评选获奖名单

公益中国 2012 年度评选

主办者:公益时报、第一财经日报

奖项		获奖项目		
年度奖	最佳实践奖	"梦想中心"乡村素质教育公益服务体系	九阳希望厨房	中国扶贫基金会爱心包裹项目
	最佳创新奖	一个鸡蛋的暴走	公益机构全景式监管平台	佳能（中国）非物质文化遗产数字化保护项目
单项奖	公益传播奖	GE"粉红十月"大型公益活动		
	项目管理奖	宜农贷公益理财信贷助农平台		
	创意筹款奖	壹基金合作"点亮蓝灯"及慈善积分平台		
	公众参与奖	中国扶贫基金会爱心包裹项目		

（七）2011 中国传媒公益推动力发布盛典

附表 7 　2011 中国传媒公益推动力发布盛典获奖名单

名称:2011 中国传媒公益推动力发布盛典

主办方:中国社会工作协会、腾讯公益慈善基金会、《公益时报》、央广都市文化传媒

奖项	获奖项目(机构)	
2011 年度媒体关注公益品牌项目（12个）	爱心包裹	月捐计划
	崔永元公益基金	联想进取班
	亚洲熄灯两小时公益活动	爱心衣橱
	爱心鞋柜	美国 NU SKIN 如新受饥儿慈养计划
	中国气候传播项目	乐施会
	无电村离网光伏发电援助项目	创建幸福家庭项目
2011 年度传媒公益推动力大奖(13个)	中央电视台经济半小时	汽车自驾游杂志社
	公益力量栏目	人民政协报
	中华网	《新京报》
	腾讯微博	《中国新闻周刊》
	中国慈善家杂志	《青岛晚报》
	湖南卫视芒果 V 基金	上市公司社会责任研究中心
	中国农业电影电视中心	

（八）2012 年度中国儿童慈善奖

附表 8 　2012 年度中国儿童慈善奖获奖名单

名称:2012 年度"中国儿童慈善奖"

主办方:全国妇联、中国儿童少年基金会

奖项		获奖人(组织)			
中国儿童慈善奖——杰出贡献奖	单位（5 个）	广西梧州中恒集团股份有限公司	中国人民武装警察部队	如新(中国)日用保健品有限公司	日照钢铁控股集团有限公司
		中国人民解放军空军	—	—	—
	个人（1 人）	陈一丹　腾讯公司创始人、首席行政官、陈一丹公益慈善事业有限公司发起人			

续表

奖项		获奖人(组织)			
中国儿童慈善奖——杰出贡献奖	单位 (56 个)	广东南粤银行股份有限公司	耐克体育(中国)有限公司	人民文学出版社	中国南方电网有限责任公司
		恒源祥(集团)有限公司	玫琳凯(中国)化妆品有限公司	北京暖怡人科技发展有限公司	香江社会救助基金会
		招商银行股份有限公司	广东恒福糖业集团有限公司	郑州宇通客车股份有限公司	四川省双流县人民政府
		上海五和文化传播有限公司	三生(中国)健康产业有限公司	世界艺术文化振兴协会	中国教育学会
		山东兴唐房地产开发有限公司	华德力集团有限公司	湛江广和实业发展有限公司	广东恒兴集团有限公司
		卓达房地产集团有限公司	杭州诺尔康神经电子科技有限公司	古驰(中国)贸易有限公司	奥的斯电梯(中国)有限公司
		东莞亿城服装有限公司	海南康芝药业股份有限公司	默沙东(中国)有限公司	高通公司
		北京汽车集团有限公司	基德儿童用品贸易(上海)有限公司	汇丰银行慈善基金	索尼(中国)有限公司
		一汽大众销售有限责任公司	朔黄铁路发展有限责任公司	中央人民广播电台音乐之声	中国盐业总公司
		起步(中国)儿童用品有限公司	河南省慈善总会	广东恒诚制药有限公司	北京盈润创业广告有限公司
		四川科锐得实业有限公司	深圳市星河房地产开发有限公司	中海油气开发利用公司	信泰人寿保险股份有限公司
		东莞市舒涞家具有限公司	浙江天正电气股份有限公司	腾讯公益慈善基金会	山西戎子酒庄有限公司

奖项		获奖人(组织)			
中国儿童慈善奖——杰出贡献奖	单位（56个）	长春卓展时代广场百货有限公司	中国交通建设集团有限公司	北京天悦星萌教育咨询有限公司	上海欣成投资（集团）有限公司
		中国人民健康保险股份有限公司北京分公司	深圳市华来利投资控股（集团）有限公司	广州薇美姿个人护理用品有限公司	北京凤凰壹力文化发展有限公司
中国儿童慈善奖——杰出贡献奖	个人（13人）	王冀东　香港金昕发展有限公司董事总经理	方风雷　北京高盛高华证券有限公司董事长	李泽楷　电讯盈科有限公司主席	张钢　内蒙古小肥羊餐饮连锁有限公司董事局主席
		王明韵　《诗歌月刊》总经理	潘筱雯　温州启辉进出口有限公司总裁	尹海涛　北京东方翔泰商贸有限公司总经理	胡葆森　建业地产股份有限公司董事长
		谢卓熹爱心人士	赵云峰爱心人士	杜丽庄爱心人士	刘兴荣爱心人士
		张杰青年歌手	—	—	—
	单位（2个）	中央电视台第七套农业节目《乡村大世界》栏目	吉林爱心妈妈编织团	—	—
	个人（6人）	陈春明　中国疾病预防控制中心研究员、"消除婴幼儿贫血行动"专家组组长	陈钧　荣达会计师事务所合伙人	李菲　新华通讯社国内部中央新闻采访中心主任记者	朱宗涵　首都儿科研究所主任委员、"消除婴幼儿贫血行动"专家组成员
		宫丽敏　中国疾病预防控制中心妇幼保健中心研究员、"消除婴幼儿贫血行动"专家组成员	田本淳　中国健康教育中心研究员、"消除婴幼儿贫血行动"专家组成员		

（九）2012 壹基金透明典范

附表9 "2012 壹基金透明典范"获奖名单

名称:2012 壹基金透明典范

主办方:壹基金

奖项	获奖组织	
透明典范奖	上海真爱梦想公益基金会	广东省汉达康福协会
透明行动奖	广东省麦田教育基金会	深圳市郑卫宁慈善基金会
	合肥市春芽残疾人互助协会	深圳市自闭症研究会
	广州市扬爱特殊孩子家长俱乐部	—
透明参与奖	恩友财务	萤火助学志愿服务中心
	自然之友	西安市碑林区拉拉手特殊教育中心
	杭州市生态文化协会	东莞市横沥镇隔坑村社区服务站
	宜宾市春苗公益助学中心	宁夏扶贫与环境改造中心
	广州市金丝带特殊儿童家长互助中心	茂名市茂南区慧聪特殊教育学校

（十）首届中国公益慈善项目大赛

附表10 首届中国公益慈善项目大赛获奖名单

名称:"善行者说"——首届中国公益慈善项目大赛

共同主办方:中华人民共和国民政部、国务院国有资产监督管理委员会、中华全国工商业联合会、广东省人民政府和深圳市人民政府

奖项		获奖项目	获奖人(组织)
实施项目奖	金奖	残友社会企业孵化项目	深圳郑卫宁慈善基金会
		无锡市锡山区困境儿童援助项目	江苏无锡龚婷婷
		青海省疝气患儿手术康复计划	青海省社会工作协会
		救助苯丙酮尿症患儿公益慈善项目	黑龙江省慈善总会
		"陪伴成长"农村寄宿制学校住校社工项目	北京西部阳光农村发展基金会

续表

奖项		获奖项目	获奖人(组织)
实施项目奖	银奖	"健康快车"——推广美沙酮维持治疗计划	深圳市龙岗区彩虹社会工作服务中心
		天使家园——脑瘫休闲吧	刘淑琴
		关注家政服务,共建和谐家政——深圳家政女工帮扶计划	深圳市北斗社会工作服务中心
		潘得巴自然保护与社区发展项目	珠穆朗玛峰国家级自然保护区潘得巴协会
		微基金	贵州省青少年发展基金会
		心灵你我他——心理健康援助计划	太原市社区社会组织服务中心
		"未来画家"发现计划——潜能开发及艺术治疗课程	上海艺途无障碍工作室
		红枫女性公益热线	北京红枫妇女心理咨询服务中心
		Life——灾难(矿难)安抚支援计划	太原市社区社会组织服务中心
		流动人口家庭教育每日"3个10分钟"	北京红枫妇女心理咨询服务中心
	铜奖	和谐家园——深圳市家庭暴力社工援助计划	深圳市鹏星社会工作服务社
		关爱生命大讲堂	深圳市心理咨询行业协会
		关爱环卫工人,展现鹏城之美	深圳市升阳升社会工作服务社
		农村社区发展	深圳市对口支援新疆(喀什)社会工作站
		智障青少年启智疗育	上海悦苗残疾人寄养园
		稀有血型生命救援、稀有血型母婴关怀、稀有血型公众普及	许国栋
		幸福养老大课堂	北京东方银龄教育科技中心
		爱心助环卫	沈阳市职工爱心慈善基金会
		东莞市新莞人社区学习与培力中心	东莞市普惠社会工作服务中心
		云南省红十字会贫困少儿先心病患儿救助项目	云南省红十字会
		承德社区综合发展项目	四川海惠助贫服务中心
		阳光童趣园——农村幼儿教育探索与发展	北京市西部阳光农村发展基金会
		桃源示范生态社区项目	桃源县富群自然资源保护与乡村可持续发展促进会
		APP青年公益实习	黄奕聪慈善基金会
		乐助会"一人一书桌"捐赠行动	广州市乐善助学促进会

续表

奖项		获奖项目	获奖人(组织)
创意项目奖	金奖	深喀家庭1+1互助计划	深圳对口支援新疆(喀什)社会工作站
		"授之渔"孤儿院爱心超市管理理念创新发展及推广项目	宁夏银川市穆斯林孤儿院
		天力基金(单亲妈妈)帮扶基地项目	中国妇女发展基金会天力基金
		"小熊猫"儿童零暴力成长计划	深圳鹏星社会服务社
		"我们在一起"项目	北京焦冬子
	银奖	社区环保益站	李东得
		"慢飞天使"——关爱自闭症儿童项目	深圳市安澜社工服务社
		简体字地区读写障碍服务推广	深圳市信息无障碍研究会
		爱心柜台公益就业协作发展计划	深圳市郑卫宁慈善基金会
		帮同伴阳光同盟——青少年朋辈互助计划	深圳中学
		携手未来幸福家园	黄炳生
		仁者助学行成长心连心	沈阳市教育基金会
		公益性农村经济合作社扶持留守老人养老发展项目	西吉县清源和谐社区服务中心
		让爱同行——关注留守儿童心灵	黑龙江省慈善总会
		青少年性心理咨询热线	长春市一童青春期健康俱乐部
	铜奖	金色朝阳——归侨子女课外辅导计划	许礼鹏
		"我戒烟,我慈善"项目	深圳市志远社会工作服务社
		橄榄树"公益联盟+联合训练"计划	深圳市橄榄树残友互助中心
		培养当地社会工作人才队伍与义工发展	深圳市对口支援新疆(喀什)社会工作站
		弘扬伦理道德教育、创建和谐家园	深圳市德美和谐社区促进中心
		护苗·行——关爱女孩,预防性侵女童公益项目	深圳市东西方社工服务社
		"公益onebyone"——公益性服务项目志愿者计划	深圳市新现代社工服务中心
		高原"绿洲"——扶贫核桃树种植项目	青海省社会工作协会
		"牵手夕阳"老年人出行公益保险项目	中国人民人寿保险股份有限公司泰州中心支公司
		辽宁省公益基金会贫困孤独症儿童救助项目	辽宁省公益基金会

续表

奖项		获奖项目	获奖人(组织)
创意项目奖	铜奖	情感护理、共建和谐社会	秦皇岛市市民情感护理中心
		提升癌症患者幸福指数系列工程	上海市癌症康复俱乐部
		青花艺术发展中心	王元成
		梓依缘——农村青少年成长助推计划	高攀 张京京
		蓝手杖家长俱乐部暨特殊儿童关爱项目	郑州市儿童福利院

（十一）2012年全国水环保公益人物奖

附表11 2012年全国水环保公益人物奖获奖名单

名称:2012年全国水环保公益人物奖

主办者:中国光彩事业基金会

承办机构:北京师范大学社会发展与公共政策学院社会公益研究中心

奖项		获奖人(组织)	
		获奖机构/个人	项目
社会组	2012年全国水环保公益人物奖	襄阳市环境保护协会	水环保的"绿色汉江"模式
		淮河卫士组织	生物净化治理地下饮用水污染
		贵州公共环境教育中心	民间组织环境诉讼的贵阳模式
		张建设	洞庭湖上的清道夫
		香格里拉可持续社区学会	长江水学校——携手保护生命之河
		重庆两江志愿服务中心	以专业之道促稳定合作防治工业水污染
	2012年全国水环保公益人物特别提名奖	年保玉则生态环境保护协会	以传统文化带动乡村社区志愿开展的高原湿地保护行动(坐飞机)
		中国政法大学污染受害者法律帮助中心	"石梁河水库案"
		绿色潇湘环保科普中心	"守望母亲河"湘江流域民间观察和行动网络
		联合国开发计划署——全球环境基金小额赠款计划	GEF小额赠款计划国际水域项目

续表

奖项	获奖人（组织）		
		获奖机构/个人	项目
大学生组	2012 全国水环保公益人物·大学生环保	清华大学学生绿色协会	碧水之城
		中国矿业大学绿缘根与芽社团	关注蓝地图——水资源利用质量指数地图
		中国地质大学（武汉）大学生绿色协会	绘制东湖水污染"黑地图"
		华南师范大学绿色文明社团	保护母亲河
		华中农业大学绿色协会	洪湖湿地生态保育调研
	2012 提名年全国水环保公益人物·提名奖人物奖	华南师范大学绿色文明社团	蒲公英的种子
		北京师范大学绿烛根与芽协会	绿烛根与芽北师节水项目
		湖北青年绿色交流中心	护湖行动——情系江城,与水共生
		四川农业大学农业经济研讨协会	绿色代号——雅安市雨城区农村饮用水面源污染调查(坐飞机)

（十二）2012 年度中国汽车企业公益贡献大奖

附表 12 2012 年度中国汽车企业公益贡献大奖获奖名单

名称:2012 年度中国汽车企业公益贡献大奖

主办方:《南方都市报》《中国财富》

奖项		获奖企业
主奖项	2012 年度中国汽车企业公益贡献大奖	大众中国、上海通用、广汽丰田、东风日产
单项奖	爱心捐赠	吉利控股
	医疗救助	上汽通用五菱
	人文关怀	郑州日产
	文化遗产保护	华晨宝马
	环境保护	广汽本田
	自然保护	通用中国
	创新公益项目奖	福特中国
	安全教育	奔驰中国
	爱心助学	一汽丰田
	儿童关怀	一汽－大众奥迪

（十三）第二届企业社会责任优秀案例

附表 13　第二届企业社会责任优秀案例及公益项目展获奖名单

名称:善播中国——第二届企业社会责任优秀案例发布及公益项目展	
主办方:《公益时报》、中国社会工作协会企业公民委员会、北京师范大学中国社会发展与公益案例研究中心	
奖项	**获奖项目(企业)**
2012 年度典范公益项目	"老牛生命学堂"项目、"腾讯微爱"项目、"鹤轩安著"工程、"爱心接力"计划、NUSKIN 如新受饥儿滋养计划、"萤光支教"项目等
2012 企业社会责任(CSR)十佳案例	中国三星、麦当劳(中国)、茅台集团、雅培中国、四川宏达集团、思科(中国)、步长制药集团、华硕电脑等企业的案例
2012 企业社会责任(CSR)优秀案例	汇丰银行(中国)、大众汽车(中国)、英特尔(中国)、IBM(中国)、益海嘉里投资有限公司、真维斯国际、宜信公司、百胜餐饮集团、联想(北京)有限公司、梅赛德斯－奔驰(中国)等企业的案例

（十四）第二届"中国社会创新奖"

附表 14　第二届"中国社会创新奖"获奖名单

名称:第二届"中国社会创新奖"	
主办单位:中央编译局比较政治与经济研究中心	
合作单位:北京大学中国政府创新研究中心	
奖项	**获奖项目(组织)**
优胜奖	壹基金联合救灾计划项目(深圳壹基金公益基金会)
	基金会中心网项目(北京恩玖非营利组织发展研究中心)
	免费午餐项目(中国社会福利基金会)
	潘得巴自然保护与社区发展项目(珠穆朗玛峰国家级自然保护区潘得巴协会)
	枢纽型社会组织创建计划项目(广东省中山市青年联合会)
	乡村素质教育公益服务体系项目(上海真爱梦想公益基金会)
	小额信贷扶贫与妇女发展项目(内蒙古赤峰市昭乌达妇女可持续发展协会)
	心目影院项目(北京红丹丹教育文化交流中心)
	中华社会救助基金会大爱清尘基金项目(中华社会救助基金会)
	助人自助的农民工社会工作服务探索与推广项目(北京市协作者社会工作发展中心)

续表

奖项	获奖项目(组织)
入围奖	公众参与民主协商讨论会会议技术能力建设项目(北京灿雨石信息咨询中心)
	和谐家园深圳市反家暴社工援助计划项目(深圳市鹏星社会工作服务社)
	立人乡村图书馆项目(北京市昌平区立人乡村文化发展中心)
	创新模式促进贫困社区可持续发展项目(甘肃伊山伊水环境与社会发展中心)
	流动妇女互助合作爱心超市项目(北京同心希望家园文化发展中心)
	桥畔计划教育公益组织支持平台项目(西部阳光农村发展基金会)
	社会企业残友集团残障员工帮扶计划项目(深圳市残友社工服务社)
	社区邻里中心建设项目(浙江省宁波市江东社区邻里中心)
	生态小农的CSA平台项目(重庆合初人文化传播社)
	市民情感护理项目(深圳市市民情感护理中心)
入围奖	酥油灯儿童之家发展项目(青海省玉树州牧人发展促进会)
	西乡农村妇女脱贫助力计划项目(陕西省汉中市西乡县妇女发展协会)
	虚拟养老院项目(江苏省苏州市沧浪区居家乐养老服务中心)
	义工管理创新与公益科技提升项目(江苏省常州市义工联合总会)

（十五）第五届中国企业社会责任峰会

附表15　第五届中国企业社会责任峰会获奖名单

名称"2012年度中国企业社会责任杰出企业"和"2012年度中国企业社会责任杰出企业家"

主办单位:新华网、中国社科院经济学部企业社会责任研究中心

奖项	获奖企业/企业家
2012年度中国企业社会责任杰出企业	中国电信集团公司
	交通银行股份有限公司
	一汽－大众汽车有限公司
	安利(中国)日用品有限公司
	紫金矿业集团股份有限公司
	扬子江药业集团
	洋河股份苏酒集团

273

续表

奖项	获奖企业/企业家
2012 年度中国企业社会责任杰出企业家	胡怀邦:交通银行股份有限公司董事长
	董文标:中国民生银行董事长
	李跃:中国移动通信集团总裁
	王银成:中国人保集团执行董事、副总裁、中国人保财险总裁
	张房有:广州汽车工业集团有限公司董事长
	李国华:中国邮政储蓄银行董事长、党委书记
	杨国强:碧桂园集团董事局主席
	傅成玉:中国石油化工集团公司董事长
	卢志强:中国泛海控股集团有限公司党委书记、董事长兼总裁
	徐进:安徽口子酒业股份有限公司董事长
	修涞贵:修正药业集团董事长
	李东生:TCL 集团总裁兼董事长
	小泽秀树:佳能(中国)有限公司总裁兼 CEO

(十六)2012 年度南方致敬公益盛典

附表 16   2012 年度南方致敬公益盛典获奖名单

名称:2012 年度南方致敬公益盛典

主办单位:南方报业传媒集团

奖项	获奖组织/个人/企业
2012 年度公益人物	中国发展研究基金会秘书长卢迈、"免费午餐"发起人邓飞、"广东好人"廖乐年、幸福小学校长冯路养、"幸福厨房"监事厦门浪、团省委城市青年工作部负责人蒋巍、广东省千禾社区公益基金会秘书长胡小军、"中国好人网"创始人谈方
2012 年度公益组织	壹基金、北京市企业家环保基金会、广东狮子会、广东省青少年发展基金会、满天星青少年公益发展中心、扬爱特殊孩子家长俱乐部、拜客广州、中山大学研究生支教团
2012 年度公益贡献奖	广东移动、广州富力地产股份有限公司、广州医药集团有限公司、广汽本田汽车有限公司、中国农业银行广东省分行、新世界中国地产(华南)、格力电器、广东珠江投资股份有限公司、中国人寿广东省分公司、美的集团
2012 年度公益创新奖	合生创展集团有限公司、三星(中国)投资有限公司、广东联通、东风日产乘用车公司、广东电信、碧桂园控股有限公司、广汽丰田汽车有限公司、中国邮政储蓄银行广东省分行、中国银行广东省分行、中国工商银行广东省分行营业部

（十七）第八届中国优秀企业公民年会

附表 17　第八届中国优秀企业公民年会获奖名单

名称:第八届中国优秀企业公民年会(颁奖)	
主办单位:中国社工协会企业公民委员会、中央电视台财经频道、腾讯公益慈善基金会	
奖项	获奖企业/企业家
2012 中国优秀企业公民	安利(中国)日用品有限公司、北京致远协创软件有限公司、保乐力加中国、百威英博啤酒集团、百度公司、东风康明斯发动机公司、江苏法尔胜泓昇集团有限公司、广州市自来水公司、港华集团、广发银行股份有限公司、金佰利(中国)有限公司、九阳股份有限公司、凯德中国、康明斯(中国)投资有限公司、联想集团、辽宁鑫田管业有限公司、内蒙古金宇集团股份有限公司、宁波市自来水总公司、强生公司、SolvayChina、上海星宇建设集团有限公司、山东步长制药股份有限公司、上海奥盛投资控股(集团)有限公司、上海市自来水闵行有限公司、上海市自来水闵行有限公司、索尼(中国)有限公司、上海市自来水市北有限公司、舜元建设(集团)有限公司、山东泉林纸业有限责任公司、上海宏泉集团有限公司、太极计算机股份有限公司、雅培中国、怡海置业控股有限公司、叶氏化工集团有限公司、意林传媒集团、易高环保资源投资有限公司、金杯电工股份有限公司、中国三星、思科系统(中国)网络技术有限公司、宜信公司、华硕电脑、软通动力信息技术(集团)有限公司、汇佳教育机构、宝健(中国)日用品有限公司、日出东方太阳能股份有限公司、中信国安信息产业股份有限公司、沈阳水务集团、中坤投资集团、斐贝(国际)集团、辽宁远东新型管业发展公司、飞利浦(中国)投资有限公司
2012 中国成长型企业公民	内蒙古金宇置地有限公司、上海市自来水奉贤有限公司、上海龙盛置业有限公司、中国建设银行内蒙古分行、中国农业银行内蒙古分行、北京广和京源有限公司、北京中广上洋科技股份有限公司、三鼎天和(北京)影视文化传媒有限公司
2012 中国最具社会责任企业家	上海奥盛投资控股(集团)有限公司总裁汤亮、雅昌企业(集团)有限公司董事长总裁万捷、沈阳水务集团有限公司董事长党委书记张国祥、怡海置业控股有限公司董事长王琳达、嘉凯城集团股份有限公司董事长总裁边华才、日出东方太阳能股份有限公司董事长徐新建
2012 中国企业公民优秀推广组织	中国城镇供水排水协会企业文化工作委员会、内蒙古金融网、绍兴市在沪企业联合会
2012 中国企业公民优秀公益项目	雅培的家庭教育项目、叶氏化工的流动眼科手术车项目、雅昌的艺术中国项目、飞利浦的“一小步幸福计划”项目、百威英博的蓄须活动迎世界环境日项目、金佰利走进白衣天使项目、强生老年人心理危机救助项目
2012 中国企业公民优秀责任官	雅培中国高级总监李浩、港华燃气集团高级副总裁杨松坤、联想中国高级 CSR 经理傅琳、亿达集团有限公司党委副书记韩书堂、罗地亚中国投资有限公司企业传播总监马莉、英特尔(中国)有限公司首席责任官杨钟仁、辽宁省城镇供水协会副会长霍奎
2012 中国五星级企业公民	嘉凯城集团股份有限公司、日立电梯(中国)有限公司、雅昌企业(集团)有限公司、亿达集团有限公司、珍奥集团股份有限公司、英特尔(中国)有限公司

（十八）2012 年度中国慈善排行榜

附表 18　2012 年度中国慈善排行榜获奖名单

名称:2012 年度中国慈善排行榜				
主办单位:中国社会工作协会、《公益时报》				
奖项	获奖人(组织)			
"首善"	曹德旺			
慈善事业特别贡献奖	刘沧龙	唐仲英	李厚霖	匡俊英
年度十大慈善家	许荣茂、许淑清、杨受成、崔根良、翟美卿、陈怀德、陈逢干、陈锦石陆亚行夫妇、王琳达、王翔荣			
年度十大慈善企业	神华集团	梅赛德斯奔驰	中国泛海集团	碧桂园集团	真维斯国际(香港)有限公司
	日照钢铁集团	上海华信石油集团	Nuskin 如新集团	新奥集团	步长制药集团
年度慈善明星	范冰冰	孟庭苇	刘谦	羽泉	刘烨
	陈好	伊能静	姜昆	立威廉	古巨基
	孙悦	任泉	李谷一	张梓琳	胡军

三 2012 年度中国公益研讨会及论坛

附表19 2012 年度中国公益研讨会及论坛（不完全统计）

序号	会议名称	日期	主办机构或发起人
1	中国特色公益法律服务研讨会	2012 年 4 月 12 日至 2012 年 4 月 13 日	中国政法大学污染受害者法律帮助中心、美国公益法研究所
2	第四届春晖青年公益发展论坛	2012 年 4 月 20 日至 4 月 22 日	灵山慈善基金会
3	2012 两岸社会福利学术研讨会	2012 年 4 月 21 日至 2012 年 4 月 23 日	中华文化社会福利事业基金会、云南大学
4	第五届中华慈善百人论坛	2012 年 5 月 27 日至 6 月 2 日	徐永光、王振耀、杨团、陈建民、冯燕五人发起
5	第六届国际公益慈善论坛	2012 年 6 月 9 日至 2012 年 6 月 10 日	中国关心下一代工作委员会教育发展中心、中国 SOS 儿童村协会、人民日报海外版办公室、中华新疆社会救助基金会、国际公益慈善论坛组委会
6	2012 年中国女性公益慈善论坛	2012 年 6 月 27 日	中国妇女发展基金会
7	2012 中国留守儿童健康人格研讨会	2012 年 7 月 2 日	中国农民工文化送温暖行动组委会办公室、中国人口宣教中心
8	2012 中国公益媒体深圳行暨"媒体公益与社会变革"研讨会	2012 年 7 月 11 日	深圳晶报社
9	2012《慈善蓝皮书》发布暨中国慈善事业发展研讨会	2012 年 7 月 12 日	中国社会科学院社会政策研究中心、社会科学文献出版社
10	2012 中国公益传播论坛峰会	2012 年 7 月 12 日	北京大学新闻与传播学院、中国财富、南方都市报、中国扶贫基金会
11	第五届河南民间公益论坛暨公益组织领导人工作坊	2012 年 8 月 23 日	河南恩来公益、广东中山大学公民与社会发展中心、广东千禾基金会
12	城市慈善和公益慈善创新研讨会	2012 年 8 月 27 日	民政部、宁夏回族自治区人民政府
13	公益诉讼实施研讨会	2012 年 9 月 22 日	中南大学法学院

序号	会议名称	日期	主办机构
14	公益机构法人治理结构研讨会	2012 年 9 月 23 日	中国机构编制管理研究会、联合国驻华系统、中国行政管理学会和中国行政体制改革研究会
15	第三届中学校长公益论坛	2012 年 10 月 25 日	中国青基会小天使行动基金、秦皇岛市教育局
16	2012 生态安全研讨会	2012 年 10 月 25 日	中国国际问题研究基金会
17	农村义务教育学校厨房建设研讨会	2012 年 10 月 28 日	中国疾控中心营养与食品安全所、中国青少年发展基金会
18	残疾人社会福利政策与服务研讨会暨第六届中国残疾人事业发展论坛	2012 年 11 月 2 日至 11 月 4 日	中国残疾人事业发展研究会、中国残疾人联合会
19	2012 中国人力资本公益论坛	2012 年 11 月 10 日	人力葵花同学会
20	第四届中国非公募基金会发展论坛	2012 年 11 月 22 日	15 家非公募基金会联合发起
21	第六届中华慈善百人论坛	2012 年 11 月 27 日至 2012 年 11 月 28 日	徐永光、王振耀、杨团、陈建民、冯燕五人发起
22	2012 中国公益论坛	2012 年 11 月 30 日	中国国际友好联络会
23	责任之道 2012 社会公益创新国际论坛	2012 年 12 月 1 日	《公益时报》社、中国社会工作协会企业公民委员会、北京师范大学中国社会发展与公益案例研究中心
24	第三届公益主题国际研讨会暨东亚社会企业国际会议	2012 年 12 月 8 日至 2012 年 12 月 9 日	天津市委城乡规划建设交通工作委员会、增爱公益基金会、清华大学［微博］公共管理学院 NGO研究所、明德公益研究中心
25	2012 上海慈善论坛	2012 年 12 月 11 日	上海市慈善基金会、上海社会科学院和文汇报社
26	"宗教慈善与社会发展"国际学术研讨会	2012 年 12 月 11 日至 2012 年 12 月 12 日	中国社会科学院世界宗教研究所
27	2012 年中国高校专业志愿服务发展论坛	2012 年 12 月 13 日至 2012 年 12 月 14 日	汕头大学、中国青年政治学院
28	2012 年中韩慈善事业发展研讨会	2012 年 12 月 13 日	民政部
29	2012 品质公益峰会	2012 年 12 月 17 日	杭州青年公益社会组织服务中心、杭州市青年研究会

四 2012 年度中国公益文献状况

（一）研究报告

附表 20　2012 年度中国公益主题研究报告

序号	报告名称	发布机构	发布时间
1	2001～2011 中国慈善发展指数报告	北京师范大学中国慈善事业研究中心	2012 年 1 月
2	中国慈善捐助报告（2011）	中民慈善捐助信息中心	2012 年 1 月
3	美国 NGO 在华慈善活动分析报告	中民慈善捐助信息中心	2012 年 3 月
4	2011 中国慈善捐赠发展蓝皮书	公益时报	2012 年 4 月
5	2011 农村学校供餐与学生营养改善评估报告	中国发展研究基金会	2012 年 4 月
6	中国民间公益组织和基金会合作与创新研究报告	商务社会责任国际协会（BSR）	2012 年 5 月
7	2011 中国慈善捐助报告	中民慈善捐助信息中心	2012 年 6 月
8	公募基金会发展趋势分析·2011	基金会中心网	2012 年 6 月
9	非公募基金会发展趋势分析·2011	基金会中心网	2012 年 6 月
10	中国企业基金会发展报告	明善道（北京）管理顾问有限公司,基金会中心网	2012 年 7 月
11	中国慈善会发展报告	中民慈善捐助信息中心	2012 年 7 月
12	中国社区慈善服务报告	中民慈善捐助信息中心	2012 年 7 月
13	中国传媒公益参与研究报告（2012）	北京师范大学中国公益研究院	2012 年 7 月
14	中国城市慈善发展报告（2012）	中民慈善捐助信息中心	2013 年 1 月
15	全国基金会发展趋势分析·2011	基金会中心网	2012 年 9 月
16	2012 北京打工子弟学校老师生存状况调查报告	农民之子等多家机构	2012 年 9 月
17	战略型合作框架的确立——中美慈善交流年度报告	北京师范大学中国公益研究院	2012 年 9 月
18	安徽体彩公益行动报告	安徽省体彩中心	2012 年 9 月
19	中国儿童慈善需求研究报告（2012）	中国儿童少年基金会与北京师范大学社会发展与公共政策学院社会公益研究中心	2012 年 10 月

序号	报告名称	发布机构	发布时间
20	教育基金会发展趋势分析·2011	基金会中心网	2012 年 10 月
21	2012 第四届中国非公募基金会发展论坛研究报告	香港中文大学公民社会研究中心与中山大学公益慈善研究中心	2012 年 11 月
22	农村公益性小额信贷机构发展研究报告	宜信公司	2012 年 12 月
23	2012 年全民公益发展报告	中国扶贫基金会、中山大学公益慈善研究中心以及南方都市报	2012 年 12 月
24	幸福中国·2012 社会微公益传播报告	人民网舆情监测室	2012 年 12 月
25	(2011—2012)上海志愿服务事业发展报告	上海市精神文明建设委员会办公室与上海市志愿者协会	2012 年 12 月
26	广东省基金会发展趋势分析·2012	基金会中心网	2012 年 12 月
27	金蜜蜂中国企业社会责任报告研究 2012	《WTO 经济导刊》、责扬天下(北京)管理顾问有限公司和北京大学社会责任与可持续发展国际研究中心	2012 年 12 月
28	2012 年度中国慈善透明报告	中民慈善捐助信息中心	2013 年 1 月
29	中基透明指数 FTI——把基金会透明的钥匙交到公众手中	基金会中心网	2013 年 1 月

(二) 书籍

附表 21　非营利理论前沿类公益书籍

序号	书籍名称	作者/编者	出版时间
1	中国第三部门观察报告(2012)	康晓光、冯利	2012 年 1 月
2	中国非营利评论(第 9 卷)	王名	2012 年 4 月
3	中国非营利组织个人捐赠吸引力研究	杜兰、侯俊东、赵芬芬	2012 年 4 月
4	2011 中国公益事业年度发展报告——走向现代慈善	北京师范大学中国公益研究院	2012 年 5 月
5	公益蓝皮书·中国公益发展报告(2011)	朱健刚	2012 年 5 月
6	中国民间组织报告(2011～2012)	黄晓勇	2012 年 5 月
7	教育多元筹资问题研究:兼论第三部门在教育筹资中的作用	唐斌	2012 年 5 月
8	政府与非营利组织会计	蒙丽珍	2012 年 6 月

续表

序号	书籍名称	作者/编者	出版时间
9	慈善蓝皮书·中国慈善发展报告(2012)	杨团	2012 年 7 月
10	走向合作治理:政府与非营利组织合作的条件、模式和路径	汪锦军	2012 年 7 月
11	公益研究(2012 年第 1 辑·总第 3 辑)	朱健刚、赖伟军	2012 年 7 月
12	向死·向生:中国公益观察 2012	方长春、陈友华	2012 年 9 月
13	慈善宣言信托制度构建研究	徐卫	2012 年 10 月
14	中国非营利评论第十卷	王名	2012 年 12 月
15	美国非营利组织	王名、李勇、黄浩明	2012 年 12 月
16	中国第三部门观察报告(2013)	康晓光、冯利	2013 年 1 月

附表 22　基金会类公益慈善书籍

序号	书籍名称	作者/编者	出版时间
1	索罗斯的救赎:一个自私的人如何缔造了一个无私的基金会	乔治·索罗斯、查克·萨德提克(著)、蒋宗强(译)	2012 年 6 月
2	慈善基金会在美国高等教育发展中的作用	李政云	2012 年 6 月
3	美国私有慈善基金会法律制度	褚蓥	2012 年 9 月
4	中国基金会发展独立研究报告(2012)	基金会中心网	2012 年 11 月
5	改变中国:洛克菲勒基金会在华百年	马秋莎	2013 年 1 月

附表 23　公民社会类公益慈善书籍

序号	书籍名称	作者/编者	出版时间
1	党在中国公民社会发展中的作用研究	刘晓根	2012 年 1 月
2	公民及政治权利国际公约缔约国的义务	孙世彦	2012 年 1 月
3	全球公民社会	约翰·基恩(著)、李勇刚(译)	2012 年 3 月
4	公民意识评价与培育机制	章秀英	2012 年 9 月
5	美国学校公民教育	唐克军、蔡迎旗	2012 年 12 月
6	公民社会的人文发展(中国公民社会的道德文化与政治生态)	武经伟、高萍美	2012 年 12 月
7	公民资格与社会福利	李艳霞、陈振明	2012 年 12 月
8	美国公民权利观念的发展	刘军	2012 年 12 月
9	变革中的公民身份:教育中的民主与包容	奥德丽·奥斯勒、休·斯塔基(著)、王啸、黄玮珊(译)、檀传宝(编)	2012 年 12 月
10	中国公民社会的道德文化与政治生态:公民社会的人文发展	武经伟、高萍美	2012 年 12 月

序号	书籍名称	作者/编者	出版时间
11	中国信访制度研究:公民主权与普通人政治	张铎	2013 年 1 月
12	中国城乡公民权利平等化研究	桂家友	2013 年 1 月
13	中国公民器官捐献 500 问	何晓顺等	2013 年 1 月
14	公民治理:引领 21 世纪的美国社区	理查德·C. 博克斯(著),孙柏瑛等(译)	2013 年 1 月
15	人权与公民权利宣言:现代宪法史论	格奥尔格·耶里内克(著),李锦辉(译)	2013 年 1 月
16	就公民社会论宗教的本质与特性	萨缪尔·普芬道夫(著),俞沂暄(译)	2013 年 1 月
17	中国发展简报·回望:中国公民社会 10 年纪录(第 1 ~ 52 卷)(精选本 2001–2012)	北京公旻汇咨询中心	2013 年 1 月

附表 24　文化与历史类公益慈善书籍

序号	书籍名称	作者/编者	出版时间
1	慈善读本(初中版)	李玉林、种启泉	2012 年 2 月
2	慈善读本(小学版)	李玉林、种启泉	2012 年 2 月
3	温州慈善的教育范式	郑恩同等	2012 年 4 月
4	变革的力量"芯世界"公益创新奖案例集	"芯世界"编委会	2012 年 4 月
5	慈善格言名句选编	周传德	2012 年 4 月
6	印光法师话慈善公益	印光法师(著),徐池明(注释)	2012 年 4 月
7	比尔·盖茨:从世界首富到世界首捐	于成龙	2012 年 5 月
8	守望:中国环保 NGO 媒体调查	汪永晨、王爱军	2012 年 5 月
9	信仰与慈善救济:伊斯兰历史上的贫困与济贫研究	杨瑾	2012 年 5 月
10	中国慈善:一九九八	张汉兴	2012 年 5 月
11	慈善的真相	赵华文、李雨	2012 年 6 月
12	现代公益广告解析	汤劲	2012 年 8 月
13	宗教慈善与中国社会公益	陶飞亚、刘义	2012 年 9 月
14	传统慈善组织与社会发展	黄永昌	2012 年 9 月
15	美德阶梯:史家小学的阳光公益	洪伟、张婉、张钧帅	2012 年 9 月
16	表达的力量:当中国公益组织遇上媒体	曾繁旭	2012 年 11 月

附表 25 社区与社会管理类公益慈善书籍

序号	书籍名称	作者/编者	出版时间
1	让梦想扎根——一群青年人的成长与对话笔记	社区伙伴	2012 年 2 月
2	社会创新蓝皮书	王平、何增科、周红云	2012 年 4 月
3	权利、空间与公民社会:北京业主维权运动与社区治理模式创新研究	雷弢、孙龙	2012 年 6 月
4	地方治理与社会管理创新丛书:中国农村扶贫瞄准	许源源	2012 年 7 月
5	社会保障:统筹、协调、持续发展	郑造桓	2012 年 8 月
6	社会组织在公共冲突治理中的作用研究	赵伯艳	2012 年 10 月
7	农村社会区政府购买公共服务研究	郑卫东	2012 年 11 月
8	大众政治参与和社会管理创新	包心鉴等	2012 年 11 月

附表 26 法律法规类公益慈善书籍

序号	书籍名称	作者/编者	出版时间
1	公益类事业单位改革的立法保障研究	何文杰	2012 年 4 月
2	天下的法:公益法的实践理性与社会正义	贺海仁、黄金荣、朱晓飞	2012 年 4 月
3	公益律师维权经典案例:我们的公益故事	刘丕峰	2012 年 4 月
4	中国公益法论丛(第 1 卷)	林莉红	2012 年 5 月
5	实践中的公益法	杨晓雷	2012 年 6 月

附表 27 社会组织治理类公益慈善书籍

序号	书籍名称	作者/编者	出版时间
1	民间组织发展与管理制度创新	刘培峰、谢海定	2012 年 1 月
2	中国慈善会长访谈录	谭明悦	2012 年 3 月
3	社会组织的结构、体制与能力研究	徐家良	2012 年 3 月
4	慈善步履	范宝俊	2012 年 4 月
5	公益科研机构员工激励研究:基于工作价值观的思考	冯绍红	2012 年 5 月
6	公益慈善事业管理	彭小兵	2012 年 6 月
7	为公益而共和:阿拉善 SEE 生态协会治理之路	杨鹏	2012 年 6 月
8	小小鸟让命运走开:一个跋涉在草根慈善的 NGO	魏伟	2012 年 6 月
9	非营利组织经营管理(公共管理系列教材)	陈晓春	2012 年 9 月

附表 28 志愿服务类公益慈善书籍

序号	书籍名称	作者/编者	出版时间
1	共青团关爱农民工子女志愿服务行动工作案例	共青团中央青年志愿者工作部	2012 年 1 月
2	西部放歌:华南理工大学学生志愿服务西部纪实	张振刚	2012 年 11 月
3	青春的高度——关于广州亚运会志愿服务的新闻观察	徐文新	2012 年 11 月
4	志愿者(志愿服务研究学术文库)	马克·缪其克、约翰·威尔逊	2013 年 1 月

附表 29 企业社会责任类公益慈善书籍

序号	书籍名称	作者/编者	出版时间
1	企业社会责任行为表现:测量维度、影响因素及绩效关系	郑海东	2012 年 2 月
2	立信财税博文库(3):我国企业慈善捐赠课税的经济分析	朱迎春	2012 年 5 月
3	企业社会责任报告管理	申光龙	2012 年 5 月
4	社会责任与大企业竞争力	赵德志	2012 年 6 月
5	企业·社会责任·品牌影响力	刘凤军、李敬强	2012 年 7 月
6	企业文化与企业绩效关联机制研究:企业社会责任视角	李建升	2012 年 7 月
7	中国房地产企业社会责任实践报告	刘士杰	2012 年 8 月
8	农业上市公司社会责任会计信息披露研究	董淑兰	2012 年 8 月
9	医院社会责任研究	王双苗	2012 年 8 月
10	企业社会责任教程	田虹	2012 年 8 月
11	社会责任视域下的企业环境责任研究	邢秀凤	2012 年 8 月
12	多维法制视角下的企业社会责任	王晓、任文松	2012 年 9 月
13	中国地方政府推进企业社会责任政策概览	高宝玉	2012 年 9 月
14	走出"丛林":企业社会责任的新探索	李伟阳、肖红军	2012 年 9 月
15	企业公民蓝皮书·中国企业公民报告(2012)	邹东涛	2012 年 11 月

五 2012 年度中国公益培训状况

附表30 主要公益培训介绍

附表30 -1 民政部

培训项目	培训时间	培训地点	针对人群	目标与内容	方式
首期中国公益慈善领导人高级培训班	2011 年5 月	北京	公益组织从业人员	内容:公益慈善事业的现状与发展、美国公益慈善组织发展创新现状、非营利组织的营销战略、筹资与资源发展能力建设、公益慈善组织信息披露。	授课、案例分析、互动
全国志愿者管理人员示范培训	2012 年6 月10 日至15 日	海口	民政系统	目标:推动全国志愿服务培训工作健康持续开展,提升志愿者管理人员能力、水平,推进社会服务机构健全志愿者管理体制、完善志愿服务运行机制,为志愿服务开展和志愿者队伍建设营造空间、搭建平台。内容:围绕志愿服务与社会发展主题,基本覆盖志愿者管理理论与实务工作的各个方面	课堂讲授、实地考察、论坛交流、参与式培训
中国公益慈善创新型人才培养计划(第一期培训班)	2011 年11 月	成都	中央和地方政府有关部门的领导,承担相应社会福利和公益慈善工作的业务骨干人员,公益慈善组织的有关负责人	内容:慈善文化、慈善政策、慈善战略、灾后重建经验。	专题授课、案例分享、交流

附表 30 - 2　84 亩地·梦想空间

培训项目	培训时间	培训地点	针对人群	目标与内容	方式
社区戏剧工作坊培训	2012 年 5 月 27 日至 28 日	北京	应用戏剧的爱好者,心理咨询师,教育工作者,环保及社区服务等领域的行动者	内容:社区戏剧教育理念及方法、社区戏剧的心理应用、社区戏剧设计和排练的专用方法以及社区戏剧专场演出。	授课
"协作艺术"TOT 工作坊	2012 年 6 月 12 日至 15 日	北京	在协作方面有实践经验的 NGO 工作者,正在从事青年人培养工作、有兴趣发展协作能力的 NGO 工作者,支持合作伙伴从事青年人工作的基金会工作者	内容:教育与协作理念;在培训当中以协作为主的课程设计;如何协作会议以达成共识;协作方法和工具;提问与聆听;协作者的自我成长;协作的科学与艺术。	授课、协作、互动

附表 30 - 3　NGO 德鲁克学习会

培训项目	培训时间	培训地点	针对人群	目标与内容	方式
《非营利组织的管理》公开课	2012 年 5 月、7 月、8 月,2013 年 1 月	成都、深圳、上海、北京	NGO 从业人员	目的:使 NGO 从业人员较为系统全面的学习到德鲁克先生最具代表性的、适用于非营利组织管理者与从业人员的经典理论与本土实际案例。内容:学习非营利组织的使命、三大战略、绩效定义、自我发展等核心管理思想,以凝聚组织资源,达成绩效目标。	案例分析、授课
《从使命到成果——组织战略评估工具》课程培训	2012 年 5 月 11 日至 12 日	北京	非营利组织从业者	目的:明确非营利组织管理中最重要的五个问题,学习使用非营利组织的自我评估工具;运用组织的自我评估工具,帮助组织成员在管理实践中回答由五个问题衍生而出的十几份问卷,从而帮助组织重新思考使命和远景,并学习制定战略性的计划。适用于正处于战略转型期或快速成长期的机构,亟须要通过学习战略规划帮助组织梳理内外部环境、重新思考并界定使命,并学习如何制定战略性计划,引领组织走上专业化发展道路。	授课
《NGO 非财务人员的财务管理》讲座	2012 年 5 月 23 日	北京	对财务管理有需求的项目管理人员、机构核心管理人员	内容:财务管理的运用;财务管理对非营利组织的重要性;如何运用工具对财务进行管理;从财务管理看组织战略规划。	讲座、分享

续表

培训项目	培训时间	培训地点	针对人群	目标与内容	方式
《德鲁克对非营利组织的启示——核心战略》讲座	2012年5月25日	西安	陕西本土NGO从业人员	目的:通过系列的能力建设活动,帮助并促进本地区NGO组织的专业化发展与服务,获得优秀的管理理论与实践经验。	讲座
《非营利组织的领导力与激励》北京公开课程	2012年5月29日至30日	北京	非营利组织的管理者	内容:非营利组织领导力和激励的理论及实践经验,包括对非营利组织领导角色的重新认识、领导者能力与素质的培养、如何赢得信任、如何决策、如何领导并激励知识工作者做出最大贡献、管理者面临的人力资源管理问题等相关主题,培养领导者应该具备的思维习惯和行为方式,提升领导力并学会有效激励。	授课
《实践大师的思想——有效的公益管理技能》讲座(深圳)	2012年7月12日至14日	深圳	非营利组织从业人员	目的:公益组织实现有效性的管理。技能内容:NGO学员提供有效沟通、项目管理、用人所长。	讲座
《非营利组织的领导力与激励》深圳公开课程	2012年9月12日至13日	深圳	非营利组织从业人员	目的:帮助非营利组织的管理者深入学习领导力与决策,掌握德鲁克关于领导力的核心观点,培养领导者的核心能力与品质;了解并学习有效的激励方法	讲授
BCF携手ICS非营利系列管理课程(BCF是中国光华慈善基金会、ICS是中山大学社会学与人类学学院公民与社会发展研究中心)	2012年9月27日至28日	广州	广州及周边地区本土NGO从业人员	目的:使NGO从业人员较为系统全面的学习到德鲁克先生最具代表性的、适用于非营利组织管理者与从业人员的经典理论与本土实际案例;学习非营利组织的使命、三大战略,绩效定义、自我发展等核心管理思想,以凝聚组织资源,达到绩效目标。	讲授
第三期《向企业学管理之辅导与发展》主题读书会《向企业学管理之辅导与发展》	2013年2月1日	北京	非营利组织的管理者	目的:为非营利组织的管理者与来自跨国企业的经理人搭建一个经验分享与交流的桥梁,帮助非营利组织的管理者更好地运用与实践管理技能,加深对组织管理和团队领导力的理解。	案例研讨,学员分享

附表 30 - 4　中国青年网络

培训项目	培训时间	培训地点	针对人群	目标与内容	方式
2012 青春健康青年领袖培训营暨同伴教育工作坊	2012 年 7 月 9 日至 14 日	成都	从事性或关注与生殖健康工作、同伴教育或其他公益性质志愿活动的青年人，年龄在 15 ~ 24 周岁	目标:培养能够独立设计、开发青少年性与生殖健康项目的青年人，能够独立完成同伴教育师资培训的青年人;提高他们的项目管理能力、培训能力、提高社会服务意识、提升性与健康知识储备;为青年人与地方计生协工作人员搭建起一个沟通交流的平台，建立他们相互信任与配合的基础，共同设计今后的工作计划，最大限度满足当地青年人的需求;培养能够支持青少年开展活动的地方协会青年工作者，使他们了解青年人需求和行为方式，增强对青年人的信任，提升其管理项目和评估项目的能力;依托青年人和成年人的合作，各地逐步建立青年网络并形成可持续发展的机制内容:如何提高青春健康同伴教育主持人的能力;如何培养同伴教育、性与生殖健康项目青年人的领导能力;如何设计开发有潜质的项目，及项目管理等;青年人——成年人伙伴关系的建立和合作。	参与式培训、小组讨论、案例研究、情景扮演
反对家庭暴力青年同伴教育培训	2012 年 9 月 8 日至 10 日	西北 - 甘肃靖远	靖远县职业高中高二年级学生	内容:两性沟通、社会性别和生理性别以及反对家庭暴力三部分。	同伴教育课堂以及同伴教育实践，青年人辅助成年人主持

附表 30 - 5　VSO 英国海外志愿服务社

培训项目	培训时间	培训地点	针对人群	目标与内容	方式
社会组织领导力培训	2012 年 6 月 19 日至 20 日	北京	中国本土的非营利性社会组织中的领导人	目标:帮助处于组织发展阶段的非营利性社会组织的领导人提高对组织变革的理解，提升领导力与决策能力;帮助非营利性社会组织的领导人掌握制定组织短期发展计划。	授课

附表 30 – 6 北极光手语社区

培训项目	培训时间	培训地点	针对人群	目标与内容	方式
北极光手语培训班	2012 年 9 月 23 日	北京	关注聋人群体的人群	目标:配合北京市创建全国无障碍设施建设示范城工作,进一步推动手语普及工作,为城市营造良好的无障碍交流的环境。	讲授、互动

附表 30 – 7 北京爱思创新（CSI）

培训项目	培训时间	培训地点	针对人群	目标与内容	方式
公益影像创作人才训练营	2012 年 9 月、11 月,2013 年 3 月、6 月	北京	北京地区的草根 NGO,特别是那些对影像宣传有需求,但缺乏视频宣传制作资源以及利用影像宣传推广的经验、技术和人才的草根 NGO	目标:提升 NGO 工作方法的创新能力,培养 NGO 影像视频制作人才,提升 NGO 的传播倡导能力。	影像创作、展示交流、分享

附表 30 – 8 北京红枫妇女心理咨询服务中心

培训项目	培训时间	培训地点	针对人群	目标与内容	方式
第三期参与式培训师培训	2012 年 1 月 12 日至 15 日	北京	志愿者培训师,公益慈善领域培训师,社会工作领域培训师或有志于成为上述培训师的人士	目标:提升参与者的参与式培训技能,强化公益理念和志愿精神;提升参与者自信心、沟通和表达能力;建立红枫培训师团队,为开发红枫培训课程体系做人才储备。	参与式培训——实战训练,脑力激荡,游戏互动,角色扮演,案例分析等
红枫中心课程研讨会	2012 年 6 月 30 日至 7 月 3 日	北京	—	目的:提升参与者的培训技能,强化公益理念和团队精神;提升参与者自信心、沟通和表达能力;壮大红枫讲师团队;使参与者熟悉流动家长课堂、心理咨询基础理论与技术课程的核心理念和授课技能。	实战训练,脑力激荡,游戏互动,角色扮演,案例分析,团队协作

附表 30 - 9　北京市西部阳光农村发展基金会

培训项目	培训时间	培训地点	针对人群	目标与内容	方式
西部阳光助力营	2012 年 4 月 1 日至 4 日	银川	宁夏、甘肃、陕西、青海、内蒙古等省份大学生公益社团和草根 NGO 的骨干志愿者	目标:为西北甘、陕、宁、青、蒙五省的公益组织培养大学生骨干领袖提供支持契机;搭建伙伴们分享和交流的空间,广识益友;让参与者获得自我探索、朋辈学习的能力,以及志愿者基本培训的能力。	分享、拓展活动、自由论坛

附表 30 - 10　北京歌路营

培训项目	培训时间	培训地点	针对人群	目标与内容	方式
歌路营"公益青年领袖成长营"	2012 年 8 月 20 日至 24 日	北京	热衷公益服务事业的在校本科生、研究生	目标:协助营员在活动中觉察、反思、突破、更新,预备成为具远象、负责任、敢承担、富创意的二十一世纪公益领袖。	体验式活动、团队协助

附表 30 - 11　北京义联

培训项目	培训时间	培训地点	针对人群	目标与内容	方式
公益倡导竞技性训练项目第二期	2012 年 9 月至 2013 年	北京	对公益感兴趣的学生	目标:给学生提供一个学习公益倡导的平台,锻炼公益倡导的技巧,使其学到一手的实战经验,能力得到训练,并获得来自专业评委的指导。	案例分析、模拟审庭、辩论、即兴演讲

附表 30 - 12　北京益仁平中心

培训项目	培训时间	培训地点	针对人群	目标与内容	方式
"女性公民社会参与暨性别平等"冬令营	2012 年 1 月 11 日至 14 日	北京	大中专社团和热衷于公民社会参与的女性朋友	目标:在培养一批有维权意识的女性公民,帮助她们和其所接触的女性社群在可能遭遇到就业、受教育歧视的情况下,能够站出来维权并推动男女两性平等。	

附表 30－13 《大河报》

培训项目	培训时间	培训地点	针对人群	目标与内容	方式
河南志愿者领导力工作坊	2012 年 2 月 10 日至 12 日	河南	河南媒体记者、郑州市民间公益组织骨干、爱心企业代表 100 人	目标：提升郑州市民间公益组织团队能力建设。	授课

附表 30－14 滴水恩学院

培训项目	培训时间	培训地点	针对人群	目标与内容	方式
中国公益创业者训练营	2012 年 4 月至 6 月	长沙、武汉、郑州、北京	以青年为主体，以及公益创业激情、对公益创业有浓厚兴趣的大学生、公益创业者、社会企业家	目标：打造以"学、练、创、秀"为核心的课程培训体系内容：从公益创业的概况，如何开始公益创业以及公益创业项目创造为培训的主线。以学为基础，练为主要手段，创与秀为特色，培养实用型的公益创业人才，充分发挥学员的思维创造力和活力，注重学员的知识和能力共同提升，同时结识一帮志同道合的公益创业者，为学员以后的公益创业打下人脉基础。	案例分享、讲课、游戏、视频等多种学习手段相结合

附表 30－15 富群环境研究院

培训项目	培训时间	培训地点	针对人群	目标与内容	方式
中美环境教育交流项目－湖南站环境教育教师培训	2012 年 8 月 23 日至 25 日	湖南常德	热爱自然，对环境教育教学有强烈兴趣，愿意在所在学校开展环境教育的中小学老师	目标：让教师了解世界各地不同学校环境教育的方式方法，以及这些不同的环境教育活动对于培养学生体验、思考、创造、合作、领导力方面的重要作用；帮助教师了解和掌握环境教育教学的基本步骤和方法，以及把环境教育融入各个学科的方式方法。	体验式和互动式教学

附表 30－16 广东人文学会社会公益学习中心

培训项目	培训时间	培训地点	针对人群	目标与内容	方式
2012 年公益行动者协力营	2012 年 5 月、7 月、9 月、11 月	广州及珠三角地区	公益组织核心成员或拥有 1 年以上公益组织核心志愿者	内容：公益行动者的社会视野、NGO 的行动、有公信力的组织建设以及个人、行动与组织的可持续发展。	讲座、互动式的演讲和分组讨论，案例分析、戏剧、沙龙、个人功课、小组协作、行动实践等

附表 30 – 17　商务社会责任国际协会 BSR

培训项目	培训时间	培训地点	针对人群	目标与内容	方式
"企业 – NGO 合作伙伴关系"培训	2012 年 9 月 20 日	北京	公益机构领导人和项目官员	目标:使公益组织真正了解怎样与企业合作才能最大限度地获取资金和其他资源以实现自身使命。	讲授、案例分析、讨论

附表 30 – 18　上海复恩社会组织法律服务中心

培训项目	培训时间	培训地点	针对人群	目标与内容	方式
公益组织法律能力建设之"NGO 集中法律培训"班	2012 年 11 月 24 日至 25 日	上海	公益机构中层以上人员	内容:公民社会与公益组织内部治理法律解读、公益组织劳动与人事管理法律问题、公益组织对外合同法律问题、公益组织知识产权法律问题。	讲授

附表 30 – 19　NPI 恩派

培训项目	培训时间	培训地点	针对人群	目标与内容	方式
福特汽车"Green Plus"计划	2012 年 4 月至 5 月	上海、北京、昆明	上海、北京、昆明及周边地区的草根环保 NGO(不包括高校环保社团)从业者(创始人或项目负责人)	目标:提高机构在组织治理、战略规划、资金发展、项目开发与管理、网络及新媒体工具的应用、外部关系拓展以及组织发展与创新等方面实践能力,促进这些机构在以上方面发生积极的变化,并最终帮助这些机构实现可持续的健康发展。	集中培训、专家一对一咨询辅导、工作坊以及学习网络
"成长新动力"能力建设系列课程	2012 年 5 月至 10 月	上海	正处于成长期的公益组织总干事/副总干事、主任/副主任、理事	内容:共分为五大模块,围绕领导力、战略规划、业务模式、项目开发与管理、财务管理、人力资源与员工开发、组织治理、资金发展、利益相关者管理、绩效评估、组织创新等公益组织的"必需"能力进行;引入"引导式"培训手法,从学员及其所在组织的不同情况出发,通过体验、反思、互动及分享让学员获得由内而外的能力提升与行动力。	学习、体验、反思、互动、案例分析、模拟演练、小组练习及分享
"需求评估与分析"培训	2012 年 4 月 17 日	北京	北京市社会组织人员	目标:通过对全市社会组织在需求评估与分析方面知识的讲解,使参与人员认识到公益项目需求评估与分析的重要性,并以案例分享的形式说明需求评估与分析操作要点和注意事项,促使需求评估及分析结果与项目设计得到有效结合并更好把握,同时,为各社会组织搭建一个互动与交流的平台。	讲座

续表

培训项目	培训时间	培训地点	针对人群	目标与内容	方式
使众人行——领导力提升·基础篇	2013年1月24日	北京	北京市社会组织人员	内容:研讨的理论基础是卓越领导者的"五种习惯行为",这些行为的得出,是来自于对数千个普通人的成功案例研究,从而打破了领导力天才论的限定。詹姆斯·库泽斯和巴里·波斯纳认为,每个人都需要领导能力,每个人都具备领导的潜能,只要人们都按照卓越领导者的"五种习惯行为"(以身作则、共启愿景、挑战现状、使众人行、激励人心)身体力行,人人都能够成为领导者。The LEADERSHIP CHALLENGE的独特成效,是将知识转化成行为。	共享、研讨
N动力·公益实务训练营——社会组织的项目规划与设计	2013年1月31日	北京	北京市社会组织人员	内容:社会组织项目规划与设计中的案例分享、案例点评及头脑风暴、知识点讲解、主题总结。	案例分析、讲授等
政府购买社会组织服务项目书撰写与执行要点辅导培训	2012年2月15日	北京	公益组织人员	目标:帮助更多的公益组织更顺利地申请政府购买的服务项目。内容:主要围绕社会基本公共服务、社会公益服务、社区便民服务、社会管理服务、社会建设决策研究信息咨询服务五方面。	授课
孵化与培育项目第九期能力建设培训——公益项目目标设定与服务过程评估培训	2012年5月23日	北京	公益组织从业人员	目标:通过对项目目标设定及公益服务过程评估相关内容的细致讲解,让参会者掌握设定明确项目目标及进行过程评估的流程和方法工具,并在实际操作中得以灵活运用,同时借此平台为大家创造一个交流互动的机会。内容:项目目标设定;公益服务过程评估。	讲座

续表

培训项目	培训时间	培训地点	针对人群	目标与内容	方式
"中国社会组织组织治理和财务管理"培训招募	2012 年 9 月至 11 月	上海、北京、成都、深圳	公益组织从业人员	目标:让管理者对机构的公信力和机构的利益相关者有一个更加全面深刻的认识,同时可以准确的了解理事会的管理原则,并且通过分析工具完全了解该机构的利益相关者,应用于机构的管理实践,从而提升理事会的绩效,促进机构的发展。内容:分为组织管理和财务管理两方面。前者介绍了社会组织理事会的职责和作用,理事会成员的职责,如何有效构建理事会的结构等相关内容;后者方面对于初创期 NGO 学员会讲到财务体系的建立、财务制度的制订、预算及执行,简单讲解财务报表的阅读。对于成长期 NGO 学员主要着重于财务分析、审计及财务体系监测评估。	学习、体验、反思、互动、分享
第九期企业人才招聘与管理经验分享沙龙	2012 年 5 月 9 日	北京	北京市社会组织人员	目标:通过对企业人才招聘与管理经验的分享,和参与者一起探讨企业经验与公益的相关结合点,得以灵活运用,同时为各社会组织搭建一个互动与交流的平台。内容:职位分析、职位评估与人才选用策略;岗位分析;岗位价值评估;人才招聘及选用流程;人才评价工具的选择;公益与企业人才招聘与管理的对比分析;互动交流	授课
公益品牌构建与传播培训	2012 年 5 月 18 日	北京	公益品牌构建相关人员	目标:让参会者掌握公益品牌构建与传播的方法与技巧,并得以灵活运用,同时借此为公益伙伴搭建一个交流与互动的平台。内容:公益品牌构建与组织影响力、有效公益品牌构建与传播、品牌传播的方法工具,结合 iJoin 在公益影响力提升之新媒体运营攻略、学以致用之微博运营联系经验及心得的分享。	讲座

续表

培训项目	培训时间	培训地点	针对人群	目标与内容	方式
第三期能力建设培训——新媒体运营	2012年6月29日	南京	公益组织从业人员	内容:以微博与公益品牌为主线,分享关于新媒体运营的一些方法和经验,引导大家思考通过良好的新媒体运营建立公益品牌,扩大影响力。	讲授、讨论、头脑风暴、互动
"社会组织如何参与转型期的社区重建与多元共治—社会组织服务在社区中的融入"培训	2012年12月6日	北京	北京市社区服务型社会组织工作人员	目标:帮助社区服务性社会组织更好地了解社区情况,使自己的服务项目与社区重建工作相互融合内容:社区重建与合作治理的基本内涵;转型时期社区特点与发展趋势;社会组织如何参与社区重建。	讲座
社会组织注册辅导培训	2012年2月24日	北京	有注册意愿的社会组织从业人员	目标:帮助有注册意愿的社会组织更好地掌握与理解相关政策,明确社会组织注册的相关流程。内容:注册相关政策和流程介绍	讲座、分享

附表30-20 恩友财务培训

培训项目	培训时间	培训地点	针对人群	目标与内容	方式
NGO财务3A培训班	2012年3月至5月	北京	北京及北京周边地区草根非营利组织的财务从业人员	目标:提升NGO财务工作者的财务管理能力,使其有能力建立并健全本机构财务管理体系,并有能力进行适当程度的财务信息披露。内容:在12天的课程中,主要涵盖以下9个方面:内控管理、会计基础、预算管理、税务实务、外部审计、Excel工具、财务信息披露、财务分析、财务战略。	专业性较强的授课
NGO财务3A培训普及加强班	2012年6月29日	北京	NGO从事财务工作的出纳、会计	目标:掌握会计基本原理,能处理各类凭证及简单报表账务处理。内容:会计原理,会计凭证讲解及实操,会计报表及账务处理实操	授课、分享
NGO财务3A培训班(3A二班)	2012年7月18日至8月5日	广州	广州及广州周边地区民间非营利组织的财务从业人员	目的:提升NGO财务工作人员的财务管理能力,使其有能力建立并健全本机构财务管理体系,并有能力进行适当程度的财务信息披露,促进公益组织财务透明化。内容:内部控制、会计实务、预算管理、税务实务、财务公开。	授课

培训项目	培训时间	培训地点	针对人群	目标与内容	方式
NGO 财务 3A 培训班——成都班（"公益组织财务透明化促进项目"的主要项目活动之一）	2012 年 8 月 14 日至 16 日、8 月 22 日至 26 日	成都	成都及成都周边地区民间非营利组织的财务从业人员	目标:提升 NGO 财务工作人员的财务管理能力,使其有能力建立并健全本机构财务管理体系,并有能力进行适当程度的财务信息披露,促进公益组织财务透明化。内容:在 8 天的课程中,主要涵盖以下 5 个方面:内部控制、会计实务、预算管理、税务实务、财务公开。	讲授
深圳 NGO 财务交流沙龙活动	2012 年 10 月 26 日	深圳	广州 3A 班的学员及深圳当地公益组织财务人员及机构负责人	目标:提升学员 EXCEL 工具在财务中运用及机构负责人如何看懂财务人员提交的报表。	讲授、讨论、分享
西安 NGO 财务交流沙龙活动	2012 年 10 月 31 日	西安	成都 3A 班全体学员及西安本地的公益组织财务人员及机构负责人	内容:财务人员与非财务人员的沟通;信息披露报表分析。	讲授、分享交流
NGO 财务 3A 培训班	2012 年 3 月至 5 月	北京	北京及北京周边地区草根非营利组织的财务从业人员	目标:提升 NGO 财务工作者的财务管理能力,使其有能力建立并健全本机构财务管理体系,并有能力进行适当程度的财务信息披露。内容:在 12 天的课程中,主要涵盖以下 9 个方面:内控管理、会计基础、预算管理、税务实务、外部审计、Excel 工具、财务信息披露、财务分析、财务战略。	专业性较强的授课

附表 30 - 21　妇源汇

培训项目	培训时间	培训地点	针对人群	目标与内容	方式
草根组织中层管理者培训系列之领导力培训	2012 年 5 月 4 日到 6 日	西安	西北草根公益组织在岗位或潜在的中层管理人员	目标:提升中层管理者的相应能力。	参与式培训、实践体验、同伴分享和自我反思
草根组织中层管理者培训系列之财务管理培训	2012 年 9 月 23 日至 25 日	西安	西北草根公益组织在岗位或潜在的财务主管人员	内容:财务工作的理念、财务体系的建立、财务管理的流程、财务制度的制订、财务预算等内容,会少量涉及财务报表的阅读,不包括会计科目、记账等技术业务内容。	本土案例分析、参与式培训、实践体验、同伴分享、自我反思

附表30-22　国际美慈组织

培训项目	培训时间	培训地点	针对人群	目标与内容	方式
"加油"项目主培训师培训	2012年7月至8月	成都	青少年儿童领域从业人员	内容:针对"加油"方法技巧以及TOT(培训者培训)培训技巧的主培训师培训,使其具备培训他人的能力和素质。	授课

附表30-23　惠泽人

培训项目	培训时间	培训地点	针对人群	目标与内容	方式
惠泽人专业志愿服务项目——惠普法务沙龙	2012年8月24日	北京	NGO从业人员	目标:为NGO提供更为全面的法律知识宣讲和问题解读,提升NGO自身的法律知识水平和实际应用能力,使NGO伙伴对劳动法和知识产权法有更为深入的了解。	讲座、沙龙、分享
为儿童希望基金会进行志愿者基础培训	2013年1月26日	北京	儿童希望基金会40余名机构骨干工作人员、志愿者	内容:志愿者的基础概念、志愿服务和志愿精神的内涵。	参与式授课
西北NGO能力建设项目	2012年10月至2013年4月	西北	甘肃、宁夏、青海NGO	内容:包括机构能力建设、志愿者管理、专V项目、领导人培养、跨界合作等主题的培训、沙龙、论坛等,促进当地NGO与基金会、企业、政府、志愿者的互动,为当地NGO发展创造更好的发展空间。	
西北民间公益组织能力建设专业志愿者培训	2013年1月11日至14日	银川	青海、甘肃、宁夏三省29家民间公益组织的36名领导人及管理者和5名志愿者参加了为期四天的培训	目标:协助西北民间公益组织搭建区域网络,协助民间公益机构完善志愿者管理体系,特别是对于专业志愿者有了基本的认识和了解,同时提升西北民间公益组织之间的协助和资源共享。	参与式培训,实地参观交流和论坛讨论

附表30-24　南京天下公

培训项目	培训时间	培训地点	针对人群	目标与内容	方式
公民社会参与与性别平等培训会	2012年4月13日至15日	苏州	反对性别歧视的有识之士	目标:提高女性公民的性别平等意识,帮助参会者和其所接触的女性社群在可能遭遇到就业、受教育等歧视的情况下,用社会工作的方法推动男女两性平等,创建和谐社会。	

续表

培训项目	培训时间	培训地点	针对人群	目标与内容	方式
华东"性别平等推动"培训会	2012 年 12 月 14 日至 16 日	南京	江苏、浙江、上海、安徽青年学子和其他有兴趣的青年，关心公益事业、有志于从事公益类工作或愿意成为公益服务志愿者，参加过性别平等类活动的学员或者个人	目标：提高社会公众"反对歧视、争取性别平等"意识，帮助营员和其所接触的女性社群在可能遭遇到就业、受教育等歧视的情况下，能够站出来依法维权并推动多元性别平等。	

附表 30-25　社会企业研究中心

培训项目	培训时间	培训地点	针对人群	目标与内容	方式
"谁是下一个改变者"——"花旗"银行青年社会创新系列活动	2012 年 6 月至 9 月	上海	复旦大学、上海财大的在读学生	目标：激励与培养参与者的创业能力、社会责任感以及财商技能。	技能培训、交流、团队体验

附表 30-26　社会性别与发展在中国（GAD）网络

培训项目	培训时间	培训地点	针对人群	目标与内容	方式
"社会性别与发展项目"培训	2012 年 6 月 4 日至 8 日	西安	民间组织工作、参加过社会性别意识提升培训、45 岁以下的非在校学生	目标：增强参与者将社会性别视角融入项目各个环节的意识和能力；增强其以社会性别视角分析及开展工作的能力。内容：正式培训、资深社会性别项目从业者专题讲座、项目点学习。	专题讲座

附表 30-27　社会资源研究所

培训项目	培训时间	培训地点	针对人群	目标与内容	方式
"NGO 倡导食品企业履行社会责任"培训	2012 年 5 月 17 日至 18 日	北京	食品企业社会责任相关人员	目标：在加强 NGO 使用倡导工作手法的能力，以促进食品企业更好履行自身的社会责任，保护消费者、食品企业工人以及小农户的合理权益。内容：CSR 模块、企业倡导模块、研究模块、食品企业专题模块。	授课

附表 30 – 28 未来绿色青年领袖协会

培训项目	培训时间	培训地点	针对人群	目标与内容	方式
治理心灵沙化——第三期中国未来绿领训练营	2012 年 4 月 28 日至 5 月 2 日	科尔沁沙地	广大环保青年	目标:让受训者亲身感知生态脆弱区的环境变化;学习和了解治沙工作,深度思考解决环境问题模式;选拔绿色青年并给予各种资源支持,帮助其发展;搭建媒体、环境组织和青年的交流平台;分享环保经验,整合高校与社会的环保资源;增强环保意识。	互动、座谈、实地考察

附表 30 – 29 无锡春晖青年公益发展中心

培训项目	培训时间	培训地点	针对人群	目标与内容	方式
"建设高效创新型社会组织"工作坊	2012 年 4 月 23 日至 25 日	无锡	公益机构全职从业者	目标:围绕组织发展、团队使命、机构志愿者维持与培养、公益模式创新等议题展开,通过交流碰撞,探讨公益创新在机构发展和项目运作中的最大可行性。	讲座

附表 30 – 30 基金会中心网

培训项目	培训时间	培训地点	针对人群	目标与内容	方式
北京地区新成立基金会领导人专题培训班	2012 年 6 月 7 至 8 日	北京	基金会、公益组织	内容:基金会运作初期常见的和重要的实际操作问题,包括国内外基金会发展概况及发展趋势;作为秘书长,在事业发展和团队建设中最关注的问题;基金会的内部治理;机构发展的战略构成;项目设计与管理;资金与财务管理、年检、审计。	讲授、案例分析

附表 30 – 31 西南财经大学川盟社会工作培力中心

培训项目	培训时间	培训地点	针对人群	目标与内容	方式
2012 ~ 2013 社会工作督导在职专班	2012 年 11 月至 2013 年 10 月	成都	服务于四川省内的社会组织机构负责人、项目负责人、前线社会工作骨干,四川省内从事社会工	目标:培育川内社会组织的前线社会工作骨干、项目负责人及机构负责人,使其提升社会工作督导能力,促进所在机构督导文化和机制的发展;增强社工实务与社工教育之间的关联,提升川内高	讲授、实习

299

续表

培训项目	培训时间	培训地点	针对人群	目标与内容	方式
2012～2013社会工作督导在职专班	2012年11月至2013年10月	成都	作教学科研工作的高校教师和相关研究人员,四川省内从事社会工作服务和管理的政府工作人员	校社工教师的专业水平,使其能够为有需要的社会组织及社工学生提供有效督导;促进相关政府部门对社会工作督导的了解,推动建立川内社会工作的专业督导管理体制;建立高校社工系、社会组织与相关政府部门之间的联系网络,为学员提供专业教育实习与职业生涯发展的远景。	讲授、实习

附表30－32 青翼社会工作人才服务中心

培训项目	培训时间	培训地点	针对人群	目标与内容	方式
2012年度第二届全国高校社工社团公益领袖训练营	2012年3月28日至4月1日	上海	高校社工社团会长、社团指导教师、青翼资深志愿者(版主)	目标:培养优秀社团领袖的领导能力、专业知识与实务经验,并创建社工大学生交流平台,促进资源共享的一项公益活动。	历奇活动、项目培训、交流研讨讲座、优秀项目分享、机构参观的联合培养模式,
青翼展翅社工教师训练营	2012年4月20日至23日	上海	全国社会工作及社会学、社区管理等相关专业的本、专科教师	目标:立足当下社工行业发展现实,把握行业需求脉络,以支持社工教师培养符合公益行业需求的社工人才为目标,通过扩展教师行业视野,明确社工从业方向,提升社工专业教学技能,以此来实现更好地培养社工人才的目标。	讲座、授课、实地考察
青翼展翅专业训练营	2012年7月至8月	上海	修读社会工作、社区管理、社会学、社会服务、青少年工作、妇幼工作、教育工作的相关专业学生和从业人员。	目标:力图深化社工理念、提升社工学生专业技能,满足社会发展需求。	课程培训、专题讲座、实战训练、同辈辅导、个别监督、工作坊、分享成长

续表

培训项目	培训时间	培训地点	针对人群	目标与内容	方式
青翼展翅社工教师训练营第三期之项目及实务研修班	2012年8月7日至13日	上海	全国社会工作及社会学、社区管理等相关专业的本、专科教师。	目标:立足当下社工行业发展现实,精准把握行业需求脉络,以支持提升社工教师教学与研究能力,培养符合公益行业需求的社工人才。内容:促进教师对行业、对社会组织运营管理的了解,提升项目管理能力与学习如何培养满足行业要求的人才。	授课

附表30-33 益微青年公益发展中心（EV）

培训项目	培训时间	培训地点	针对人群	目标与内容	方式
西北青年助力营	2012年8月18日至22日	西安	陕西、甘肃、宁夏、内蒙古和青海五个省份的大学生公益领导者和草根NGO的骨干志愿者	目标:为西北陕、甘、宁、青、蒙五省的公益组织培养大学生骨干领袖提供契机;搭建伙伴们分享和交流的平台,助力参与者在西安、兰州、银川、西宁等城市组建大学生公益学习小组,也即"益微共学小组";让参与者初步掌握协作技术和团队学习的能力。	互动、自由论坛、协作实践

附表30-34 英国使/领馆文化教育处

培训项目	培训时间	培训地点	针对人群	目标与内容	方式
社会企业家技能培训	2012年5月至6月	天津、深圳、杭州、重庆、济南	社会企业从业人员或相关负责人	目标:使民间组织从业者、社区领导、年轻人以及现有或潜在的社会企业家获得相关技能,从而通过社会企业的方式来解决社会需求并加强社区的建设。内容:愿景,使命及目标分析,品牌建设,市场调查及推广,SWOT分析,PEST分析,利益相关者分析,渠道销售,财务及融资,公司治理及评估,案例分析等。	交流、视频会议、沙龙

附表 30 – 35　社区参与行动服务中心

培训项目	培训时间	培训地点	针对人群	目标与内容	方式
城市社区参与式治理能力建设培训	2012 年 4 月 15 日至 18 日,7 月 17 日至 20 日,9 月 17 日至 19 日	重庆、上海、北京	基层政府官员、居委会成员、社区居民积极分子、促进社区发展的社会公益组织成员、研究社区发展的专家学者以及社会学、社会工作专业的大专院校学生	内容:分享与讨论"社区工作面临的机遇与挑战",学习利益冲突调解,公众参与动员方法技巧,提高分析和解决社区问题的能力,不同部门间共同探索中国社区未来发展之路。培训者在过程中发掘自身的能力去解决在工作生活中遇到的社区问题。培训还针对如何收集信息和了解居民需求开展体验式学习,帮助学员了解社区服务项目化管理实施框架,介绍当前国内外的社会创新理念与发展经验,帮助社会组织(NGO)在社区开展项目,学会如何有效地与基层政府进行合作,并且组织参观试点社区项目。	开放式讨论、实践者分享、培训师讲解、专家学者讲座、实地参观
参与式方法——开放空间会议技术培训者培训(TOT)	2012 年 4 月 25 日至 28 日	北京	政府部门官员、社区工作者、社会组织成员、社区组织成员及从事研究公众参与领域的高校师生等	内容:参学习运用"开放空间"技术讨论问题和如何成为运用参与式方法的引导员。	授课、实地指导
"参与式方法——社区居民议事会"培训	2012 年 8 月 14 日至 16 日	北京	基层政府官员、居委会书记主任、社区居民积极分子、社会组织负责人、高校老师	内容:在会上参与者展开关于社区公共事务的讨论。这种方法遵循严格的规则,非常适合于在居民之间以及居民和基层政府、社区居委会之间建立定期对话。在短短几个小时内,所有参与者共同讨论公共生活中涉及的重要问题,并在必要的时候达成决议,有助于居民与政府之间加强沟通。	开放式、参与式社区会议
"中国社会组织领导力能力建设系列培训暨公众参与讨论会技术主持人系列培训"第一期	2012 年 8 月 22 日至 25 日	成都	新担任或者有潜力成为公益组织领导的学员	目标:通过与公益组织研究领域、实践领域的专家们,以及当地的政府官员、社区工作者、社区居民、公益组织同仁一起体验,学习公众参与协商讨论的会议技术,提升自身的领导力同时促进组织的长久发展。	体验、实践、公众参与、协商讨论

附表 30-36　云南连心社区照顾服务中心

培训项目	培训时间	培训地点	针对人群	目标与内容	方式
云南草根协力营（昆明）	2012年9月22日至25日	昆明	以云南为主西南地区为辅的公益组织负责人和社区/公益组织核心骨干	目标:构建西南地区公益人才储备,促成公益人士形成网络互动,催生公益性社会服务组织,推动本土公益组织成长与发展。	培训、交流分享、咨询服务

附表 30-37　郑州亿人平机构

培训项目	培训时间	培训地点	针对人群	目标与内容	方式
中西部地区"反歧视法律培训会"	2012年4月6日至8日	西安	陕西、甘肃、宁夏、青海、河南等中西部地区的NGO工作者、乙肝公益人士、公益律师、女大学生	目标:提高女性公民"反对歧视、争取性别平等"的意识,帮助参会者和其所接触的女性社群在可能遭遇到就业、受教育等歧视的情况下,用社会工作的方法推动男女两性平等,创建和谐社会。	授课、分享

附表 30-38　英特尔（中国）有限公司、中国扶贫基金会、南都公益基金会

培训项目	培训时间	培训地点	针对人群	目标与内容	方式
芯世界社会创新七步走	2012年8、10、11月	北京、上海、成都	来自公益组织、企业、政府的专业人士,正在从事社会领域的工作,希望通过社会创新实践来解决社会问题	目标:深入了解社会创新的理论与内涵;学习社会创新的方式方法,从这里踏上社会创新之路;通过行动,快乐地给自己与他人的带来更多积极改变;在培训中,寻找到社会创新的同道中人。	授课、考察、分享

附表 30-39　上海仁德中心

培训项目	培训时间	培训地点	针对人群	目标与内容	方式
基金会培育项目培训	2012年7月至11月	上海	上海百马慈善基金会、上海慈慧公益基金会、上海阮仪三城市遗产保护基金会和上海洋泾社区基金会(筹)首批正式入驻基金会培育基地的四家基金的管理者,以及其他上海公益组织从业者	内容:基金会概要、基金会战略规划、基金会治理、基金会项目管理、基金会财务管理、志愿者管理。	互动教学

附表 30 – 40　上海映绿公益事业发展中心

培训项目	培训时间	培训地点	针对人群	目标与内容	方式
社工人身安全与专业耗竭	2012 年 4 月 5 日	上海	上海 8 家机构的 20 名社工、社工督导以及公益组织工作人员	目标:社工的职场风险敏感度,增强风险应对能力,引导社工及时预防和处理自身的专业耗竭问题。	授课、案例讨论、互动
浦东新区社区公益招投标项目"项目资料收集与归档"及"有效沟通"专题培训	2012 年 8 月 14 日	上海	50 名浦东新区社区公益招投标项目人员	目标:解决浦东新区社会公益招投标项目实施中存在的问题与不足。内容:项目资料收集与归档;有效沟通。	授课、经验分享、案例讨论。

附表 30 – 41　中国公益 2.0

培训项目	培训时间	培训地点	针对人群	目标与内容	方式
四川公益组织计算机网络技术应用研习班	2012 年 7 月 6 日至 8 日	成都	四川省内各公益组织的第一或第二负责人	内容:定制社会媒体传播策略、网上协作知识管理、网络营销、视频制作与宣传、网络筹款、网站建设、志愿者管理。	授课
第七届草根 NGO 互联网长沙研习班	2012 年 12 月 21 日至 23 日	湖南长沙	湖南、江西、湖北三省公益组织的传播官员,或者第一或第二负责人	内容:社会化媒体传播策略、网上协作、知识管理、微公益营销、视频制作、网络筹款、电子简报、数据视觉化、云储存、志愿者管理等。	授课

附表 30 – 42　友成新公益大学

培训项目	培训时间	培训地点	针对人群	目标与内容	方式
"小鹰计划"项目	2012 年 8 月至 2013 年 7 月	广西、内蒙古、重庆	海内外大学本科及硕士毕业生,企业、政府及公益组织的优秀员工	目标:通过为期一年的基层实践、行动研究、参与式教学与陪伴成长,补充传统教育体制较少顾及的价值观培养及实际操作能力锻炼,为有意成为跨界领袖型人才、推动社会创新的优秀青年提供独特的实践与学习平台。	参与式教学、体验、实地考察

续表

培训项目	培训时间	培训地点	针对人群	目标与内容	方式
第二届新公益领导力发展研修班（PLD－2）招生	2012年11月至2013年8月	北京、上海	开始思考机构战略发展和组织建设的NGO领导人和管理者，具有社会责任感的企业家，或是企业CSR部门领导和管理者，关注中国公益事业发展的媒体记者或社会媒体的领袖，学界、政界、社会各界愿意参与支持NGO发展的专业人士	内容：研修班三个层面全面提升公益领导力，社会层面：扩大研修生视野，提升跨界沟通和社会影响力，拓展社会资本；组织层面：明晰组织使命定位，凝聚团队，提高组织领导和管理能力；个人层面：增加自我认知与自我管理力，获得可持续发展的动力。	授课、自主学习、行动研究、领导力实践、论文答辩
"创业咖啡"项目	2012年9月至12月（共15期）	18个省区	58个高校、孵化器和社会组织	内容：模块一：【视野】社会企业与创业概述；模块二：【案例】社会企业创业实例；模块三：【实务】社会企业创业实务及技能培养；模块四：【实训】社会企业商业计划书的撰写及展示。	讲座、远程教育

附表30－43 中山大学公益慈善研究中心

培训项目	培训时间	培训地点	针对人群	目标与内容	方式
壹基金·中国慈善报道高级研修班	2012年11月21日至23日、2012年12月14日至16日	广州	媒体人士，要求两年以上工作经验的记者、编辑、评论员、专栏作者、网络达人	目标：培养和提升公益传媒人士的传播能力，支持中国传媒机构和公益组织的慈善报道能力建设，提升慈善报道水平，形成慈善报道网络，推动中国公益与媒体界的互动与合作。内容：传媒资源整合、慈善报道设计和传播能力建设三个方面来解决公益传媒和业界的传播意识、设计和技术缺失问题。	讲授、讨论、分组采访

续表

培训项目	培训时间	培训地点	针对人群	目标与内容	方式
社会组织筹款工作坊	2013 年 1 月 8 日至 9 日	广州	在珠三角地区（以广州为主）开展公益服务且有较强筹款需求的社会组织负责人或筹款部门专员；初创期或在社区开展服务一年以上但经费困难的社会组织。	内容:主题为社会组织筹款,邀请具有国际和本土经验的导师分享筹款策略、伙伴关系建立、个人筹款、网络筹款等多方面的经验。	讲授、案例分享

附表 30 - 44　中国公益研究院

培训项目	培训时间	培训地点	针对人群	目标与内容	方式
公益慈善捐赠专题研修班	2012 年 3 月 2 日至 3 日	北京	媒体从业者、基金会、企业公关传媒及 CSR 负责人	目标:为关心公益事业的同仁们,系统解读慈善捐赠的法律法规、捐赠监管、捐赠渠道和捐赠方式;搭建传媒与公益组织、公益学者、企业社会责任部门之间的互动交流平台;凝聚力量推动中国公益传播和中国公益事业发展。内容:中国公益慈善捐赠的现状和发展;企业捐赠行为分析与捐赠技巧;公益慈善捐赠的法律法规和案例剖析。	讲座、案例分析
中国公益研修课程之传媒从业者慈善捐赠专题研修班(第二期)	2012 年 6 月 8 日至 9 日	北京	媒体从业者、基金会、企业公关传媒及 CSR 负责人	内容:慈善捐赠管理与社会评价;慈善捐赠公信力建设;慈善捐赠与宗教文化。	讲座、沙龙

续表

培训项目	培训时间	培训地点	针对人群	目标与内容	方式
CPTP国际合作研修项目	2012年5月11日至13日	北京	基金会、NGO等公益慈善组织管理者、传媒从业者、企业领导及CSR负责人	目标:引进海内外优质公益慈善教育资源,为基金会、NGO介绍先进的公益慈善理念、知识和技能,搭建高层次的学员经验分享和交流平台。内容:新的捐赠格局下中国基金会如何进行战略调整,如何选择和设计资助项目;中国捐赠发展趋势下跨国公益项目的设计和实施;国际基金会近年来的战略变化及其对中国公益机构的影响;中国基金会如何开发和运用新型募款平台;中国公益组织如何从企业获取资源并进行合作。	授课
"非营利组织在当前经济环境下的领导力建设"主题工作坊	2012年5月31日	北京	基金会和NGO领导人	内容:面对经济危机的冲击,美国非营利组织如何进行选择和改变以寻求持续发展;美国非营利组织的创新思路与实践;美国地方非营利组织发展经验对中国的启示;美国非营利组织领导力建设的新方法和新模式。	讲座
《公益组织战略传播》高级研修课程	2012年10月到2013年1月	北京	公益组织领导人、项目官员和传播官员;大中型企事业单位CSR主管;公关/广告公司公益项目负责人	目标:帮助国内公益组织尽快适应新媒体时代的舆情环境和传播需求,掌握专业化的沟通传播工具和工作技巧,建立公益组织战略传播体系和制度。	MBA授课方式,课程讲授、案例分享、小组讨论、小组练习
《公益组织战略传播管理》高级研修班第三期课程	2012年12月15日至16日	北京	公益组织从业人员	内容:围绕突发事件危机应对和社会化媒体时代的舆情管理问题,结合热点公益事件进行深度案例分析;并带领学员模拟演练公益组织如何处理舆论危机。	MBA授课方式,授课、案例研究、小组讨论
《公益组织战略传播管理》高级研修班第四期课程	2013年1月19日至20日	北京	公益组织从业人员	内容:课关注公益项目、公益产品的品牌管理和体验营销,以及如何组织慈善晚会等公益活动。	MBA授课方式,讲授、交流、分享

培训项目	培训时间	培训地点	针对人群	目标与内容	方式
公益师资认证培训	2012 年 12 月 6 日至 9 日	北京	有一定教学培训经验,正在从事或希望从事公益慈善行业能力建设工作的人群	内容:学习专业的成人在职教育培训技巧、全力提高公益慈善培训活动的有效性、为公益能力建设机构首次系统化引进"针对培训师的培训"(TOT)。	模拟、讨论
中国基金会领导人新加坡访学	2012 年 9 月 9 日至 14 日	新加坡	基金会领导人,NGO 从业者	内容:参加首次亚洲慈善论坛,在新加坡国立大学亚洲社会企业家与慈善研究中心上课、参观新加坡公益管理机构和组织、与新加坡公益人士和慈善家广泛交流。	访学
中美自闭症儿童康复教育高级研修班	2012 年 6 月 20 至 22 日	北京	自闭症服务领域从业教师	目标:推动中国自闭症儿童康复教育发展,提高自闭症服务领域从业教师专业水平,开阔视野。 内容:认识自闭症、自闭症干预方法选择、自闭症儿童沟通、结构化教学。	授课

附表 30 − 45　中国国际民间组织合作促进会

培训项目	培训时间	培训地点	针对人群	目标与内容	方式
潜力无限昆明船房社区计算机培训项目 TOT 培训	2012 年 2 月 29 日至 3 月 2 日	北京	"潜力无限"项目合作伙伴	内容:项目经验、项目规划	授课、实地考察
民间气候变化网络成员机构进行跨组织合作培训	2012 年 3 月 27 至 28 日	北京	北京、上海、河南和厦门等地的民间组织代表	内容:跨组织合作的理论、如何发掘网络内资源、构建并推动网络可持续发展等方面对参会学员进行了指导。	授课
江西省社会组织能力建设系列培训(第三期)	2012 年 4 月 9 至 11 日	北京	江西省社会组织代表	目标:提升江西省社会组织参与社会服务的能力,加强机构自身能力建设。 内容:公益创投助推社会组织服务社会、公益性社会组织培育发展与监督管理和社会组织党工作理论与实践和社会组织参与式社会服务的前景与趋势等专题进行了授课。	授课

续表

培训项目	培训时间	培训地点	针对人群	目标与内容	方式
中国民促会公益组织信息披露	2012 年 4 月、6 月	南京、西安	NGO 从业人员	内容:公益组织信息披露相关知识,分享信息披露的案例与经验,讨论信息披露在 NGO 公益组织中所面临的困难与挑战;财务信息公开。	授课、讨论
NGO 媒体技能培训	2012 年 4 月 25 至 26 日	南京	江苏省社会组织、学术机构、媒体代表	目标:针对社会组织从业人员进行媒体技能培训,学习新闻媒体知识、与媒体沟通技巧,提高媒体传播能力。	
民间组织有效沟通	2012 年 5 月 7 至 9 日	北京	25 家民促会会员机构	内容:民间组织在与媒体和企业合作中出现的沟通障碍,民间组织的沟通技巧,企业与 NGO 合作的经验。	参与式学习方法,案例分享与讨论,实地考察
社区环境监管与企业责任	2012 年 5 月 16 至 18 日	泰州	泰州市(区)环保局指导社区工作的负责人、社区环境主管、环保志愿组织负责人、物业公司环境主管及相关企业负责人	内容:社区环境建设。	经验分享
社会倡导工作技能培训	2012 年 6 月 18 至 20 日	西安	陕、甘、宁社会组织代表	目标:提升社会组织的社会创新倡导能力,以支持其更好地开展公益行动,从而推动中国公民社会与和谐社会的发展。	授课,方案设计和演练操作
领导能力提升培训班	2012 年 6 月 19 日至 21 日	乌鲁木齐	新疆 15 个地州市妇联干部、女企业家、创业培训教师、妇女干部学校中层干部、男性干部和男性教师	目标:提升各族领导干部社会性别意识,加强参政议政和领导能力,增强新时期应对各种新的挑战和考验的能力。	参与式、互动教学方法及情景模拟训练
云南省社会组织管理创新交流会暨能力建设培训	2012 年 6 月 29 至 30 日	昆明	云南省昆明、玉溪、楚雄 3 个州市及所辖县市区社会组织登记管理机关负责人和州市级社会组织负责人	目标:提高云南省社会组织登记管理机关的工作水平,加强社会组织能力建设,促进社会组织健康发展。内容:社会管理创新的地方实践,公民社会发展,社会组织能力建设。	授课

培训项目	培训时间	培训地点	针对人群	目标与内容	方式
社会组织管理进阶培训	2012 年 10 月 11 至 14 日	西安	陕、甘、宁地区的 32 位社会组织代表	目标:学习有效地组织管理方法和工具,提高社会组织管理者自我管理、团队管理能力和财务管理能力,使社会组织内部管理更加规范化、专业化。内容:领导者自我管理(包括有效授权、时间管理、处理分歧、制订计划);如何与员工进行有效的沟通;如何协调团队成员之间的合作。	授课
医院现代化管理	2012 年 11 月 6 至 7 日	渭南	渭南市第二医院医务人员	目标:通过项目活动,整合社会资源,在渭南市构建以政府部门为主导、国际技术为支撑、医疗机构为专业平台、社会组织为助力的脑卒中和白内障筛查、宣传、治疗和康复的网络体系,让更多贫困脑卒中和白内障患者享有同等的康复治疗服务;改善因病致残、因残致贫的状况,促进社会和谐发展。	授课
民间组织碳核算能力建设培训	2012 年 12 月 17 日	北京	碳核算案例研究项目案例实施机构:中国青年应对气候变化行动网络,北京市朝阳区自然之友环境研究所,杭州市生态文化协会。	目标:为"碳核算案例研究项目"案例实施机构提供技术指导。内容:气候变化国际国内政策及民间组织参与、工业节能、建筑节能和碳核算。	授课、一对一辅导
江西省社会组织参与社会服务能力建设培训	2012 年 1 月 23 至 24 日	南昌	江西省 35 家社会组织代表	内容:社会组织参与社会公共服务的前景与趋势、项目筹资与运行管理,项目评估能力建设和财税能力建设。	授课

图书在版编目（CIP）数据

现代慈善与社会服务：2012年度中国公益事业发展报告/
王振耀主编 . —北京：社会科学文献出版社，2013.7
ISBN 978-7-5097-4809-1

Ⅰ.①现…　Ⅱ.①王…　Ⅲ.①公用事业–中国–2012
Ⅳ.①F299.241

中国版本图书馆 CIP 数据核字（2013）第 149275 号

现代慈善与社会服务
——2012 年度中国公益事业发展报告

主　　编/王振耀

出 版 人/谢寿光
出 版 者/社会科学文献出版社
地　　址/北京市西城区北三环中路甲 29 号院 3 号楼华龙大厦
邮政编码/100029

责任部门/人文分社（010）59367215　　　　责任编辑/吴　超
电子信箱/renwen@ssap.cn　　　　　　　　责任校对/王翠荣
项目统筹/吴　超　　　　　　　　　　　　责任印制/岳　阳
经　　销/社会科学文献出版社市场营销中心（010）59367081　59367089
读者服务/读者服务中心（010）59367028

印　　装/三河市东方印刷有限公司
开　　本/787mm×1092mm　1/16　　　　　印　　张/20.25
版　　次/2013 年 7 月第 1 版　　　　　　 字　　数/327 千字
印　　次/2013 年 7 月第 1 次印刷
书　　号/ISBN 978-7-5097-4809-1
定　　价/69.00 元